Gütersloher Taschenbücher / Siebenstern 214

D1931097

Ulrich Neuenschwander

GOTT
IM NEUZEITLICHEN DENKEN

Band 1

Pierre Bayle – Jakob Böhme – Giordano Bruno – Nikolaus Cusanus – René Descartes – Georg Wilhelm Friedrich Hegel – David Hume – Immanuel Kant – Gottfried Wilhelm Leibniz – Blaise Pascal – Jean-Jacques Rousseau – Friedrich Wilhelm Schelling – Friedrich Daniel Ernst Schleiermacher – Baruch Spinoza – Voltaire

Gütersloher Verlagshaus
Gerd Mohn

Originalausgabe

CIP-Kurztitelaufnahme der Deutschen Bibliothek

Neuenschwander, Ulrich
Gott im neuzeitlichen Denken. – Gütersloh:
Gütersloher Verlagshaus Mohn.

Bd. 1. Pierre Bayle, Jakob Böhme, Giordano Bruno, Nikolaus Cusanus, René Descartes, Georg Wilhelm Friedrich Hegel, David Hume, Immanuel Kant, Gottfried Wilhelm Leibniz, Blaise Pascal, Jean-Jacques Rousseau, Friedrich Wilhelm Schelling, Friedrich Daniel Ernst Schleiermacher, Baruch Spinoza, Voltaire. – Orig.-Ausg., 1. Aufl. – 1977.
(Gütersloher Taschenbücher Siebenstern; 214)
ISBN 3-579-03974-1

ISBN 3-579-03974-1
© Gütersloher Verlagshaus Gerd Mohn, Gütersloh 1977
Gesamtherstellung: Clausen & Bosse, Leck
Umschlagentwurf: Dieter Rehder, Aachen
Printed in Germany

Meiner Tochter

Sibyl

Dieu d'Abraham, Dieu d'Isaac, Dieu de Jacob, non des philosophes et des savants. *Blaise Pascal*

Gegen Pascal sage ich: der Gott Abrahams, Isaaks und Jakobs und der Gott der Philosophen ist der gleiche Gott.
Paul Tillich

Wenn Gott in seiner Rechten alle Wahrheit und in seiner Linken den einzigen immer regen Trieb nach Wahrheit, obschon mit dem Zusatze, mich immer und ewig zu irren, verschlossen hielte und spräche zu mir: »Wähle!« Ich fiele ihm mit Demut in seine Linke und sagte: »Vater, gib! die reine Wahrheit ist ja doch nur für dich allein!«
Gotthold Ephraim Lessing

Inhalt

Vorwort

Als mit dem Aufbruch der Neuzeit das allgemeine Denken sich zunehmend der Macht der Kirchen entzog, bedeutete das nicht zugleich eine Abkehr von Gott. Es begann im Gegenteil ein selbständiges Ringen des menschlichen Geistes um die letzten Fragen, wie es in solcher Weite in der Geschichte bisher nicht der Fall gewesen war. Dieses erstaunliche Phänomen macht die Tiefe des neuzeitlichen abendländischen Denkens aus. Ohne das stets neu aufbrechende Suchen nach Gott würde ihm die entscheidende Dimension fehlen. Daß die Frage nach Gott auch außerhalb des direkten kirchlichen Bezuges so lebendig blieb, zeigt, daß diese Frage nicht nur das Monopol der Kirchen, sondern ein universales Anliegen des Menschen als Menschen überhaupt ist.
Die Kirchen selbst konnten sich den Ergebnissen dieses tiefbohrenden Denkens nicht entziehen. Die moderne Theologiegeschichte ist ohne die Impulse, die sie von dieser Philosophie empfing, ebenso wenig zu denken, wie die alte und mittelalterliche ohne PLATON und ARISTOTELES. Gleichzeitig blieb jedoch von seiten der Kirchen das Mißtrauen wach, daß ein unkontrolliertes Denken zu unerwünschten Resultaten führen möchte. Dieses Mißtrauen wurde durch jede konkrete Aussage, die dem traditionellen Gottesbild widersprach, neu befestigt. Die autonome denkende Bemühung um Gott schien den Kirchen teilweise fast gefährlicher als der bloße Atheismus zu sein. So konnte es zuzeiten geradezu zu einer unheiligen Allianz der Orthodoxie mit dem Atheismus kommen, die beide in dem *einen* Interesse vereint waren, dem allgemeinen menschlichen Denken jedenfalls keine Möglichkeit zuzubilligen, sinnvoll von Gott zu sprechen. Wohl waren Atheismus und Orthodoxie einander in ihren letzten Zielen entge-

gengesetzt. Der Atheismus bestritt ein vernünftiges Denken über Gott, weil Gott nicht ist, die Orthodoxie dagegen, weil Gott nur für den Glauben an die spezielle Offenbarung zugänglich ist. Beide aber fühlten sich durch das autonome Ringen um Gott beunruhigt.

Die faszinierende Geschichte dieses Gottsuchens scheint auf den ersten Blick ein verworrenes Hin und Her der entgegengesetztesten Meinungen zu sein. Bei genauerer Betrachtung jedoch lassen sich in dem bunten Mosaik die ordnenden Linien erkennen. Im Kritischen wie im Positiven schälen sich immer wiederkehrende Grundgedanken heraus, die das Ganze zu einem sinnvoll zusammengehörenden Dialog der Suchenden und Fragenden werden lassen. Die vorliegende Darstellung will schlicht eine *Einführung* in die Grundprobleme und die Hauptlösungsversuche sein. Sie geht von der Beobachtung aus, daß unter Interessierten, selbst unter Theologen und Theologiestudenten, die allgemeinen philosophiegeschichtlichen Kenntnisse heute nicht mehr so selbstverständlich verbreitet sind wie noch in der letzten Generation. So erscheint eine knappe Einführung als sinnvoll. Das Buch erstrebt deshalb seiner Zielsetzung nach nicht die enzyklopädische Vollständigkeit, die noch G. Ch. B. Pünjer (Geschichte der christlichen Religionsphilosophie seit der Reformation, 2 Bände 1880/83) erreichen konnte. Ebensowenig konkurrenziert es die umfassende Darbietung des gesamten Materials, wie sie W. Weischedel (Der Gott der Philosophen, 2 Bände, Darmstadt 2. Aufl. 1971) leistet, der allein für Hegel über hundert Seiten aufwendet.

Die angestrebte knappe Übersichtlichkeit zwang zu Auswahl und Verzicht. Die Aufmerksamkeit ist auf die entscheidenden Knotenpunkte der Entwicklung konzentriert; so wird mancher manches vermissen müssen.

Eine solche Darstellung kann sich nicht auf Aussagen von zweiter Hand gründen, sondern erfordert den Rückgriff auf die entscheidenden Quellen selbst. Die Dokumentation erfolgt denn auch durchgehend durch den direkten Quellenbeleg. Sekundärliteratur wird nur ausnahmsweise angeführt. Der Kundige wird spüren, wieviel ich den maßgeblichen Interpreten zu verdanken habe. Eine Auseinandersetzung über strittige Fragen der Auslegung, wie sie bei fast jedem der von mir dargestellten Philosophen bestehen, hätte den Rahmen des Unternehmens gesprengt und entspräche auch nicht dem einführenden Charakter der vorliegenden Untersuchung.

Sie will denn auch nicht nur die Einsicht in das gewaltige geistesgeschichtliche Geschehen fördern, sondern hofft vor allem, das Interesse an der Sache zu wecken und zum Studium der Quellen selbst anzuregen.

Der hier vorliegende erste Teil führt bis an die Schwelle des Deutschen Idealismus. Der zweite Teil soll den Idealismus selbst, die nachidealistische Religionskritik und die heutigen Bemühungen um die Gottesfrage zur Sprache bringen.

Für die Mithilfe bei der Fertigstellung des Manuskripts und bei den Korrekturen danke ich meiner Frau Elisabeth und meinem Assistenten, Herrn VDM Johann Zürcher, herzlich.

Zollikofen/Bern
am Sonntag Laetare 1976 *Ulrich Neuenschwander*

Einleitung

Das Ringen um Gott im neuzeitlichen Denken enthält ebensoviel Großartiges wie Tragisches. Von den einen als Durchbruch zur Wahrhaftigkeit gefeiert, von den anderen als frevelhafter Aufstand gegen Gott verurteilt, hat es das Schicksal des Abendlandes entscheidend mitgeprägt. Das Drama ist noch nicht an seinem Ende angelangt und wird es wohl auch kaum, ehe unsere Kultur untergegangen ist.

Die weltweite Bedeutung erweist sich darin, daß es sich um einen geschichtlich einmaligen Prozeß handelt. Weder vollzieht sich dieses Ringen einfach innerhalb einer positiven Religion, wie das etwa in der Entfaltung des alttestamentlichen Glaubens in den tausend Jahren vor Christi Geburt der Fall war, noch schwingt sich hier ein kühner philosophischer Geist über eine unreflektierte Volksreligion empor wie in Hellas.

Der bedingungslose Wille zu einer *autonomen* Bewältigung der Gottesfrage entfaltet sich vielmehr im Schoße und in der kritischen Auseinandersetzung mit einer machtvollen kirchlich-autoritativen Überlieferung, welche die tiefste und leidenschaftlichste Gotteserfahrung der biblisch-christlichen Welt vereinigte.

Um so erstaunlicher ist das gleichzeitige Selbstbewußtsein der autonomen Vernunft in ihrem Aufbruch.

Nach dem Selbstverständnis der Kirchen sprach aus ihren Lehren Offenbarung. Das bedeutet einen direkten, übernatürlichen Eingriff Gottes, mag man diesen mehr naiv-unmittelbar oder mehr abstrakt-dogmatisch verstehen. Immer eignet der Offenbarung das Moment des Unverfügbaren, vom Menschen her weder zu Erreichenden noch durch Kritik zu Zerstörenden. Offenbarung spricht stets aus Autorität, die sie denjenigen mitverleiht, die die geoffenbarte Wahrheit verwalten und weitergeben.

Dem steht das Prinzip der Autonomie, das das neuzeitliche Selbstverständnis beherrscht, diametral gegenüber. Die autonome Vernunft fragt nach der Legitimität der Offenbarung, der sie sich nicht blind ausliefern will. Heteronomie bedeutet für sie Unmündigkeit.

Die Einsicht, daß der mündige Mensch auch in Fragen des Glaubens sich letztlich nur das aneignen kann, was er im Innersten seiner Autonomie als eigen und wahr erkennt – werde nun dieses Innerste mehr als Vernunft, als Gefühl oder als Gewissen umschrieben –, ist in der Aufklärung erreicht, im deutschen Idealismus noch vertieft worden. Hinter diese Erkenntnis, daß nur die freie, innere Zustimmung zu einer Wahrheit einen gültigen Zugang, zum Glauben eröffnet, kann nicht mehr zurückgegangen werden. Das ist eines der entscheidensten Ergebnisse dieser abenteuerlichen Geschichte des Denkens.

Damit ist die neuzeitliche Geistesgeschichte *grundsätzlich* über die alte Kirche und das Mittelalter hinausgeschritten. Der große Satz AUGUSTINS: »Ich würde auch dem Evangelium nicht glauben, wenn mich nicht die *Autorität* der katholischen Kirche dazu bewegen würde«[1] hat seine Gültigkeit verloren.

Es ist nicht zufällig, daß sich der durch die Reformationskirchen eröffnete Raum der neuzeitlichen Autonomie williger erschloß als der katholische, da auch in der Reformation ein Stück weit das Pathos der Autonomie zwar nicht der Vernunft, aber des Gewissens lebte, wenn auch auf der anderen Seite die Reformation wiederum ganz entschieden auf der Autorität zwar nicht der Kirche, aber der Heiligen Schrift aufbaute. Die Beziehung des autonomen neuzeitlichen Geistes zu den Reformationskirchen ist deshalb weit komplizierter und dialektischer als die zur römisch-katholischen Kirche.

Die Vernunftkritik tritt grundsätzlich gegen die traditionellen Kirchen ohne Unterschied der Konfession auf. Es gelingt ihr dabei, zahlreiche Behauptungen der Überlieferung als vorwissenschaftlich, naiv und phantastisch aufzudecken und den unmittelbaren Offenbarungsanspruch als vorschnelle Anmaßung zu erweisen. Insofern stürzt die autonome Vernunft die traditionellen Kirchen in eine Jahrhunderte dauernde Krise. Dieser Prozeß

1. Augustin, contra ep. Manichaei 5.

ist freilich nicht der Gegenstand unserer Untersuchung, die vielmehr dem Ringen um Gott außerhalb der offiziellen kirchlichen Lehrentwicklung gewidmet ist.

Der natürliche Fortgang der Sache wäre, daß die überlegene Vernunft, die den Aberglauben durchschaut und überwindet, ihrerseits zu einer leuchtenderen und einleuchtenderen Gotteserkenntnis führen müßte. Da aber ergab sich das Seltsame, daß wohl ungeheure Blöcke primitiver Religion unter dem Sonnenlicht der Vernunft zerschmolzen, daß aber, gerade in der christlichen Überlieferung, ein Kern übrigblieb, der von der Vernunft nicht erreicht, geschweige denn überboten wurde.

Das autonome Denken erschien dagegen an Substanz unterlegen und dürftig. Die Vernunft war deshalb nicht in der Lage, ohne Rücksicht auf die übermächtige Gottesschau des Christentums über Gott nachzudenken. Sie sah sich veranlaßt, sich darüber Rechenschaft abzulegen, ob sie es vermöge, die Tiefe der christlichen Gottesaussagen als eigene nachzuvollziehen oder ihnen etwas Gleichwertiges gegenüberzustellen. Dabei stand sie jedoch jederzeit vor der Frage, ob sie, wenn sie christliche Strukturen als Wahrheit und damit nach ihrem Verständnis als der Autonomie konform anerkannte, nicht doch zu einem Teil bloß übernahm, was sie von sich aus nicht begründet so hätte sagen können. Soweit autonome Vernunft Gotteserkenntnis in Übereinstimmung mit der christlichen Überlieferung vertrat, stellte sich ihr das Problem der Abhängigkeit. Andererseits war von vorneherein nicht zu erwarten, daß sie in jeder Hinsicht zu anderen Resultaten gelangen müsse als eine Überlieferung, deren Kraft und Tiefe zu der Vermutung Anlaß gab, daß jedenfalls auch Wahrheit darin zu finden sei.

Die Illusion der geschichtslosen Vernunft der Aufklärung wurde durch Hegel radikal beseitigt, der die Übernahme der tradierten religiösen Substanz durch reflektierende, aufhebende und verwandelnde Vernunft geradezu thematisierte. Damit war anerkannt, daß auch die Vernunft selbst in einen geschichtlichen Zusammenhang eingefügt war. Ihre Autonomie konnte nicht in völliger Unabhängigkeit bestehen. Die Vernunft war nicht in der Lage, sich der Herausforderung durch die Tradition zu entziehen. Gerade in dieser Auseinandersetzung bestand die Fruchtbarkeit des großen Ringens, das nicht nur eine Vertiefung des

Vernunftansatzes, sondern auch eine kritische Klärung der traditionellen Aussagen über Gott mit sich brachte.
So ist denn die autonome Vernunft mit dem Problem der Offenbarung nie ganz fertig geworden, so sehr sie den naiven heteronomen Supranaturalismus unwiderruflich seiner Gültigkeit beraubt hat.
Deshalb bietet die Geschichte des Ringens des autonomen Geistes mit der Gottesfrage einen doppelten Anblick. Es ist gleichzeitig eine Geschichte des unerhörten Mutes zur Wahrhaftigkeit und eine Geschichte tiefer Tragik, da sich der gesuchte Gott dem endgültigen Zugriff immer wieder entzieht.
Die Kompetenz der autonomen Vernunft, die unkritische Autorität in Frage zu stellen, hat die naive Unmittelbarkeit des Offenbarungsglaubens zu Recht erschüttert – aber die Inkompetenz der bloßen Vernunft, die Gotteserkenntnis an Stelle der Überlieferung ebenso fest zu begründen wie umfassend und tief durchzuführen, läßt niemanden darüber ganz glücklich werden. Die Ehrlichkeit im Reden über Gott ist zwar ein gewaltiger Fortschritt. Nicht nur bedeutete dies den Abbau von Illusionen sondern, was wesentlicher ist, den Abbau von absoluten Fanatismen mit ihren Machtinstrumenten. Kein Scheiterhaufen brennt so hell wie ein zur größeren Ehre des richtigen, nämlich des eigenen Gottes angezündeter.
Auch dieses Fortschrittes der Menschlichkeit und Toleranz können wir jedoch nicht unbefangen froh werden. Wenn nicht an die Stelle des »richtigen« Gottes, der verlangt, alle »unrichtigen« Anbeter auszurotten, die Ehrfurcht vor dem Geheimnis Gottes tritt, das nicht mit einer richtigen Vorstellung ausgeschöpft werden kann, dann nimmt oft nach dem in Frage gestellten »richtigen« Gott die »richtige« Ideologie dessen Stelle ein. Ein »richtiger« Götze indes, hinter dem keine große geistige Macht steht, ist noch blutdürstiger, grausamer und fanatischer. Sein Scheiterhaufen brennt wohl düsterer, aber nicht minder vernichtend.
Die Geschichte der *Gottlosigkeit* befreit gründlich von der Illusion, mit der die ersten sich auf die Vernunft berufenden Atheisten auftraten, indem sie meinten, die Befreiung von Gott bedeute die Befreiung des Menschen zur wahren Menschlichkeit. Auch diese Erfahrung gehört mit zu den unverlierbaren Ergebnissen des Ringens des abendländischen Geistes um Gott.

Der Weg des gottsuchenden Geistes durch die Neuzeit ist lang und verschlungen. Viele gescheiterte Hoffnungen blieben zurück, mancher Irrweg wurde beschritten, aber daneben – auch auf den Irrwegen – wurden unverlierbare Einsichten gesammelt. Von der fraglosen Selbstgewißheit der Vernunft bis hin zur rückhaltlosesten Skepsis oder der radikalen Gottlosigkeit sind fast alle Möglichkeiten durchdacht worden. Am Ende ist die Vernunft bescheidener geworden. Sie stellt sich dem Ernst der unabweisbaren Frage nach Gott, aber sie maßt sich nicht an, ihn in einem System umfassend bestimmen zu können. Vielleicht erweist sich als tiefe Weisheit im ganzen, was einer der ersten Denker im Frühlicht der Neuzeit über den menschlichen Weg der Gotteserkenntnis ausgesprochen hat: Er führt uns in die Wahrheit der docta ignorantia.

Erster Teil
Der Gott der Natur

1. Gott und die Natur

Der Gott der Natur ist älter als der Gott der Vernunft.
Der Weg nach außen ist älter als der Weg nach innen.
Das Gegenstandsbewußtsein ist älter als das Selbstbewußtsein. Nicht nur die Religion begann als Naturreligion; auch die Philosophie begann als Naturphilosophie. In den ursprünglichen Naturreligionen werden Naturmächte in göttlichem Rang gesehen und angebetet, seien es nun mehr die irdischen Kräfte, die elementar Leben, Tod und Fruchtbarkeit hervorbringen, seien es etwas abstrakter die Gestirne.

Entgegengesetzt verläuft die Entwicklung im biblisch-christlichen Denken. In diesem steht der Mensch der Welt weit mehr gegenüber. Seine Gottesbeziehung läuft nicht über die Natur, sondern vollzieht sich in der Auseinandersetzung mit seinem inneren Schicksal. Wohl ist der biblische Gott der Herr auch über die Natur, aber er ist selbst keine Naturkraft. An dieser Stelle wird der Gegensatz zwischen Jahwe und Baal unversöhnbar. Karl Löwith hat mit Recht im Hinblick auf die biblisch-christliche Tradition festgestellt: »Gott und Mensch sind einander wesentlich näher als Gott und Welt, bzw. als Welt und Mensch.«[1]

Anders verhält es sich nicht nur in den altorientalischen Religionen, die das alttestamentliche Israel umgeben, sondern auch im hellenischen Raum. Wenn auch Platon den Weg zu den Ideen einschlägt, nachdem Sokrates nicht mehr den Kosmos, sondern den Menschen zum Hauptthema seiner Philosophie gemacht hatte, so beginnt doch die griechische Philosophie mit der Naturphilosophie, und sie mündet im Neuplatonismus, als der zusam-

1. K. Löwith, Gott, Mensch und Welt in der Metaphysik von Descartes bis zu Nietzsche, Göttingen 1967, S. 28 f.

menfassenden Synthese der antiken Religion wie des antiken Denkens, wiederum in eine großartige Naturphilosophie.
Dieser heidnisch-neuplatonische Strom durchzieht untergründig das Mittelalter und läßt im Abendland etwas von dem Gott der Natur ahnen, den eine weltkritische und naturfeindliche Kirche auf die Schöpfung reduzierte. Der Kirche war ein unbefangenes Verhältnis zur Natur unmöglich, solange sie im Vorstellungsmodell der Apokalyptik dachte und die gegenwärtig bestehende Welt vor allem als abgefallen und nur sekundär als Schöpfung interpretierte. Der unterirdische Strom drängt in Gestalten wie Johannes Scotus Eriugena (ca. 810–877) an die Oberfläche. Gewöhnlich aber erscheint der Neuplatonismus, verstärkt durch die christlich-weltabgewandte Askese, in einer mystisch-asketischen Gestalt und durchzieht so die ganze mittelalterliche Mystik. Gerade diese Mystik aber wird um ihrer pantheisierenden Züge willen leicht der Ketzerei verdächtig. Sobald sich der Druck der Weltverneinung im neuen Lebensgefühl der Renaissance verringert und gleichzeitig die innere Macht der Kirche über das Denken schwächer wird, gewinnt die lange verdrängte Frage nach der wirkenden Gegenwart Gottes in der Natur selbst neue Aktualität.
Zu Beginn der Neuzeit zieht zuerst die Natur das Interesse auf sich; erst später tritt das Selbstbewußtsein in den Mittelpunkt. Wenn versucht wird, der Autorität des Überlieferten gegenüber die Autonomie in Anschlag zu bringen, dann wird empfohlen, neben dem *einen* Buch, der Heiligen Schrift, das Buch der Natur aufzuschlagen, nicht aber das Buch der Vernunft.
Die Naturphilosophie der Renaissance geht deshalb der Bewußtseinsphilosophie von Descartes voran. Wenn auch diese Bewußtseinsphilosophie das Schicksal des neuzeitlichen Denkens geworden ist, so steht ihr doch zunächst die Naturphilosophie zur Seite und erhebt auch später, wenn auch mehr aus dem Hintergrunde, immer wieder ihre Stimme.
An der Schwelle zwischen mittelalterlicher und neuzeitlicher Weise, den Zusammenhang von Gott und Welt zu denken, finden wir Nikolaus Cusanus. Durch die Schriften des zum Ketzer gestempelten Mystikers Meister Eckhart (1260–1328) geformt, lebt er noch in der mystischen Innerlichkeit des Mittelalters; in der Erkenntnis der Unendlichkeit der Welt und in der Zuwendung zur Schöpfung aber nimmt er wesentliche Gedanken der Neuzeit

voraus. Seine Art, den Gott der Natur zu denken, weist in großartiger Weite in die Zukunft. 150 Jahre später erfolgt in der Spätrenaissance durch Giordano BRUNO der entscheidende Durchbruch zur philosophischen Verarbeitung des inzwischen durch KOPERNIKUS entworfenen Weltbildes; BRUNO bedient sich dabei der wesentlichen Gedanken des Cusaners. Die Vielfalt des Renaissancedenkens ermöglicht auch so bizarre und tiefsinnige Sondergestalten wie den Görlitzer Schuhmacher Jakob BÖHME, dessen theosophische Spekulationen unabschätzbare untergründige Wirkungen bis in die Gegenwart ausüben. Zur reinen Konsequenz gelangt der Pantheismus des Gottes der Natur bei Baruch SPINOZA, um dann bei SCHELLING in die neue transzendentale Denkweise des Idealismus aufgehoben zu werden.

2. Auf der Grenze zur neuzeitlichen Weltbetrachtung

Nikolaus Cusanus (1401–1464)

Nicht unvermittelt schlägt die Naturfremdheit des Mittelalters in die Naturbejahung der Neuzeit um. Gestalten wie Franziskus von Assisi, der seiner Schwester Sonne und seinem Bruder Wind geschwisterlich verbunden war, blieben freilich vereinzelt. Die bäuerliche Naturverbundenheit, die jenseits der kirchlichen Doktrin elementar lebte, erlangte keine reflektierte Bedeutung, ließ aber dennoch die Weltverneinung außerhalb der Klöster nicht ins Extreme wachsen. In der frühen Renaissance bahnt sich allmählich ein Gefühlswandel an; Petrarca ersteigt den Mont Ventoux, aber immerhin noch mit einem Band Augustin in der Tasche.

Erst die Verbindung des neuen Gefühls der Weltzugewandtheit mit den neuplatonisch-mystischen Gedankengängen eröffnet die Horizonte einer veränderten Weltdeutung. Das hatte weder die neuplatonische Mystik allein erreicht, die sich im Mittelalter mit der Weltabgewandtheit zu verbinden wußte, noch der an sich profanere Aristotelismus, der sich mit der kirchlichen Doktrin zusammenschloß und immer mehr zum Hort des Konservatismus wurde.

Es ist denn auch nicht zufällig, daß Nikolaus Cusanus, die überragende denkerische Gestalt des Übergangs, dem spekulativen Mystiker Meister Eckhart tief verpflichtet war. Dieser stieß in kühnen und paradoxen Formeln zu Aussagen über Gott vor, die das Theistische des Schöpfungsglaubens überstiegen und pantheisierender Tendenzen verdächtigt werden konnten. Das Interesse Eckharts konzentrierte sich aber auf die Seele und ihre Verbindung mit der Gottheit. Cusanus dagegen faßt nunmehr das Universum selbst ins Auge und greift damit, bei aller bleibenden Verwurzelung in einer spätmittelalterlich-kirchlichen Mystik, kühn in die Zukunft.

Cusanus überwindet das Weltbild Dantes und übersteigt die konventionelle christliche Gottesauffassung. Es ist für die vorreformatorische Kirche des 15. Jahrhunderts vielleicht bezeichnend, daß Cusanus unangefochten Gedanken verbreiten konnte, bis hin zur These von der Unendlichkeit der Welt, die 150 Jahre später Giordano Bruno, der sich in vielen zentralen Aussagen auf Cusanus stützte, auf den Scheiterhaufen führten. Die Streitigkeiten, denen Cusanus, Kardinal und Bischof von Brixen, ausgesetzt war, betrafen ganz andere, nämlich kirchenpolitische Fragen.

In seinem Denken über Gott hat Cusanus eine Reihe von Grundbegriffen entfaltet, die für die Zukunft wegleitend geworden sind. Die wichtigste Einsicht überfiel ihn wie eine Erleuchtung; er schreibt darüber: »Empfange nun, ehrwürdiger Vater, was ich schon längst auf den verschiedenen Wegen philosophischer Systeme zu erreichen mich bemühte, vorerst aber nicht zu erreichen vermochte, bis ich auf dem Meer, als ich von Griechenland zurückkehrte, dazu geführt worden bin – ich glaube durch ein Geschenk von oben, vom Vater des Lichtes, von dem alle gute Gabe kommt –, daß ich das Unbegreifliche unbegreiflicherweise in wissendem Nichtwissen (*docta ignorantia*) erkennend umfasse, und zwar durch das Übersteigen der unauflöslichen Wahrheiten des menschlichen Wissens ... Jeder Versuch unseres menschlichen Geistes muß sich in diesen Tiefen bewegen, auf daß er sich zu jener Einfachheit erhebe, wo die Gegensätze koinzidieren (*contradictoria coincidunt*).«[1]

Gott ist das Zusammenfallen der Gegensätze; (*coincidentia oppositorium*); er ist außerhalb der Gegensätze und vor ihnen; er umfaßt alle. Gott ist nicht Gott, wenn er in die Gegensätze eingespannt ist. Cusanus nimmt damit den Grundgedanken der Identitätsphilosophie voraus. Seine Koinzidenz ist aber nicht dialektisch sondern paradox. Im Unendlichen verliert die aristotelische Logik mit dem Satz vom Widerspruch ihre absolute Geltung.

Deshalb kann Gott nicht direkt ausgesagt werden. Er kann nur im wissenden Nichtwissen ergriffen werden. In diesem ist ver-

1. Die Werke von Cusanus werden zitiert nach: Nikolaus von Kues, Philosophisch-theologische Schriften, ed. L. Gabriel, Wien 1964 ff. – De docta ignorantia, Bd. I, S. 515.

stehbar, warum er als das Größte zugleich das Kleinste ist, weil er jenseits des Gegensatzes von groß und klein steht. Im Begriff der Einheit koinzidieren Größtes und Kleinstes; dem endlichen Verstand ist diese Denkungsart unfaßbar.

Die *coincidentia oppositorum* als paradoxe Identität ist zunächst mehr formal entwickelt. CUSANUS liebt zur Veranschaulichung mathematische Modelle wie Vieleck und Kreis im Unendlichen. Erst die spätere Entfaltung bis zur Vollendung der Identitätsphilosophie im Idealismus wird die Auseinandersetzung darum, welche Elemente die umgreifenden und welche die umgriffenen sind, durchführen. So ist etwa die spätere Frage, ob Substanz oder Subjekt oder keins von beiden das Absolute konstituieren, bei CUSANUS nicht aktuell. Bei CUSANUS wird Gott zum verborgenen Gott (*deus absconditus*), nicht so sehr wie bei LUTHER wegen seines paradoxen Handelns an der Welt im Kreuz Christi als vielmehr wegen der alle Aussagemöglichkeit übersteigenden Weise seines Seins. Gott ist nicht durch die positive Theologie erreichbar, aber auch nicht durch die negative. Er ist »nicht etwas«[2], aber auch »nicht nichts«[3]. Er ist »unsagbar«[4] zugleich »nicht unsagbar, sondern vielmehr über alles aussagbar«[5], aber doch nicht »sagbar und unsagbar« zugleich[6]. Er kann »weder genannt noch nicht genannt, noch genannt und nicht genannt werden«[7], ist weder Sein noch Nichtsein, ist die Quelle des Seins und des Nichtseins, aber doch nicht diese Quelle, weil er dem allem noch vorangeht. Er ist auch vor aller Wahrheit, aber nicht etwas anderes als die Wahrheit.

Diese Paradoxien sucht der Cusaner in einem Begriff zu fassen, der die Identität in so vollkommener Weise ausdrückt, daß zugleich die Koinzidenz aller Gegensätze eingeschlossen ist. Er findet dafür den Ausdruck, daß Gott das Nicht-Andere (*non-aliud*) ist. Das Nicht-Andere ist auch im Anderen nichts anderes. Gerade das Anderssein konstituiert die Abhängigkeit des Anderen. Das Andere ist nicht unbedingt, denn es ist ein Anderes im Hin-

2. De deo abscondito, Bd. I, S. 305.
3. Ebenda.
4. Ebenda.
5. Ebenda.
6. Ebenda.
7. A. a. O. S. 307.

blick auf ein Anderes; es »entbehrt gerade das, auf Grund dessen es ein Anderes ist«[8]. Das Nicht-Andere aber entbehrt nichts, weil es keinem Ding gegenüber ein Anderes ist. Das Nicht-Andere ist, auf eine knappe Formel gebracht, die paradoxe Anwesenheit des verborgenen Gottes in allen Dingen, wie die docta ignorantia sie erfaßt.

Mit dem Ergreifen des Identitätsgedankens ist nun aber der entscheidende Schritt vollzogen, der über das konventionelle Gottesbild hinausführt, welches die Welt als erschaffene und abgefallene Gott gegenüberstellt. Gott ist, mindestens im Symbol der Einheit, in allen Dingen, nicht nur sind alle Dinge in Gott. Das Gegenüber von Gott und Schöpfung ist relativiert, es ist jene Komponente zum Ausdruck gebracht, die später in ihrer pantheistischen Verabsolutierung die äußerste Gegnerschaft der Kirche hervorgerufen hat. Nicht nur die christliche, sondern auch die neuplatonische Gottesschau ist transzendiert, denn nach dem neuplatonischen Verständnis geht das Eine nicht in die niedrigeren Stufen des Seins ein.

Die paradoxe Identität Gottes übergreift aber auch das Verhältnis des Andern zum Nicht-Andern, bei dem doch alles Andere als Seiendes vorgestellt ist. Es bleibt noch der alte Aristotelische Gegensatz des Potentiellen und Aktuellen übrig. In Gott ist für den Cusaner jedoch selbst der Widerspruch zwischen dem Möglichen und dem Wirklichen versöhnt, denn in Gott gibt es keine Möglichkeit, die bloße Möglichkeit wäre und der Wirklichkeit entbehrte. Können und Sein sind ungetrennt. In jedem Geschöpf aber sind sie geschieden; Möglichkeit und Wirklichkeit sind allein im Ursprung Eins. Gott ist »die absolute Möglichkeit und Wirklichkeit und die Verknüpfung beider«[9]. Damit ist ein neuer Gottesbegriff gefunden, der das non-aliud im Hinblick auf Potentialität und Aktualität ausdrückt: »Weil das, das ist, wirklich ist, ist das Können soweit Sein als das Können wirkliches Sein ist. Nennen wir es also Können-Ist (*Possest*). In ihm ist wahrlich alles zusammengefaltet, und gemäß menschlichem Begreifen ist es ein hinreichender Name Gottes. Es ist der Name aller und aller einzelnen Namen und zugleich von keinem einzigen.«[10]

8. De non-aliud, Bd. II, S. 465.
9. Trialogus de possest, Bd. II, S. 277.
10. A. a. O. S. 285.

Mit der kühnen Wortbildung des Können-Sein oder Können-Ist ist ein wichtiger Griff getan; aber er genügt CUSANUS noch nicht. Nach der 1460 erschienenen Schrift »*de possest*« greift er nur vier Jahre später in der weiteren »*de apice theoriae*« (Vom Gipfel der Schau) das gleiche Problem nochmals auf. Er prägt darin den Begriff des Können-Selbst (*posse ipsum*), das ihm das Gemeinte noch passender auszudrücken scheint als das Können-Ist. Das Können-Selbst ist »der Gipfel der Schau«, »das Können jedes Könnens«[11]. Es kommt keinem Geschöpf zu; es ist vielmehr bereits die Voraussetzung nicht nur jeden Seins, sondern bereits jeden Sein-Könnens. Das Können selbst ist »das Können sowohl des Sein-Könnens als auch des Leben-Könnens und auch des Verstehen-Könnens«[12].
Der Begriff des Können-Ist trägt die Problematik in sich, daß er leicht in Richtung eines Fatalismus verstanden werden kann: Gott muß *alles* tun, was er kann, weil Können und Sein identisch sind. Bei Giordano BRUNO taucht diese Gefahr auf. In dem Begriff des Können-Selbst ist sie nicht bereits eingeschlossen.
Diese Gedankengänge scheinen ins Abstrakt-Spekulative zu führen. Bei CUSANUS aber geht es letztlich nicht um ein rein intellektuelles Wissen, sondern um die Anbetung dieses verborgenen Gottes. Von seinem Ansatz her kann er nicht stur konfessionalistisch eine bestimmte Doktrin zur Vorbedingung der wahren Anbetung machen. In Ausweitung der mystischen Tendenz zur Toleranz bezieht er nunmehr in die Gottverbundenheit die subjektive Perspektive der verschiedenen Anbeter ein. Die Paradoxie des verborgenen Gottes verbietet ohnehin die allzu geradlinigen Aussagen; zwischen dem Endlichen und dem Unendlichen ist keine Proportionalität; in der wissenden Unwissenheit wacht die bescheidene Erkenntnis, daß jede positive Aussage über das letzte Wahre nur »eine Mut-Maßung« (*coniectura*) darstellt[13]. In Bildern und Symbolen kommen wir Gott näher. Ein solches zentrales Bild, das Objektivität und Subjektivität der Gottesbeziehung darstellt, ist das Bild »des Alles-Sehenden« (*omnia videns*)[14].

11. De apice theoriae, Bd. II, S. 379.
12. Ebenda.
13. De coniecturis, Bd. II, S. 3.
14. De visione Dei, Bd. III, S. 95.

Cusanus sendet seinen Freunden sogar ein solches Bild, das einen Menschen zeigt, der überall hinzublicken scheint. Dem rechts Stehenden blickt er nach rechts, dem links Stehenden nach links, dem aber, der direkt vor dem Bilde steht, schaut er direkt ins Auge. Wandelt man vor dem Bilde vorbei, so wandert der Blick mit. Das ist ein Bild für Gott, der alle und jeden einzelnen zugleich ansieht. Töricht ist es, zu behaupten, er sehe nur mich an, nicht aber den, der in der anderen Ecke steht. Im absoluten Sehen wendet sich Gott nie von mir ab, doch auch nicht vom anderen. Indem ich unverwandt auf ihn blicke, von wo aus auch immer, entsteht die Gegenseitigkeit des Erblickens. Die *»visio Deo«* als Gottesschau bedeutet gleichzeitig Gottes Sehen und mein Blicken auf Ihn. Im Gegensatz zu weltabgewandter Mystik verläuft solche Schau aber nicht einfach in der Verinnerlichung der Seele. Die neue Weltbeziehung gestaltet sich darin, daß Gott in der Tiefe der Schöpfung als deren Kraft erschaut wird. Mit den sinnlichen Augen wird ein Baum erblickt, mit den Augen des Geistes der Ursprung der Lebenskraft des Baumes. »So ist der Baum in Dir, mein Gott, Du selbst«[15]. Platonische Gedanken von Urbild und Abbild schwingen in solchen Aussagen mit, und doch kündigt sich letztlich ein neues Sehen an.

So beginnt die Gottesschau den mittelalterlichen Rahmen, ja das ganze apokalyptische Weltbild zu sprengen. Die Bejahung der Diesseitigkeit kündigt sich an. Die Ambivalenz des platonisch-neuplatonischen Weltverständnisses, die im Mittelalter in Verbindung mit apokalyptischen und gnostischen Gedanken ins Weltverneinende umschlug, geht eine neue Verbindung mit der aufkeimenden Welt- und Naturbejahung ein. Noch vollzieht sich bei Cusanus alles in mystisch-kirchlichem Rahmen, während Bruno endgültig das Mittelalter hinter sich läßt. Noch sind die Dogmen respektiert; die Dreieinigkeit bietet sich mit ihren mathematischen Möglichkeiten der mystischen Spekulation an, die Zentralstellung Christi ist nicht erschüttert. Aber das Verhältnis zur Natur ist in der Tiefe schon verwandelt.

Die Welt ist die Entfaltung Gottes. Alle Geschöpfe sind in Gott. Ihr Verhältnis als welthafte Dinge zu Gott ist so, daß sie »eingefaltet (*complicite*) in Gott Gott sind, so, wie sie ausgefaltet (*ex-*

15. A. a. O. S. 121.

plicite) in der Schöpfung der Welt Welt sind«[16]. In der Entfaltung im Endlichen erscheint das Universum als das Gott gegenüber zwar Andere, als Feld der endlichen Gegensätze, aber nicht in einem radikalen Sinn von ihm getrennt.

Außerordentlich bedeutsam ist, daß CUSANUS den Schritt aus der Begrenztheit der Welt in die Unendlichkeit des Universums wagt. Gott ist zwar das allein absolute Unendliche. Das Universum aber umfaßt alles, was nicht Gott ist, und ist insofern ohne Begrenzung und also »das Unendliche auf privative Weise«[17]. Im Verhältnis zu Gott könnte es größer sein, da dieser größer ist, aber in sich kann es nicht größer sein; da es so durch nichts Wirkliches außerhalb seiner, das größer wäre, begrenzt wird, ist es unbegrenzt. Das aristotelische Weltbild ist überstiegen. Der Sternenhimmel ist nicht mehr als himmlische Sphäre der Erde qualitativ übergeordnet. Der Gedanke des Universums ist erreicht. Damit verändert sich auch die Stellung des Menschen. Er bleibt seiner Gottebenbildlichkeit nach abbildliches Maß der Dinge, Mikrokosmos, Symbol der Gegenwart Gottes in der Welt. Aber er wird doch stärker in das unendliche Universum eingebettet, weniger ihm gegenübergestellt. Kosmologie und Anthropologie verschränken sich, da das Universum selbst in eine andere Gottesbeziehung gerückt ist.

In unwiederholbarer Weise steht CUSANUS zwischen den Zeiten. Das Neue ist da, aber es wird nicht als radikales Abstoßen des Alten empfunden. CUSANUS fühlt sich in seiner Kirche geborgen, in seiner Frömmigkeit im Strom der christlichen Tradition integriert. Es fehlt ihm jenes harte Bewußtsein des Bruches, das das Denken BRUNOS charakterisiert.

CUSANUS schlägt, mitten in seiner mystischen Symphonie, die Themen an, die später, in anderer Tonart, mit anderen Instrumenten und für sich gespielt, zum Fanal wurden.

16. Trialogus de possest, Bd. II, S. 279.
17. De docta ignorantia, Bd. I, S. 321. Damit ist gemeint: Die Welt ist nicht wie Gott das positiv Unendliche, sondern das negativ Unendliche in dem Sinne, daß ihr die räumliche Begrenzung fehlt.

3. Der Durchbruch in die Unendlichkeit des Diesseits

Giordano Bruno (1548–1600)

Der eigentliche Durchbruch zu einem Neuverständnis des Gottes der Natur vollzieht sich erst bei den späteren Renaissancephilosophen. Unter ihnen ist Giordano Bruno der bedeutendste, repräsentativste und konsequenteste. Er hat seine Überzeugungen mit seinem Leben bezahlt. In früher Jugend trat der aus Nola bei Neapel Gebürtige dem Dominikanerorden bei, geriet aber bald in Konflikte mit der Kirche. Nach einem unsteten Wanderleben, das ihn nach Frankreich, in die Schweiz, nach England und Deutschland führte, beging er die Unvorsichtigkeit, einer Einladung des venezianischen Edelmannes Giovanni Mocenigo zu folgen und sich nach Italien zurückzubegeben. Sein Gastfreund denunzierte ihn 1592 beim Pater Inquisitor von Venedig, »gezwungen von meinem Gewissen und auf Befehl meines Beichtvaters«[1] »als gehorsamer echter Sohn der heiligen Kirche«[2]; »und zum Schlusse küsse ich Eurer Hochwürden verehrungsvoll die Hände«[3]. Nach achtjähriger Kerkerhaft unter ständigen Verhören wurde Bruno am 17. Februar 1600 als hartnäckiger Ketzer in Rom verbrannt.

Bruno geht in vielen Grundgedanken von Cusanus aus. Die *coincidentia oppositorum* und das Zusammenfallen von Möglichkeiten und Wirklichkeit in Gott sind ihm ebenso wichtig wie die Unendlichkeit des Kosmos. Sein Lebensgefühl ist aber doch ein ganz anderes als das des in der kirchlichen Welt integrierten Cusaners. In einem doppelten Schritt geht er über diesen weit hinaus.

1. Die Werke Brunos werden zitiert nach: Giordano Bruno. Gesammelte Werke, übersetzt und herausgegeben von L. Kuhlenbeck, 6 Bde. Leipzig 1904 ff. – Akten des Ketzerprozesses. Bd. VI, S. 146.
2. A. a. O. S. 148.
3. Ebenda.

Einmal liegt zwischen dem Kardinal aus dem 15. Jahrhundert und dem aus dem Kloster geflüchteten Dominikaner des 16. Jahrhunderts die kopernikanische Wende in der Astronomie. Des KOPERNIKUS epochemachendes Werk *»de revolutionibus orbium coelestiorum«* war 1543 erschienen. Es legte die Grundlagen für ein Kosmosverständnis, das ein ganz neues Weltgefühl zu erzeugen in der Lage ist. Nicht mehr die enge Erde, über der sich die verschiedenen himmlischen Sphären wölben, prägt das menschliche Grundgefühl, sondern die unendliche Weite des Universums. Mag diese auch in manchen Menschen die unheimliche Empfindung des Verlorenseins im All auslösen, so hatte sie doch für BRUNO gerade entgegengesetzte Wirkung. Das unendliche Diesseits erfüllte ihn mit Begeisterung. Er hat als erster die existentiellen und emotionalen Konsequenzen aus dem kopernikanischen System gezogen. Er erst hat auch das kopernikanische System vollendet, indem er die von KOPERNIKUS noch intakt gelassene Sphäre der Fixsterne durchbrach; er erkannte die Fixsterne als Sonnen. Damit erst wurde aus dem heliozentrischen System das universale kosmische System, das nicht einmal mehr die Sonne im Mittelpunkte beließ. Diese Ausweitung machte das kopernikanische System für die Kirche vollends unerträglich, besonders weil BRUNO es auch noch mit einer diesseitigen Unendlichkeitsmystik verband, die dem nüchternen Astronomen und Mathematiker KOPERNIKUS fernlag.

Wohl hatte schon CUSANUS die Endlosigkeit des Weltalls erkannt, aber seine Aussagen darüber hatten weder die astronomischen Voraussetzungen noch die religionsphilosophischen Konsequenzen, die für BRUNO zentral sind.

Neben die astronomische Wende tritt das Bewußtsein des gewaltigen weltanschaulichen Bruches, das das Selbstverständnis BRUNOS charakterisiert. Er fühlt gleichzeitig den fundamentalen Gegensatz zur mittelalterlichen Kirche und zum Aristotelismus. Er ist in Neuland vorgestoßen; von den Horizonten her, die er erschaut hat, führt kein Weg mehr zurück. Sie verleihen ihm jenes grundsätzliche Überlegensheitsgefühl über seine Gegner, das diese nur als hartnäckige Arroganz verstehen konnten.

In der Diesseitsbejahung geht BRUNO weit über CUSANUS hinaus, dessen Grundstimmung trotz aller Weltbejahung doch in einer transzendierenden Gottes- und Christusmystik ruhte. Für BRUNO aber ist dieser Kosmos selbst gleichsam der Leib Gottes. Nachdem das Universum Unendlichkeitsmaß bekommen hat, ist es der Raum, in dem sich die unendlichen Schöpfungsmöglichkeiten Gottes entfalten. Das Diesseits erfährt damit eine ungemeine Aufwertung. Das neue Weltgefühl wirkt noch revolutionärer, weil BRUNO selbst kein kühler, sondern ein durch stärkste Emotionalität geprägter Denker ist. Als ein Charakter, der der Begeisterung und der Leidenschaft fähig ist, ergreift er erstmals das neue Weltbild nicht nur mit dem mathematischen Verstand, sondern *erlebt* die größere, unendliche Welt als Reich der unendlichen Möglichkeiten des Gottes, bei dem Möglichkeit und Verwirklichung eins sind.

Bei den damaligen mathematischen Voraussetzungen im einzig bekannten euklidischen Raum mußte ihm die Endlosigkeit des Kosmos Unendlichkeit sein; darüber hinaus ist diese Unendlichkeit des Universums durch die Unendlichkeit Gottes gefordert. Die Unendlichkeit des Universums impliziert auch eine unendliche Zahl der darin befindlichen Welten. Die Unendlichkeit des Kosmos ist freilich nicht dasselbe wie die absolute Unendlichkeit Gottes; eine Identität zwischen Welt und Gott im Sinne eines banalen Pantheismus hat BRUNO nie vertreten. Das für die Kirche Unerträgliche an dieser Konzeption lag aber darin, daß Gott seine unendlichen Möglichkeiten in *diesem diesseitigen* Kosmos verwirklicht; damit ist das apokalyptische Weltverständnis, das dieser gegenwärtigen und diesseitigen Schöpfung nur provisorischen Charakter zuschreibt und sie zudem als abgefallene gegenüber dem Eigentlichen, Jenseitigen entwertet, vernichtet. Die absolute Unendlichkeit Gottes, verbunden mit dem Possest-Gedanken, daß alles, was für Gott möglich sei, auch von ihm verwirklicht werde, sind für BRUNO gerade zwingende Gründe, die Unendlichkeit der Schöpfung anzunehmen. Eine bloß endliche Schöpfung wäre dieses Gottes nicht würdig oder würde gar seine Endlichkeit beweisen. Er ruft aus: »Aus welchem Grunde sollen wir glauben, daß der Schöpfer, der ein unendliches Gutes hervorbringen kann, nur ein Endliches hervorgebracht habe? Und wenn er nur ein Endliches hervorbringt, wie können wir dann glauben, daß er ein Unendliches hervorbringen könnte, da in ihm Können und Wirken ein und dasselbe ist?«[4] »Der Schöpfer kann nichts

4. Zwiegespräche vom unendlichen All und den Welten, Bd. III, S. 42.

andres schaffen, als was er schaffen will; er will nichts andres schaffen, als was er schafft; folglich kann er nichts andres schaffen, als was er schafft. Wer also die Unendlichkeit der Schöpfung leugnet, leugnet das Unendlichsein des schaffenden Vermögens.«[5]

Daraus erhellt, daß BRUNO keineswegs den Kosmos mit Gott identifiziert. Die Unendlichkeit des Universums ist gleichsam nur räumlich. Es ist eine zusammengesetzte Unendlichkeit, bei der jeder Teil nur ein Endliches darstellt, während die Unendlichkeit Gottes nicht nur absolut, sondern auch qualitativ andersartig ist. Sie ist unteilbar; an jeder Stelle ist sie als Ganze präsent.

BRUNO führt aus: »Ich nenne das All als Ganzes unendlich, weil es ohne Rand ist, keine Schranke, keine Oberfläche hat; ich sage aber: das All ist nicht absolut und völlig unendlich, weil jeder Teil, den wir von ihm erfassen können, begrenzt und jede einzelne der unzähligen Welten, die es in sich begreift, begrenzt ist. Ich nenne Gott in seiner Ganzheit unendlich, weil er jegliche Grenze von sich ausschließt und jedes seiner Attribute einzig und unendlich ist, und ich nenne Gott absolut und völlig unendlich, weil er überall ganz ist in der ganzen Welt und in jedem ihrer Teile unendlich und völlig allgegenwärtig ist – im Gegensatz zur Unendlichkeit des Weltalls, welches letztere vollkommen nur im Ganzen ist und nicht in jedem seiner Teile, wenn überall mit Bezug auf das Unendliche das ein Teil genannt werden darf, was wir von ihm erfassen können.«[6]

BRUNO veranschaulicht in einem Bilde, wie die Gottheit, aber auch die Weltseele, von der später zu reden sein wird, überall ganz da sein können. Er erzählt von einem Priester, der in seiner Kirche ein Kruzifix aufstellen ließ, das so groß war wie die ganze Kirche, um damit die alles erfüllende Größe Gottes anzudeuten. Allein damit war Gott keineswegs ganz in der ganzen Kirche, sondern in einem Teil war der Kopf, in einem andern der Rumpf, in einem dritten die Füße. So körperlich und räumlich ist Gott nicht gegenwärtig. Er ist eher vergleichbar der Stimme, die die ganze Kirche durchdringt und gleichzeitig überall ganz vernehmbar ist; selbst wenn Tausende anwesend wären, würde jeder die Worte gleich-

5. A. a. O. S. 43.
6. A. a. O. S. 41.

zeitig ganz hören. Ja, wenn die Stimme durchdringend genug wäre, würde auf der ganzen Welt jeder die Worte gleichzeitig ganz hören. Dies Gleichnis darf nicht gepreßt werden. BRUNO selbst nennt es »noch roh«[7]. Es gibt aber seinen Grundgedanken doch recht anschaulich wieder.

Um das Verhältnis Gottes zu seiner Schöpfung zu bestimmen, legt BRUNO Wert darauf, daß Gott nicht nur im aristotelischen Sinne als erste Ursache aufgefaßt werden dürfe. Damit wäre der Ausgangspunkt für einen Deismus geschaffen, der dem ganzen Gottes- und Weltverständnis BRUNOS diametral zuwiderliefe. Gott ist nicht nur erstes Glied der Kausalkette, nicht lediglich erster Anstoß der Schöpfung, so sehr er das gewiß *auch* ist. Entscheidend aber ist, daß er seine Schöpfung stets allgegenwärtig durchdringt, ihr eigentlich Wesenhaftes, das Sein ihres Seins, das Leben ihres Lebens darstellt. Ohne seine Gegenwart würde sie gar nicht sein.

In seinem wichtigen Werk »*Della causa, principio ed uno*« (1584) zeigt er, daß das Prinzip »ein weiterer Begriff als die Ursache« ist.[8] Gott ist erstes Prinzip und erste Ursache zugleich und als solche das Eine.

Indem Gott alles durchdringt, kann von ihm gesagt werden: Er ist »alles in allem, weil er allem das Sein verleiht und über allem steht, an Wesenskraft, Würde und Kraft alles übertrifft. Wie er alles umfaßt, erschafft und erhält und über allem herrscht, so sind alle Dinge, sofern sie außer ihm sind oder etwas anderes, als er, in Wahrheit nicht seiend, Nichts, Eitelkeiten. Somit ergibt sich, daß er allein der Seiende ist, und dieser Name: der ›Allein – *Seiende*‹ ist der einzige, durch den wir uns am besten zu ihm und ihn für unser Ohr offenbaren können.«[9]

Die Schöpfung ist also nicht außerhalb Gottes, nicht ein wirkliches Gegenüber. Wenn BRUNO sich nun ihre Struktur im einzelnen vorzustellen sucht, dann fällt auf, wie weitgehend er doch noch in den vorwissenschaftlichen Anschauungen der Renaissance bleibt. Trotz seines Eingehens auf KOPERNIKUS ist er vom

7. Von der Ursache, dem Anfangsgrund und dem Einen, Bd. IV, S. 65.
8. A. a. O. S. 49.
9. Aus »summa terminorum metaphysicorum«, zit. bei L. Kuhlenbeck, Giordano Bruno, Berlin 1913, S. 43.

Geist des modernen mathematisch-wissenschaftlichen Denkens weit entfernt. Ganz in antiken Bahnen denkend, erfaßt er das All als einen von einer *Weltseele* durchdrungenen Körper. Damit schafft er sich zusätzliche Schwierigkeiten, denn da Gott selbst alles durchdringt, wird die Funktion der Weltseele fragwürdig, wenn man sie von Gott unterscheiden will. Identifiziert man aber Gott und Weltseele, dann ist man bei einem völlig immanenten Pantheismus angelangt, der auch wiederum nicht den Vorstellungen BRUNOS entspricht, wie Gott und Schöpfung zusammengehören. Die Unklarheiten BRUNOS im Hinblick auf das Verhältnis der Weltseele zu Gott haben dazu beigetragen, sein System als Pantheismus mißzuverstehen. Die Weltseele ist wie Gott unendlich, sie ist wie Gott überall ganz da. Sie ist sogar in ihrer Fähigkeit als universelle Vernunft die allgemeine »wirkende Ursache« (*causa efficiens*)[10], wenn auch nicht das Prinzip. Mit den Platonikern kann sie »der Weltbaumeister« genannt werden[11]. Dennoch ist sie nicht Gott selbst, sondern eine Art Vermittlung zwischen Gott und Welt. BRUNO unterscheidet »drei Arten des Geistes: den göttlichen, der alles ist, den Weltgeist, der alles macht, und die besonderen Geister, die alles werden«[12]. So unklar die Zwitterstellung der Weltseele zwischen Gott und Welt auch bleibt, eindeutig ist, daß Gott mehr und anderes als nur die Weltseele ist. BRUNO hat das vor dem Inquisitionsgericht mit den Worten bekräftigt: »Des weiteren setze ich in diesem Universum eine allgemeine *Vorsehung*, kraft deren jegliches Wesen lebt, sich erhält und sich bewegt und in seiner Vollendung dasteht, und ich nehme dies in immer zweifachem Sinne: einmal ist diese Vorsehung allgegenwärtig als Seele ganz im ganzen Körper und ganz in jedem seiner Teile, und insofern nenne ich sie Natur, Schatten und Spur der Gottheit; sodann aber ist sie gegenwärtig *auf eine unsagbare Weise als Allgegenwart Gottes seinem Wesen nach* und als eine Allmacht in allem und über allem, nicht als ein Teil, nicht als eine Seele, sondern auf eine unerklärliche Art.«[13] Die große Bedeutung der Weltseele weist darauf hin, daß BRUNO weit entfernt da-

10. Von der Ursache, Bd. IV, S. 49.
11. A. a. O. S. 50.
12. A. a. O. S. 51.
13. Akten des Ketzerprozesses, Bd. VI, S. 174.

von war, ein Materialist zu sein. Die neue Diesseitigkeit seines Lebensgefühls ist völlig von der profan-materialistischen getrennt, die im 19. Jahrhundert aufkam. Die Seele ist ihm mehr als der Körper. Trotz der Diesseitigkeit ist in ihm der Glaube an die Unsterblichkeit und Ewigkeit der Seele tief verwurzelt. Die Seele ist nicht bloß Akzidens, sondern Substanz, und damit von unzerstörbarem Wesen. Wie weit hinter diesen Überzeugungen christliche, wie weit platonische Überlieferungen stehen, kann schwerlich ausgemacht werden, da beide Ströme bereits im antiken Christentum zusammengeflossen sind. Eine starke direkte Einwirkung Platons ist bei diesem Humanisten jedenfalls anzunehmen. Es ist überaus charakteristisch, wie sich in Bruno ein neues Weltgefühl, moderne wissenschaftliche Astronomie und platonischer Geist mischen. Das macht ihn zu jener einmaligen Übergangserscheinung. So überlagern sich in ihm gleichzeitig eine Diesseitsbegeisterung durch den unendlichen Kosmos als den eigentlichen Raum der Schöpfungsmöglichkeiten Gottes und ein weltüberwindendes Ewigkeitsbewußtsein der Seele.

Gerade diese Verankerung Brunos im Ewigen trug dazu bei, seine Standfestigkeit gegenüber der weltlich übermächtigen Inquisition zu stärken. Seine hochgemuten Worte im Lehrgedicht *»de triplici minimo«* sind keine leeren Phrasen:

> »Geh' nun, Tor, und fürchte des Tod's Dräun und des Geschikkes,
> Geh zum Geschwätze der Toren dahin, die Träume des Pöbels
> Laß mit tödlicher Furcht dich erfassen, als ob du in Wahrheit
> Wärst ein Zusammengefügtes aus stofflichen Teilen bestehend!«[14]

Bei aller Zügellosigkeit seiner metaphysischen Phantasie bleibt Bruno, neben Luther auf religiösem und Galilei auf wissenschaftlichem Gebiet, im Hinblick auf das Weltgefühl einer der großen Symbolgestalten der Zeitenwende.

Nicht mit Recht, aber mit innerer Folgerichtigkeit hat das Inquisitionsgericht den Neuerer zum Feuertode verurteilt.

Mit Recht dagegen und mit ebensolcher Konsequenz sprach der in jahrelanger Kerkerhaft und quälender Prozeßführung Verfolgte bei der Entgegennahme des Todesurteils das kühne und überle-

14. De triplici minimo, zit. bei L. Kuhlenbeck, a. a. O. S. 61.

gene Wort: *Maiori forsan timore iudicium in me fertis, quam ego accipiam* – »*Mit größerer Furcht verkündigt ihr vielleicht das Urteil gegen mich, als ich es entgegennehme!*«[15]

15. Akten des Ketzerprozesses, Bd. VI, S. 232.

4. Gott und Luzifer

Jakob Böhme (1575–1624)

Ebenso wie Giordano Bruno lebt auch Jakob Böhme noch in der vorkritischen Welt des durch die Renaissance aufgewühlten spekulativen Suchens. Dennoch trennen Abgründe den Görlitzer Schuster von dem gelehrten Dominikaner aus Nola. Während Bruno, an der Antike geschult, bei Platon zu Hause, von Kopernikus begeistert, naturwissenschaftlich interessiert die Weltkonzeption der Neuzeit vorausnahm, ist Böhmes Naturphilosophie viel stärker theosophisch geprägt und dem alchemistischen Denken verhaftet. Der Himmel ist für ihn ein religiöser Begriff. Ein Beweis für die Unendlichkeit der Sternenwelt und eine Überwindung des aristotelischen Weltbildes interessieren ihn nicht. Als Autodidakt, der sich mühsam eine auf enge Ausschnitte begrenzte Bildung erworben hat ist Böhme einer zügellosen mythologischen Phantasie hingegeben, deren Bilderfülle nur einer existential interpretierenden Hermeneutik einen Teil ihres Tiefsinns preisgibt. Böhmes Selbstgefühl ist nicht weniger ausgeprägt als dasjenige Brunos. Es lebt aber nicht vom Überlegenheitsbewußtsein des Geistes, der die anderen als grundsätzlich veraltet hinter sich läßt und sich auf einer neuen Stufe des Weltverstehens weiß. Es ist mehr ein prophetisches Selbstbewußtsein, das überzeugt ist, tiefer zu schauen als die Menge – und die Schriftgelehrten. Böhme hat denn auch etwas von einem Seher, der seine Gesichte unter innerem Zwang niederschreibt und der Welt kundtun muß, dessen ungeachtet, daß man ihn als Schwärmer verklagt und zum Schweigen verpflichten will. Seine eruptive Art des Schreibens hat etwas Vulkanisches an sich. Feuer und ungeschlachte Lavasteine brechen mit nicht aufzuhaltender Wucht hervor. Sein Stil ist gleichermaßen naiv und genial, prall gefüllt mit packenden Bildern, die sich überstürzen und das Verständnis des Gedankenganges ebensosehr eröffnen wie verschließen. Die Bilderwelt ist biblisch gesättigt, ohne sich aber streng an die biblischen Bedeutungen zu halten.

Ebensoweit entfernt wie von BRUNO ist er von SPINOZA. Dieser Naturphilosoph ist durch die strenge mathematische Methodik von DESCARTES hindurchgegangen. In abstraktester, begrifflichster Form entfaltet er in kristallklarer Diktion sein System, in dem kein Wort zuviel ist. Die statische Vollkommenheit seiner Gott-Naturwelt steht in äußerstem Gegensatz zu der zerrissenen Dynamik der Gottes- und Weltschau BÖHMES. Ist die Welt SPINOZAS eine vollkommene Architektur, einem Tempel des PHIDIAS ähnlich, so gleicht die Welt BÖHMES einem gewaltigen Drama der ungeheuersten Leidenschaften, wenn auch mit versöhnendem Ausgang.

Mit BRUNO und SPINOZA teilt BÖHME das Schicksal, von der Kirche verfolgt zu werden. Geriet BRUNO in die Mühle der gegenreformatorischen Inquisition, so war BÖHME den Nachstellungen der lutherischen Orthodoxie ausgesetzt. Diese verfügte glücklicherweise nicht über dieselben Machtmittel wie die Inquisition, dazu fand BÖHME auch Rückhalt bei einflußreichen Adeligen in Schlesien. So wurde BÖHME nur in seiner schriftstellerischen Tätigkeit gehemmt und diffamiert, aber nicht in seiner physischen Existenz vernichtet.

Während der hochgelehrte SPINOZA zu seinem Lebensunterhalt und als Ausgleich zu seiner Abstraktion Gläser schliff, war BÖHME von Haus aus Handwerker und verstand sich zeitlebens als einfachen Schuster, der den Gelehrten nicht auf ihrem Felde entgegentreten konnte, aber tiefer blickte als sie und ihnen deshalb im Entscheidenden überlegen war.

BÖHME ist aus der frommen, mystisch-christlichen Atmosphäre Schlesiens heraus zu verstehen. Neben seinen philosophischen Büchern verfaßte er erbauliche Traktate; streckenweise sind beide kaum zu unterscheiden. Er verstand sich als Erleuchteten, der tiefere Geheimnisse der *christlichen* Gotteslehre zu entschlüsseln in der Lage war. Seine Lehre ist eine Interpretation der christlichen Überlieferung mit den Begriffen der alchemistischen Theosophie.

Wir können drei große Ströme in der Gedankenwelt BÖHMES unterscheiden.

Der erste ist die allgemeinchristliche Tradition in der Form der protestantischen Orthodoxie lutherischen Gepräges. Das heißt, daß neben der Bibel mit ihrer Bilderfülle die Gottesvorstellung durch das altkirchliche Dogma der *Dreieinigkeit* geprägt ist. Wenn auch BÖHME diese Dreieinigkeit eigenwillig und spekulativ auslegt, so nimmt er sie doch als Denkmodell auf. Jegliche Dogmenkritik liegt ihm fern; er gibt nur dem Ganzen eine neue Bedeutung.

Der zweite Strom aber ist der Einfluß LUTHERS selbst, dessen Aussagen über Gott nicht alle in die orthodoxe Dogmatik übergegangen sind.

LUTHER gibt, vor allem in seinem ebenso bedeutenden wie kühnen Werk »*de servo arbitrio*« (vom verknechteten Willen) einem gewissen Dualismus im Gottesbild Raum. Die eindeutig rettende, barmherzige und liebende Seite in Gott wird auf Christus, also den Sohn Gottes oder Gott den Sohn, konzentriert. Daneben aber isoliert sich im Vater ein verborgenes, dunkles Element. Der zornige Gott, dessen Zorn zwar durch Christus versöhnt wird, aber außerhalb Christi gilt, läßt eine dunkle Tiefe des unheimlichen Gottes erahnen, der den Tod des Sünders will. Der bloße Gott hat grimmige, angsterweckende Züge; nur in Christus ist reines Licht und Geborgenheit. Deshalb soll der Christ sich an das Wort des Evangeliums halten und nicht über die Abgründe des absoluten Gottes grübeln. Kommt auch für den Christen nur der in Christus offenbare Gott in Betracht – der freilich im dunklen Geheimnis des Kreuzes nicht der harmlos offenbare, sondern der paradox verborgen-offenbare ist –, so wird doch durch diese Betrachtungsweise in Gott selbst eine Spannung hineingetragen. Der in Christus offenbare lichte Gott läßt sich nicht mit dem ganzen Gott problemlos zur Deckung bringen. Diese Spannung durchzieht auch das ganze Problem der doppelten Prädestination und kommt bei CALVIN im absoluten Dekret der Erwählung und Verwerfung zum Ausdruck, das zur Partikularität der Zahl der in Christus Erwählten und Geretteten führt. Bei LUTHER ist das Symbol des Unheimlich-Irrationalen im absoluten Gott der Zorn Gottes. Mag dieser Zorn auch als gerechter Zorn über die menschliche Sünde, die ihn erst sekundär hervorruft, rationalisiert und damit verharmlost werden, so steht doch dahinter ein Elementar-Numinoses. Es ist das Unberechenbar-Unheimliche in Gott, das sich auch in den archaischen Schichten des alttestamentlichen Jahweverständnisses zeigt.

An dieser Stelle findet BÖHME den genuin-reformatorischen Ansatzpunkt für seine Gottesspekulation. Im Erfassen des Unheimlich-Elementaren in der Rede von Gottes Zorn steht er LUTHER näher als die ihn befehdenden orthodoxen Theologen, denen solche aufwühlenden Anfechtungen fremd waren. Andererseits darf nicht verkannt werden, daß sich die lutherischen Orthodoxen auch mit Recht gegen die weiterführenden Gedanken wandten, die BÖHME von diesem Ansatzpunkt aus entwickelte. Denn LUTHER hat die ihn bedrängenden Anfechtungen nie zu naturphilosophisch-theosophischen Folgerungen benützt. Gerade eine solche Art, über Gottes Wesen zu spekulieren, war ihm völlig fremd. Er blieb bei der Auslegung der Schrift und hegte äußerstes Mißtrauen gegen jede sich auf Erleuchtung berufende Weiterung in der Gotteslehre. Er verurteilte alles in diese Richtung Zielende als Schwärmerei.

BÖHME hatte zu LUTHER nur einen schmalen direkten Zugang. Wahrscheinlich kannte er die Kirchenpostille und wohl auch Predigten über das 1. Buch Mose, nicht aber »*de servo arbitrio*«. Die Gedanken sind auf verschiedenem Wege zu ihm gelangt, speziell über die mystischen Außenseiter der Reformation; es ist besonders an Kaspar SCHWENCKFELD zu denken.

Der dritte Strom, der in BÖHMES Gedankenwelt einfließt, ist die *alchemistische Tradition* in ihrer Verbindung mit einer tiefsinnigen, aber unkritischen Naturphilosophie und Theosophie. In seinem wuchtigen Frühwerk »Aurora oder die Morgenröte im Aufgang« (1612) verwendet er die alchemistische Begrifflichkeit erst noch roh, später aber, nach ausgedehntem Studium vor allem auch der Werke des PARACELSUS, beherrscht er sie in weit höherem Grade. Die alchemistische Terminologie wird ihm zum Interpretament der Geheimnisse Gottes, deren Tiefe er in seinen Gesichten erschaut.

Die krause und zügellose Mythologie seiner Bilderwelt darf nicht dazu führen, seine Aussagen als bloße Phantasterei abzutun und den Ernst des existentiellen Ringens zu verkennen, der sich in ihnen kundtut. BÖHME betont: »Liebes Gemüthe, wir schreiben nicht Tand-Mährlein, es ist Ernst, und kostet Leib und Seele.«[1]

1. Die Werke Böhmes werden zitiert nach: Jacob Böhme, Sämtliche

Von Anfang an treibt ihn das quälende *Rätsel des Bösen* und seine Macht in der Welt um, die nicht mit dem Bilde des liebenden Gottes vereinbar sind. Wie ein Schlüssel zum Verständnis des ganzen Anliegens BÖHMES muten seine bekenntnishaften Sätze in der »Aurora« an: »Weil ich aber fand, daß in allen Dingen Böses und Gutes war, in den Elementen so wol als in den Kreaturen, und daß es in dieser Welt dem Gottlosen so wol ginge als den Frommen, auch daß die Barbarischen Völker die besten Länder inne hätten ... Ward ich derowegen gantz melancholisch und hoch betrübet, und konte mich keine Schrift trösten, welche mir doch fast wol bekant war ...«[2] Nach heftigem Ringen mit Gott, wie Jakob am Flusse Jabboq, »so brach der geist durch«[3]. »Was aber für ein Triumphiren im Geiste gewesen, kan ich nicht schreiben oder reden: es läßt sich auch mit nichts vergleichen als nur mit deme, wo mitten im Tode das Leben geboren wird.«[4] Diese Erleuchtung fand etwa 12 Jahre vor der Niederschrift der »Aurora« statt, wie er nicht nur dort[5], sondern auch in einem Briefe an den Zolleinnehmer Linder berichtet. Darin beschreibt er die Erleuchtung so, daß er »in einer Viertelstunde«[6] mehr gesehen habe, als er in Jahren des Studiums hätte erfahren können. Der Inhalt der Erleuchtung betraf »das Wesen aller Wesen, den Grund und Ungrund ... die Geburt der Hl. Dreifaltigkeit ... das ganze Wesen in Bösem und Gutem, wie eines von dem andern urständete«[7].

Im Ausdruck »Geburt der Hl. Dreifaltigkeit« liegt ein theogonisches Moment beschlossen, unbeschadet dessen, daß BÖHME selbstverständlich von der Ewigkeit Gottes überzeugt ist. Für ihn ist aber Gott nicht etwas Statisches. In Gott brodelt es wie in einer alchemistischen Retorte, die Kräfte und Prinzipien mischen und scheiden sich. Nicht ein physikalisch-mechanisches, mathematisches, sondern ein chemisches Vorstellungsmodell wird an das innergöttliche Leben herangetragen. Gott steht nicht außerhalb

Schriften, ed. Peuckert, Stuttgart 1960. – De tribus principiis, oder Beschreibung der Drey Principien Göttliches Wesens, Bd. II, S. 267.

2. Aurora oder die Morgenröthe im Aufgang, Bd. I, S. 266 f.
3. Ebenda.
4. Ebenda.
5. A. a. O. S. 266.
6. Bd. I, S. 5.
7. Bd. I, S. 7 f.

des urgewaltigen Dramas, das durch die Entstehung des Himmels, der Engelwelt mit ihrem vornehmsten Glied, Luzifer, und der Erde in Gang gesetzt wird.

In Gott ist freilich »kein Anfang noch Ende«[8], aber wenn Gott Geist genannt wird, dann ist zu bedenken, daß für BÖHME Geist ein dynamisches, nicht ein statisches und intellektuales Prinzip ist. Ein Geist ist »anders nichts als ein aufsteigender Wille«[9]. So ist die ganze Dreifaltigkeit ein »Wallen«[10].

Wie ein Wallen, so ist es auch ein Quellen. Darum spielen im Schaffensprozeß die sieben Quellgeister eine grundlegende Rolle, wenigstens im Frühwerk, während später die Siebenzahl zugunsten der Dreizahl mehr zurücktritt. BÖHME benutzt die Möglichkeit des Wortspiels und bringt das Quellen mit der Qualität zusammen, aber auch mit dem Quallen. Von da aus ist es nicht mehr weit zur Qual. Indem aber die Qual elementar mit dem Schöpfungsprozeß verschmolzen wird und gleichsam die dunkle Seite des Quellens darstellt, ist bereits das entscheidende Problem angedeutet, um das BÖHME angesichts des Bösen ringt. Es geht darum, wie die Möglichkeit des Dunklen in Gott selbst angelegt ist.

Wir folgen zunächst der »Aurora« und ergänzen die dort hervorbrechenden Grundgedanken nachher durch die systematischeren Bestimmungen, die sich vor allem in dem Hauptwerk »*de tribus principiis*, oder Beschreibung der Drey Principien Göttliches Wesens« (1619) finden. Hatte BÖHME nach seiner Erleuchtung erst zwölf Jahre lang mit der Gestaltung der »Aurora« gerungen, so war die zweite Periode des Schweigens, die sieben Jahre lang dauerte, ganz anderer Art. Durch kirchlichen Rechts- oder besser Machtspruch zum Schweigen verpflichtet, nutzte BÖHME die Zeit zum Studium verwandter Denker; wir haben schon auf die Lektüre des PARACELSUS hingewiesen. Das zweite Werk, wohl sein bedeutendstes, zeigt eine größere systematische Kraft und eine sicherere Beherrschung der Begrifflichkeit, es hat aber nicht mehr ganz die unmittelbare Gewalt des ersten Ausbruches.

In Gott selbst, der aller Kraft Quellbrunn ist, ist Licht *und* Fin-

8. Aurora, Bd. I, S. 57.
9. De tribus, Bd. II, S. 79.
10. Aurora, Bd. I, S. 78.

sternis, Hitze *und* Kälte, so legt Böhme in der »Aurora« dar. Die beiden polaren Kräfte sind aber ausgewogen, nicht feindlich. Die Kälte beispielsweise dient als Kühlung der Hitze, so daß als Endergebnis die angenehme Temperatur entsteht. Ebenso ursprünglich in Gott ist die Polarität von Schärfe und Süße. Direkt ausgedrückt bedeutet das, daß die Barmherzigkeit in Gott nicht ursprünglicher ist als der Zorn[11]. Gleich dem Salz als einem wichtigen alchemistischen Ingrediens ist eine Herbigkeit und Schärfe als Qualität des Kerns oder verborgenen Wesens Gottes da. Sie ist, solange sie sich nicht selbständig macht, nicht verderblich. Für Böhme ist gerade diese herbe, scharfe Qualität im Zentrum Gottes die erste Qualität, die süße, sanfte als die Barmherzigkeit aber ist die zweite. Später wird dieser Gedanke deutlicher an die Trinität angeknüpft, indem der Sohn als Prinzip der Liebe erscheint. Die dritte Qualität ist die bittere Qualität, die als die Durchdringung der herben und der süßen Kraft gilt, die später als der Heilige Geist nicht nur synthetischen, sondern auch transzendierenden Charakter besitzt und für die Ergießung Gottes in die Welt von Bedeutung wird. In der Aurora herrscht statt der Dreizahl die Siebenzahl vor. Eine vierte Qualität wird als Hitze bezeichnet, eine fünfte als Liebe, eine sechste als Schall oder Sprache. Die siebente endlich ist der Leib, der aus den anderen sechs geboren wird. Diese sieben Qualitäten können ebenso Geister Gottes genannt werden. Böhme bevorzugt auch den Ausdruck Quellgeister. Er betont damit das Lebendige des Geistes, der ein Quellen und Wallen ist.

Durch Mischung und Verbindung dieser Qualitäten entstehen die verschiedenen Teile der Schöpfung. Alles wird in dem Brodeln und Aufsteigen und Auffahren und Flammen und Blitzen wie ein chemischer Prozeß beschrieben. Gleichzeitig weisen Leitworte wie Gebären auch auf die Entstehung von Leben in Analogie zur geschlechtlichen Fortpflanzung hin. Der Prozeß ist nicht nur kosmogonisch, sondern auch theogonisch. Das innergöttliche Geschehen geht wie von selbst in das Schöpferische über.

Entscheidend ist, daß im Zentrum die herbe Qualität sitzt. Wenn diese erste Qualität sich verselbständigen sollte oder, wie Böhme sagt, »durch Erhebung angezündet«[12] wird, »so ist es eine bren-

11. A. a. O. S. 84 f.
12. A. a. O. S. 86.

nende Quell-ader des Zorns GOttes ... so ist es ein grimmiger Zorn-Quell und ein Anfang der Höllen, und auch eine Marter und Wehe des höllischen Feuers, und auch eine Qualität der Finsternis«[13]. Wenn aber auch die herbe Qualität im Kern vorhanden ist, so ist sie doch nicht mit Gott identisch. Sie ist nicht Gott selbst. Das Wesen der Gottheit, ihr Herz, ist vielmehr in der Qualität der Barmherzigkeit und Liebe zu finden. Jedenfalls ist das Wesen Gottes nicht ohne diese denkbar; nur als Ganzes ist Gott Gott. In diesem Ganzen ist die herbe Qualität so integriert, daß sie zum Heil und nicht zur Vernichtung ausschlägt.

Die Katastrophe entsteht indessen durch die Verselbständigung dieses Prinzips, in der das Feuer zum höllischen Feuer wird und im Zentrum Gottes eine Hölle entsteht. Eben das ereignet sich, mythologisch veranschaulicht, bei der Erschaffung Luzifers und bei seinem Abfall. In ihm geschieht die Erhebung wirklich. Luzifer ist aus Gott, ist ein Teil von Gottes Wesen; er ist gleichsam die herbe Qualität an sich, die als Energie die Grunddynamik darstellt. Und nun war es »der herben Qualität Fürsatz«[14], daß »alles in ihrer Gewalt«[15] stehen sollte. Sie wollte also die ganze Gottheit ausmachen, aber als eigenes Wesen herausgesetzt, ohne die zweite Qualität, die sie selbst eben nicht in sich trug, aber auf die hin sie gemeint war. Sie »wollte Primus in der gantzen Gottheit sein«[16]. Damit »erhub sie sich und zündete sich an«[17]. Daraus entstand eine große Feindschaft. Luzifer verlor alles Lichthafte, alle Liebe und wurde zur bösen Qualität.

Die entscheidende Frage aber erhebt sich: Warum hat Gott denn nicht Luzifer vernichtet, um das Gute zu retten?

An dieser Stelle fallen die schwerwiegenden Worte, die BÖHMES tiefsten Beitrag zum Ringen um Gott enthalten.

»Sprichst du nun: GOtt hätte ihm sollen Wiederstand thun, daß so weit nicht wäre kommen. Ja lieber blinder Mensch, es stund nicht ein Mensch oder Thier vor GOtt; sondern es war GOtt wieder GOtt.«[18]

13. Ebenda.
14. A. a. O. S. 199.
15. Ebenda.
16. A. a. O. S. 200.
17. Ebenda.
18. Ebenda.

Wenn Gott endlich doch mit Zorn Luzifer begegnen mußte, weil die Liebe nichts ausrichtete, so »mußte sich Gott selber« anzünden[19]. Dadurch wurde das ganze Königreich wüst, finster und böse und eine andere Schöpfung vonnöten.
Wenn wir versuchen, diese mythische Geschichte auf ihren tiefen Sinn hin zu interpretieren, dann werden wir zu dem Schluß geführt, daß im Zentrum Gottes primär eine Antriebskraft, eine lebendige Energie ist, ohne die nichts entstehen kann. Es ist ein Wille, der als lebendige Schöpfungskraft eine *Komponente der Aggression* in sich hat. Diese Aggressivität ist nicht Gott selbst. Sein Wesen liegt vielmehr darin, daß diese Grundenergie durch die Liebe gesteuert wird und dadurch nicht destruktive, sondern konstruktive Folgen hat. Die Verselbständigung der aggressiven Komponente, die sich nicht der Steuerung durch die weicheren, »süßen« Qualitäten unterwerfen will, führt zur Sprengung der Harmonie und löst das »Grimmige«, den Zorn, das Destruktive im Geschehen aus. Eine Vernichtung der Aggressivität aber ist nicht möglich, da sie die Grundenergie darstellt. Gott müßte sich selbst vernichten, und er könnte das nur wiederum mit Hilfe der Energie selbst. Die Steuerung allein würde nichts nützen, da auch diese, um wirksam zu sein, der Grundenergie bedarf: Die Liebe allein richtet nichts aus. Gott muß mit Hilfe der Energie die Energie bekämpfen und die abspaltende Tendenz isolieren, verbannen, einschließen. In diesem eingeschlossenen Raum aber wütet die Destruktion selbstzerstörend weiter. Der Zorn hat sich seine Hölle geschaffen.
Die destruktive Energie der Aggression, der »Zorn« Gottes, kann nicht einfach vernichtet werden. Die an sich ambivalente Energie stellt ja die Grundlage von allem dar. Um der abgespaltenen Aggression zu begegnen, muß Gott selbst zornig-destruktiv werden. Es steht *Gott wider Gott*. Was in polytheistischen Denkweisen als Gigantomachie oder als Götterkämpfe vorstellbar war, wird im einen Gott zum ungeheuren Ringen Gottes wider sich selbst, um sich selbst.
Die Verselbständigung des Teils als Katastrophe der Schöpfung kann nicht weiter begründet werden. In der Form mythologischer Phantasie ist es einfach die Beschreibung eines Vorgangs, von

19. Ebenda.

dem man wohl sagen kann, er sei eine Projektion menschlicher Erfahrung auf Gott, aber nicht bestreiten kann, daß damit eine einzigartige Deutung der Geburt des Bösen gegeben ist. Sie schließt wohl an die alten Mythen vom Engelfall an, verzichtet aber auf die Entstehung des Bösen aus dem Nichts oder auf die Annahme eines fremden dualistischen Prinzips außer Gott; gleichzeitig wird jedoch auch jeder Versuch vermieden, das Böse zu rechtfertigen oder auch nur zu verharmlosen. Und gerade das geschieht meistens in den Theodizeen, die dem Dualismus ausweichen wollen.
Was in der »Aurora« noch ungefüge aufgetürmt ist, erfährt in »*de tribus principiis*« eine geordnetere Darstellung.
Der Sache nach bleibt die Grundkonzeption erhalten. Das Drama wird aber nun mehr auf die drei Prinzipien konzentriert und stärker dem traditionellen trinitarischen Denken angenähert.
Damit wird das erste Prinzip, der Vater, besonders stark auf die schöpferische Potenz hin ausgerichtet; die Aggressivität wird dadurch tiefer in ihm verankert. Das zweite Prinzip des Sohnes oder der Liebe und Barmherzigkeit kann noch eindeutiger als das eigentliche Ziel der Schöpfung und des Menschseins erscheinen, da gerade der Sohn durch die Inkarnation immer schon die menschennächsten Züge trug. Luzifer dagegen wird noch mehr zu dem, dem das zweite Prinzip verschlossen ist, da er nur aus dem ersten heraus lebt. Die Verkehrung seiner Herrlichkeit in Finsternis liegt noch näher, da der Sohn auch das Prinzip des Lichtes ist, nach dem sich die Finsternis im Vater zur Erfüllung des Wesens sehnt. Das dritte Prinzip, analog dem Heiligen Geiste, wirkt als Kraft der Synthese und als gestaltende Ausdrucksform.
Diese drei Prinzipien werden eindeutiger der Paracelsischen Dreiheit von *sal, sulfur* und *mercurium* zugeordnet. Die Gleichsetzung der alchemistischen Grundstoffe mit den göttlichen Prinzipien erlaubt es, das Herbe, Scharfe, Grimmige, das dem *sal* zugeordnet ist, tief im ersten Prinzip zu verwurzeln. Es braucht dabei kaum betont zu werden, daß Böhme das göttliche Geschehen nicht substanzhaft-materialistisch meint. Es geht nicht um die Mischung von Substanzen, sondern die alchemistischen Grundworte bezeichnen lebendige Geisteskräfte, wobei Geist immer dynamisch als Wille, nicht als Intellekt zu verstehen ist.
Die Dreiheit überlagert die Dualität von Licht und Finsternis, die der Sache nach aber doch das zentrale Problem bleibt.

Der »Grund der Gottheit«[20] kann freilich nicht ausgeforscht werden. Aber es ist doch möglich zu sagen: »Der Sohn ist des Vaters Kraft und Licht«[21]. Die eigentliche Gottheit Gottes liegt im zweiten Prinzip. In ihm erst kommt das erste zu sich selbst und findet sein wahres Wesen. Das erste Prinzip aber ist als Vater nur Vater im Hinblick auf den Sohn, deshalb ist es »das erste Begehren nach dem Sohne«[22]. Indem der Sohn das Licht ist, ist es ebenso selbst noch nicht Licht, aber das Verlangen nach Licht, ohne das auch das Licht nicht wäre. So ist in der »finstern Ewigkeit«[23] ein Sehnen nach dem Licht als »das herbe Begehren«[24]. Das Herbe kann deshalb zum Teil auch so aufgefaßt werden, daß es in dem Mangel an der lichten Liebe beruht, in der erst Gott Gott selbst ist. Luzifer dagegen begehrt direkt nach der Herrschaft, ohne sich dem Lichte zu öffnen.

Es gibt demnach ein »Sehnen der ewigen Natur nach dem ewigen Lichte Gottes«[25]. Damit ist der folgenschwere Schritt vollzogen; die *Natur* ist in Gott selbst eingeführt. Der dunkle Grund des ersten Prinzips ist als Natur gekennzeichnet.

Zusammenfassend kann Böhme definieren: »Die Quall der Finsternis ist das erste Principium, und die Kraft des Lichtes ist das andre Principium, und die Ausgeburt aus der Finsternis durch des Lichtes Kraft ist das dritte Principium.«[26] Das dritte Prinzip wird demnach nach der Konstitution Gottes durch das Licht zum transzendierenden Überstieg aus dem Innern Gottes in die Erschaffung der Welt.

Weder das erste noch das dritte Principium sind Gott selbst. Sie gehören wohl unabdingbar zu ihm, der Sohn allein wäre nichts, aber erst in ihm realisiert sich Gott. Der Sohn ist Gottes Herz. Auf ihn hin sind Welt und Mensch gedacht. Deshalb ist Gott einerseits Licht und Liebe, und andererseits streitet dennoch gerade Gott wider Gott, wenn Luzifer bekämpft werden muß. »So kann man nun nicht sagen, daß der gantze GOtt mit allen 3 Principien

20. De tribus, Bd. II, S. 65.
21. A. a. O. S. 66.
22. Ebenda.
23. Ebenda.
24. Ebenda.
25. Ebenda.
26. A. a. O. S. 68 f.

sey in Einem Willen und Wesen: es ist ein Unterschied, wiewol das erste und 3. Principium nicht GOtt genennet wird, und ist auch nicht GOtt, und es ist doch sein Wesen, da GOttes Licht und Hertze von Ewigkeit immer ausgeboren wird, und ist ein Wesen wie Leib und Seele.«[27] So steht das Reich Gottes in der Kraft, die der Vater ist, und im Licht, das der Sohn ist, und im aus der Kraft ausgehenden Licht, dem Heiligen Geist.

Mitten im Zentrum des ersten Prinzips sind die niemals zu vergessenden Größen Finsternis und Qual. Auch der Tod liegt bereits darin; er kommt nicht erst sekundär dazu. Es ist gerade diese Qual und Grimmigkeit, die auch »den Baum Gutes und Böses«[28] geboren hat, »und ist diese Qual eben der Zorn GOttes, welchen das Hertze oder Licht Gottes in dem ewigen Vater immer in die Sanftmuth setzet; darum heißt das Wort oder Hertze GOttes die ewige Barmherzigkeit des Vaters.«[29] Des Vaters! Das ist zu beachten, denn der Vater ist es, der letztlich die Barmherzigkeit übt, nachdem ihn der Sohn besänftigt hat. Es ist aber der Sohn, der als Liebe den Zorn Gottes löscht: »Die Rechte GOttes ist, da die Liebe den Zorn löschet, und das Paradeis erbieret: das ist billig die Rechte, da der zornige Vater GOtt genannt wird in der Liebe und Licht seines Hertzens, welches sein Sohn ist.«[30] Mit dieser Wendung integriert Böhme die altprotestantische Versöhnungslehre, die auf Anselm zurückgeht, in seine theosophische Spekulation. Freilich ist damit noch nicht begründet, warum die den Zorn besänftigende Liebe sich als stellvertretenden Sühnetod am Kreuz darstellen muß.

Der Sinn des ganzen Dramas liegt in der Überwindung der Finsternis. Darum ist über dem Ganzen doch, bei aller Schrecklichkeit der Qual, das Licht der eschatologischen Gewißheit ausgebreitet, das mit dem Evangelium den Sieg Gottes verkündigt. Die Grimmigkeit Luzifers ist umsonst. Er wird in der Ewigkeit zwar nicht wie bei Origenes versöhnt, aber abgespalten und unschädlich gemacht. Böhmes Gottes- und Weltschau endet nicht tragisch, wenn sie auch das Böse so ernst nimmt und so tief im göttlichen Wesen selbst verankert, wie es bisher keiner wagte.

27. A. a. O. S. 112.
28. A. a. O. S. 122.
29. Ebenda.
30. A. a. O. S. 461.

Was BÖHME schildert, ist nicht ein abstraktes mythologisches Geschehen, das sich im Jenseits abspielt. Er steht insofern ganz in der Renaissancetradition des Weltverständnisses, als er den Dualismus Himmel/Welt überwindet. Gott ist keineswegs im Jenseits zu denken. Er wohnt nicht abgetrennt von der Schöpfung in einem abstrakten Himmel. Er durchdringt alles, und nichts ist außer ihm. Man könnte pantheistische Tendenzen wittern. Es ist verkehrt, zu behaupten, »daß GOtt alleine über den Sternen wohnet«[31] und »GOtt der Vater mit dem Sohne sey also im obern eingesperrten Himmel mit den Engeln, und regiere also allhier in dieser Welt nur mit dem H. Geiste«[32]. Vielmehr: »Der rechte Himmel, da GOtt innen wohnet, ist überall an allen Orten, auch mitten in der Erden; Er begreift die Hölle, da die Teufel wohnen, und ist nichts außer GOtt.«[33]

Darum ist die Schöpfung mit in das Drama einbezogen, zuhöchst der Mensch, der eigentlich an die Stelle Luzifers tritt und für das zweite, nicht für das erste Prinzip erschaffen ist. Für den Menschen ist es umgekehrt als für Luzifer gerade das Fragwürdige, in das erste Prinzip einzudringen. Der Mensch vollzog diesen Schritt durch den Sündenfall. Ohne das Essen vom Baume des Guten und Bösen hätte er den Zorn im ersten Prinzip nie erkannt. Damit sind der Sündenfall und Gottes Zorn wieder vermittelt – aber wie! Der Mensch hätte den Zorn nur nicht *erkannt*, er hat ihn nicht erzeugt. Jedenfalls aber stehen himmlisches und irdisches Geschehen in engstem Zusammenhang.

Die Bilder, die sich in BÖHMES Geist jagen, haben unter sich eine größere Widersprüchlichkeit, als es in dieser Interpretation zutage tritt. Wenn auch BÖHME als Ganzes eine Schau von eindrucksvoller Geschlossenheit vorlegt, so gehen doch die Einzelbilder nicht immer harmonisch ineinander auf. Der Versuch, BÖHMES Denken in einigen knappen Grundlinien zu skizzieren, scheitert immer wieder an der überbordenden Fülle von Bildern, die sich wiederholen, ohne aber identisch zu sein. Wir mußten deshalb eine erhebliche Vereinfachung in Kauf nehmen.

Der Grundgedanke ist aber eindeutig. BÖHME besitzt die Größe

31. A. a. O. S. 67.
32. Ebenda.
33. A. a. O. S. 68.

und den Mut, das Böse bis in Gott hinein zu verfolgen, ohne Gott selbst böse zu machen, und gleichzeitig, ohne das Böse zu rechtfertigen und zu verharmlosen. Das Geschehen ist in den größtmöglichen Ernst getaucht. Gott selbst muß mit sich im Kampfe liegen, um Luzifer zu überwinden, denn dieser ist Kraft aus seiner Kraft, nur ohne Licht. Das Licht aber vermag nichts ohne die Kraft, die Kraft ohne Licht dagegen vermag Verderbliches. Die Tiefe des Destruktiven ist gleichzeitig mit der Unausweichlichkeit des Aggressiven erkannt.

Aus dem Geiste Böhmes stammt jenes tiefsinnige Wort, dessen Ursprung unbekannt geblieben ist und das Goethe dem 4. Teil von »Dichtung und Wahrheit« als Motto vorangestellt hat: Nemo (oder auch nihil) contra deum nisi deus ipse.[34]

Indem er Gott als lebendigen Prozeß verstand, der in sich selbst die letzten Spannungen austrägt, wovon die Spannungen in der Schöpfung bloß Spiegelungen sind; indem er Gott als lebendigen Prozeß erfaßt hat, der im Ringen mit sich selbst erst zu sich selbst kommt und sein Wesen als Licht zur Darstellung und Offenbarung bringt, hat Böhme fundamentale Grundgedanken des Deutschen Idealismus vorweggenommen. Erst in jener Zeit wurde er in der Ganzheit seines Denkens gewürdigt. Vorher beschränkte sich sein Einfluß auf radikale pietistisch-mystische Konventikel und Einzelgänger.

Hinter der kraus-phantastischen Bilderwelt des schlesischen Schusters verbirgt sich ein ungeheuer tiefer und realistischer Blick in die Wirklichkeit, der Böhme wenn nicht zu einem Denker, so doch Seher von hohem Range macht.

34. Vgl. dazu E. Spranger, Nemo contra Deum nisi Deus ipse, Ges. Schriften, ed. H. W. Bähr, Bd. IX, Tübingen 1974, S. 315 ff.

5. Gott als Substanz und Natur

Baruch Spinoza (1632–1677)

Wenn wir von Bruno und Böhme zu Spinoza weitergehen, wird die tiefgreifende Zäsur sichtbar, die das methodische Umdenken von Descartes für die neuzeitliche Philosophie bedeutet. Es ist nicht mehr möglich, in so phantasievoller und ungebrochener Weise über Gott Aussagen zu machen. Wir finden nicht nur bei Böhme, sondern auch bei Bruno, der immerhin durch seine astronomisch-weltbildlichen Interessen dem naturwissenschaftlichen, wenn auch nicht gerade dem streng mathematischen Denken, nahestand, eine unkritische Zuversicht zu metaphysischen Schlüssen, Assoziationen und bildkräftigen Vorstellungen, die vor einem methodischen Denken nicht bestehen kann. Freilich erscheint von Kant her auch das Denken eines Descartes und eines Spinoza noch als vorkritisch. Aber der Unterschied gegenüber den ungezügelten Spekulationen der Renaissance ist gewaltig. Die methodische Strenge und mathematische Disziplinierung des Denkens, die Descartes eingeführt und Spinoza vollendet hat, bietet keinen Raum mehr für die ausschweifende, ans Mythologische streifende Phantasie. Es mangelt Descartes, Spinoza und den verwandten Denkern der vorkantischen Zeit lediglich an den kritischen Vorbehalten gegenüber der methodisch geführten Vernunft selbst. Diese wird an sich für durchaus fähig gehalten, den Griff nach den metaphysischen Geheimnissen zu vollziehen, wenn sie nur streng genug gehandhabt wird.

Trotz seines Anschlusses an die cartesianischen Methoden gehört aber Spinoza nicht in die Reihe jener Denker, die wie Descartes und die Idealisten bei dem menschlichen Selbstbewußtsein und seinen Erkenntnisfähigkeiten einsetzen. Nicht das Bewußtsein, sondern das Sein selbst steht bei ihm am Anfang. Erst von dem Begriff Gottes als der Substanz und der Natur aus entwirft er auch sein Bild vom Menschen und dessen geistigem Vermögen. Er ist dem Objektiven, nicht dem Subjektiven, der Substanz und nicht dem Subjekt verpflichtet und wird deshalb zum größten Denker des Gottes der Natur. Gleichzeitig wagt er es am konsequentesten und radikalsten, Gott mit der Natur gleichzusetzen und einen folgerichtigen Pantheismus durchzuführen. Er wird dadurch zum Gegenpol gegen alle, die Gott und Welt radikal trennen.

Den Kirchen erscheint er deshalb als einer der gefährlichsten Widersacher und erntet dafür auch ihren tiefgefühlten Haß. Der große Bannfluch, den die Amsterdamer Synagoge 1656 über ihn aussprach, hätte auch von jeder christlichen Konfession unterstützt werden können. Lange Zeit galt er als Atheist. Sogar Pierre Bayle, der ihn im Skeptizismus weit übertraf, an Frömmigkeit aber hinter ihm zurückblieb, verurteilte ihn in seinem Dictionnaire ebenso ungerecht wie scharf, und dieser Artikel war für viele lange Zeit die einzige Quelle, aus der die meisten ihre Informationen über Spinoza bezogen. Noch Jacobi erklärte dürr: »Spinozismus ist Atheismus.«[1] Schleiermacher dagegen wagt es, in seinen »Reden« zu bekennen: »Opfert mir ehrerbietig eine Locke den Manen des heiligen verstoßenen Spinoza! Ihn durchdrang der hohe Weltgeist, das Unendliche war sein Anfang und Ende, das Universum seine einzige und ewige Liebe; in heiliger Unschuld und tiefer Demut spiegelte er sich in der ewigen Welt, und sah zu wie auch er ihr liebenswürdiger Spiegel war; voller Religion war er und voll heiligen Geistes; und darum steht er auch allein und unerreicht, Meister in seiner Kunst, aber erhaben über die profane Zukunft ohne Jünger und Bürgerrecht.«[2]

Spinozas Denken ist von dem christlichen Gottesbild fast unberührt. Auch im jüdischen Raum steht er weniger der orthodoxen Tradition als vielmehr den jüdischen Aristotelikern des Mittel-

1. F. H. Jacobi, Über die Lehre des Spinoza, in Briefen an Herrn Moses Mendelsohn, Werke, ed. F. Roth und F. Köppen, Darmstadt 1968, Bd. IV, 1. Abt., S. 216.
2. F. Schleiermacher, Über die Religion, Reden an die Gebildeten unter ihren Verächtern, in ihrer ursprünglichen Gestalt neu herausgegeben von R. Otto, 5. Aufl. Göttingen 1926, S. 35.

alters nahe, die er gründlich kannte. Er ist aber auch durch die cartesianische Methodik hindurchgegangen, dem streng mathematischen Denken verpflichtet und steht mit seiner ungebrochenen Bejahung des Diesseits in der Nachfolge der Renaissance; an Radikalität und Konsequenz übertraf er dabei noch die ihm folgende Aufklärung. Für diese wurde er deshalb auch zur gefürchteten Möglichkeit. Die Schwächen seiner so ungemein geschlossenen Konzeption vermochte erst der Idealismus richtig zu analysieren.

Spinoza ist, bei aller Kühle seines mathematischen Geistes, eine tief religiöse Natur. Für ihn ist Gott alles. Alles ist in Gott, Gott ist alles in allem, nichts ist außer Gott. Dieser Gott aber ist kein jenseitiger Gott, sondern er ist das Ganze des Seins selbst.

Die kompetenteste Definition seines Wesens ist deshalb seine Identifikation mit der Substanz. Unter Substanz versteht Spinoza »das, was in sich ist, und durch sich begriffen wird, dessen Begriff, um gebildet werden zu können, den Begriff eines anderen Dinges nicht bedarf«[3]. Zu beachten ist dabei, daß bei Spinoza Ding und Begriff des Dinges nicht getrennt werden, sondern parallel laufen. Gott, der keines anderen Dinges zur Existenz bedarf, ist causa sui. Unter causa sui ist das zu verstehen, »dessen Wesenheit die Existenz in sich schließt, oder das, dessen Natur nur als existierend begriffen werden kann«[4]. In der causa sui ist die Identität von Essenz und Existenz ausgedrückt.

Damit ist der ontologische Gottesbeweis auf die kürzeste Formel gebracht. Er ist so weit stärker verankert als in den teilweise doch recht gewundenen Gedankengängen eines Descartes. Spinoza nimmt nämlich nicht den Umweg über das menschliche Bewußtsein, in dem der Begriff notwendig gebildet wird, um von da aus auf die Existenz Gottes zu schließen. Er identifiziert *direkt* Gottesbegriff und Gottesexistenz durch die objektive Behauptung, daß hier das *Wesen* selbst, nicht nur der Begriff in meinem Bewußtsein, die Existenz in sich schließe. Deutlicher kann nicht von dem Gott des Bewußtseins zum Gott des Seins übergegangen werden.

3. Benedict De Spinoza, Die Ethik, übers. v. O. Baensch, Hamburg 1963, S. 3.
4. Ebenda.

Die Identifizierung Gottes mit der Substanz erfordert einen auf die letzte Konsequenz gebrachten Substanzbegriff. So gehört zur Substanz die Unendlichkeit in jeder Hinsicht, und es ist zu folgern, daß es nur *eine* Substanz geben kann. Die zwei Substanzen des Cartesius oder gar die unendlich vielen Substanzen eines Leibniz erweisen sich als bloße Quasisubstanzen[5].
So erfüllt einzig der Begriff der einen Substanz die Bedingungen eines würdigen Gottesbegriffes: »Unter Gott verstehe ich das unbedingt unendliche Wesen, das heißt die Substanz, die aus unendlich vielen Attributen besteht, deren jedes ewige und unendliche Wesenheit ausdrückt.«[6]
Mit der Gleichsetzung von Gott und Substanz ist nun aber eine folgenschwere Entscheidung getroffen. Der Aspekt der Lebendigkeit und Spontaneität wird aus Gott entfernt. Das Moment des lebendigen Willens als eines konstitutiven Elementes des Seins selbst wird völlig außer acht gelassen. Damit fällt nicht nur alles Personhafte dahin, das angesichts der Unendlichkeit Gottes ohnehin seine eigene Problematik hat. Auch Fichte, der gerade im Hinblick auf die Identifikation Gottes mit der Substanz die entscheidenden Einwände gegen Spinoza formulierte, hat bestritten, daß man Gott als Persönlichkeit denken könne, da dies mit der Unendlichkeit Gottes unverträglich sei. Wichtiger ist, daß mit der Identifikation Gott = Substanz in das System etwas Starres hineinkommt. Die Determination verschlingt die Freiheit. Deterministischer Mechanismus war ohnehin die Tendenz des Zeitalters, das eben die Gesetze der Mechanik entdeckt hatte und begann, die Welt als eine große Maschine aufzufassen. Diese Tendenz wurde durch das Denken Spinozas bestätigt und verstärkt.
Dabei verzichtet Spinoza keineswegs auf einen Begriff der Freiheit. Aber es gibt für ihn bei Gott und Mensch nur Freiheit als Freiheit von Zwang, nicht aber als Freiheit von Notwendigkeit. Zwang ist das Bestimmtwerden von fremden Kräften, Freiheit aber ist die Notwendigkeit des eigenen Wesens, die sich ohne Druck von außen entfalten kann.
Gott als Substanz steht der Erscheinungswelt nicht als jenseitiger Schöpfer gegenüber, sondern er ist das Diesseits selbst, das

5. A. a. O. S. 15 f. 6. A. a. O. S. 4.

schlicht den uns zugänglichen Teil seiner unendlichen Wesenheit ausmacht. Alles, was ist, ist in Gott, nichts außer, nichts ohne ihn.
Diese kosmisch-diesseitige Seinsweise Gottes wird durch die weitere Gleichung SPINOZAS noch deutlicher gemacht. Gott ist nicht nur die Substanz, er ist auch die Natur. Er ist »jenes ewige und unendliche Wesen, das wir Gott oder die Natur heißen«[7]. Vielleicht hätte die kirchliche Tradition es SPINOZA noch verziehen, daß er Gott die Substanz nannte. Vom scholastischen Denken aus, das bis zum Satz gehen konnte, daß das Sein Gott sei, wäre das durchaus denkbar gewesen. Gott aber mit der Natur zu identifizieren, hieß die Trennung von Gott und Welt aufheben, das Abgefallensein der Welt bestreiten, das richtende Gegenüber Gottes verunmöglichen und den vollkommenen Pantheismus etablieren. Die kirchliche Tradition hat immer die Verdorbenheit der Natur betont, die Integrität der Substanz dagegen belassen. Wenn SPINOZA Gott nicht nur mit der Substanz, sondern auch mit der Natur gleichsetzt, gewinnt er die Möglichkeit, das Tote, Starre seines Systems, das durch die Gleichung Gott = Substanz entstanden ist, etwas aufzulockern. Natur ist an sich etwas Lebendiges, Wirkendes, Tätiges. Gott als Natur ist ja selbstverständlich die natura naturans, nicht die natura naturata, also die aktive, schaffende, nicht die geschaffene Natur als Resultat. Dennoch sprengt der Naturbegriff nicht die Fesseln der Notwendigkeit. Das Wesen, das Gott oder die Natur heißt, «handelt mit derselben Notwendigkeit, mit der es existiert, handelt es doch ... infolge derselben Notwendigkeit, derzufolge es existiert.«[8] Auch ist »Handeln« schon fast zuviel gesagt. Denn diesem Handeln, diesem Wesen überhaupt fehlt der zwecksetzende Wille, etwas hervorzubringen, Neues, Mögliches zu wirken. Nicht das dynamische Schema Ursache – Wirkung, sondern das geometrische Grund – Folge beschreibt das wirkliche Geschehen richtig. Die waltende Notwendigkeit ist die Notwendigkeit des Dreiecks im euklidischen Raum, eine Winkelsumme von zwei Rechten zu haben.
Bei aller Eindeutigkeit der Identifizierung Gottes mit der Natur ist doch nicht zu übersehen, daß die Identifizierung mit der Sub-

7. A. a. O. S. 87.
8. Ebenda.

stanz fundamentaler ist. Sie ist der eigentlich führende Gedanke. Die Gleichsetzung mit der Substanz erscheint nicht nur häufiger, sondern auch an den entscheidenden Stellen.

SPINOZA führt die Aufhebung des Gegenübers von Gott und Welt konsequent durch. Gott ist deshalb keineswegs die jenseitige Ursache dieser Welt, sondern die innerweltlich wirksame. In kristallklarer Formulierung hebt er den Gegensatz zum jüdisch-christlichen, transzendenten Gott hervor: »Gott ist die inbleibende (immanens), aber nicht die übergehende (transeuns) Ursache aller Dinge«.[9]

Mit dieser Bestimmung läßt SPINOZA nicht nur die jüdisch-christliche Gottesvorstellung hinter sich, sondern auch die neuplatonische. Hinter allem bisherigen Denken über den Gott der Natur bis hin zu BRUNO hatte doch die neuplatonische Komponente den eigentlichen Pantheismus abgebremst. Für den Neuplatonismus bleibt Gott das Eine vor aller konkreten Vielfalt der Erscheinungswelt. Bei BRUNO wirkt Gott wohl als inneres Bewegungsprinzip der Schöpfung, ist jedoch nicht diese selbst, sondern durchdringt sie nur allgegenwärtig. Man muß schon über den Platonismus hinaus bis auf PARMENIDES zurückgehen, um eine SPINOZA vergleichbare Kühnheit der Konsequenzen zu finden.

SPINOZAS Bestimmung ist aber nicht nur das Ende eines jenseitigen Gottes, sondern bedeutet ebenso die uneingeschränkte Diesseitsbejahung. Damit ist radikal alle apokalyptische Weltverteufelung überwunden, die für die christliche Tradition zu einer so schweren Belastung geworden war. Die Aufklärung mit LEIBNIZ an der Spitze suchte sich auch von ihr zu befreien, sah sich aber sogleich bereits von SPINOZA überholt und fürchtete, in seine Konsequenzen hineingezogen zu werden.

Die uneingeschränkte Diesseitsbejahung ihrerseits stellte SPINOZA vor das Problem, diese Welt als vollkommen erklären zu müssen und das Negative aus ihr zu entfernen. Die Untrennbarkeit Gottes von der Welt gestattete keinen Spielraum des Bösen. Spinoza löste diese Schwierigkeit mit der These, daß die Wertungen von Gut und Böse im Weltgeschehen auf die beschränkte subjektive Froschperspektive des einzelnen menschlichen Betrachters zurückzuführen seien. Die Aufgabe des Menschen sei, nicht zu

9. A. a. O. S. 24.

verurteilen, sondern zu verstehen. Die Einsicht in die Notwendigkeit eines Geschehens tritt an die Stelle des wertenden Urteils.

Die Identifizierung Gottes mit dem Diesseits bedeutet nun nicht etwa eine Reduktion Gottes auf diese unsere Erscheinungswelt. Das wäre eine undenkbare Beschränkung der Unendlichkeit Gottes. Uns sind, wie SPINOZA in der Nachfolge von DESCARTES annimmt, nur die beiden Aspekte Ausdehnung und Denken zugänglich, die nicht den Rang von Substanzen, sondern nur den von Attributen haben. Die unendliche Substanz aber besitzt unendliche Attribute. Insofern greift Gott unendlich weit über unsere Erscheinungswelt hinaus. Damit drückt sich aber nicht eine Transzendenz aus, denn in jedem Attribut zeigt sich das Wesen Gottes; in einem der uns nicht erscheinenden Attribute kommt nicht ein anderer Aspekt Gottes zum Vorschein.

Gott *ist* deshalb sowohl das denkende wie das ausgedehnte Ding, insofern Denken und Ausdehnung wirkliche Attribute *sind*, mag es daneben auch noch unendlich viele andere, uns unbekannte geben. Spinoza sagt klar: »Das Denken ist ein Attribut Gottes, oder Gott ist ein denkendes Ding.«[10] Damit wird Gott ein Denken zugeschrieben, das uns nach seinem Personsein fragen lassen könnte. Spinoza bildet den Begriff eines »unendlichen denkenden Wesens«[11]. Das entspricht eigentlich nicht dem landläufigen Bild des Pantheismus, ist aber im Rahmen des Denkens SPINOZAS durchaus konsequent. Durch die Übernahme des cartesianischen Schemas ist aber SPINOZA eingeengt. Wenn Gott auch ein denkendes Ding ist, so kann doch keine Rede davon sein, daß er auch ein wollendes oder zwecksetzendes Ding wäre. Der cartesianische Intellektualismus wirkt sich an dieser Stelle, da die Wesensmerkmale der Attribute auf Gott bezogen werden, negativ aus und verstärkt das Unlebendige des Gottesbegriffs.

Daß Gott Denken ist, hebt SPINOZAS Gottesbegriff nicht von anderen ab. Kühner und unerhörter jedoch ist seine Konsequenz, Gott auch das Attribut der Räumlichkeit zuzuschreiben. Er formuliert ganz parallel: »Die Ausdehnung ist ein Attribut Gottes, oder Gott ist ein ausgedehntes Ding.«[12]

10. A. a. O. S. 51.
11. Ebenda.
12. A. a. O. S. 52.

Auch als Ausdehnung ist Gott unendlich, ebenso wie er im Hinblick auf die Zeit ewig ist. Bei DESCARTES fehlt die Bestimmung der Zeit als Substanz, so faßt auch SPINOZA die Zeit nicht als Attribut; man könnte sie in den Zusammenhang mit dem Denken bringen, aber SPINOZA geht nicht speziell auf diese Frage ein. So läßt er offen, wie er sich die Ewigkeit vorstellt. Im Hinblick auf den Raum denkt er sich Gott nicht außerhalb des Raumes, sondern als unendlich räumlich. Das in der Transzendentalphilosophie gängig gewordene Schema »außerhalb von Raum und Zeit« ist auf SPINOZAS Gott nicht anwendbar. Die unendliche Räumlichkeit Gottes darf aber nicht in einem primitiven Sinne als Teilbarkeit verstanden werden.

Spinoza ist sich der Kühnheit seiner Folgerungen bewußt, wenn er die Räumlichkeit und damit die Materie zu einem Aspekt Gottes macht. Er fragt aber, »warum die Materie der göttlichen Natur unwürdig sein sollte«[13], und meint, man könne in keiner Weise behaupten, »daß die ausgedehnte Substanz der göttlichen Natur unwürdig sei«[14]. Mit dem Prädikat der Räumlichkeit wird der Pantheismus noch eindeutiger strukturiert. Diese Konsequenz erregte denn auch in der Folge besonderen Anstoß.

Selbst SCHLEIERMACHER, der SPINOZA gegenüber gerecht war, distanziert sich eindeutig von der Räumlichkeit Gottes und hält sie für ein zentrales Unterscheidungsmerkmal des echten Pantheismus. Er selbst definiert Gottes Allgegenwart als »die mit allem Räumlichen auch den Raum selbst bedingende schlechthin raumlose Ursächlichkeit Gottes«[15]. Im Zusammenhang mit verschiedenen Vorstellungen über die räumliche Allgegenwart Gottes sieht er aber »den Verdacht einer Vermischung des göttlichen Seins mit dem endlichen, mithin einen pantheistischen Schein«[16] auftauchen.

Aus dem Grundgedanken, daß Gott die Substanz ist und sich in Attributen wie Räumlichkeit und Denken ausdrückt, ergibt sich noch eine weitere sehr tiefgreifende Folge. Das substanzhafte,

13. A. a. O. S. 20.
14. Ebenda.
15. F. Schleiermacher, Der christliche Glaube, neu herausgegeben von M. Redeker, 7. Aufl. Berlin 1960, Bd. I, S. 272.
16. A. a. O. S. 274.

entpersönlichende Denken des Ganzen läßt das einzelne nur als *Modus*, nicht aber als selbständige Individualität erscheinen. Selbst der Mensch ist bloß Modus. Gerade weil Gott Substanz und nicht Subjekt ist, ist es SPINOZA unmöglich, den Menschen als individuelles Subjekt und noch dazu mit Freiheit ausgerüstet zu denken. Mit der Einebnung des Individuellen ins Allgemeine bildet er so den Gegenpol zu LEIBNIZ, der die Individualität der Monade zum Grundprinzip der Schöpfung erklärte. Die Reduktion des Menschen zum Modus, zusammen mit dem Einspannen in die vollendete Notwendigkeit, scheint dem Wesen des Menschen nicht gerecht zu werden. Das Gefühl, daß der Mensch nicht in seiner Ganzheit aufgenommen ist, wird auch dadurch nicht aufgehoben, daß SPINOZA als den eigensten Weg des Menschen den Weg der Freiheit preist: Die Fremdbestimmung durch die Affekte macht die Knechtschaft des Menschen aus, er ist aber seinem innersten Wesen nach Vernunft, und gemäß der Vernunft zu leben ist die gottgemäße Freiheit.

Die Reduktion des Menschen zum Modus bedeutet gleichzeitig eine Entwertung der Bedeutung der Geschichte als Entwicklung. Das schon vollkommene Sein läßt ja eigentlich so wenig wie eine Zwecksetzung Gottes eine Entwicklung zu, die sich in einem differenzierenden Individuationsprozeß vollziehen würde. Die statische Vollkommenheit ist der wahre Ausdruck der mathematischen Struktur des Weltseins, in dem Gott in zwei Attributen erscheint. Die Geschichte liegt außerhalb des Interesses; Natur und Räumlichkeit, nicht Geschichte und Zeitlichkeit sind die Dimensionen, in denen sich das Denken SPINOZAS bewegt. Sein praktisches politisches Interesse findet keinen Niederschlag in einer Geschichtsphilosophie Gottes, wie sie etwa HEGEL geboten hat.

Das führte JACOBI zu der Kritik: »Sein (sc. SPINOZAS) Weltall ist dasselbe heute, gestern und immerdar. Dieses, in seinem Grunde, blödsinnige Weltall, macht sich selbst einen blauen Dunst vor von Wesen, welche nicht sind.«[17] Bei aller Ungerechtigkeit dieser Kritik JACOBIS, der die tiefsten Intentionen SPINOZAS völlig mißverstand, ist doch ein Körnchen Wahrheit in seinem Einwand nicht zu übersehen.

17. F. H. Jacobi, a. a. O. Bd. IV, 1. Abt. S. XXXIV.

Allein, wenn auch im Grunde wirklich nichts geschieht, sondern das Ganze zweckfrei letztlich ein statischer, schon vollkommener Ausdruck des Wesens Gottes ist, ist jedenfalls JACOBIS Ausdruck »blödsinnige(s) Weltall« verfehlt. Gott ist wesenhaft *denkendes* Sein. Indem die Vernunft das Wesen Gottes, aber auch im Grunde das Wesen des Menschen als Modus des Seins ist, ist bei aller Zweckfreiheit die tiefe Sinnfülle des Seins gewahrt, damit aber auch die selige Sinnerfüllung des menschlichen Lebens. Es kann nicht übersehen werden, daß trotz des Determinismus und der Mißachtung der Individualität die Gotteswelt SPINOZAS auch das menschliche Leben hell und erfüllt macht. Die heitere Gelassenheit SPINOZAS, der alle Grämlichkeit fremd ist, sticht wohltuend gerade gegen die gereizte Eitelkeit JACOBIS ab, dessen Auseinandersetzung mit Moses MENDELSOHN über den Spinozismus eine weit unerquicklichere Lektüre darstellt als SPINOZAS »Ethik.«
Die sinnhafte und positive Lebensfülle, die SPINOZA durch sein System den Menschen anbietet, geht schon aus der Grundbestimmung hervor, daß die *Freude* als der Maßstab des Guten, die Traurigkeit aber als der des Schlechten gelten soll: »Die Erkenntnis des Guten und des Schlechten ist nichts anderes als der Affekt der Freude oder der Trauer, sofern wir uns seiner bewußt sind.«[18] Indem es Übergänge von größerer Freude (Vollkommenheit) zu geringerer und umgekehrt gibt, erweist es sich, daß SPINOZA praktisch nicht einfach eine tote, unbewegte Welt annimmt. Er leugnet nicht wie die radikalen Eleaten die Bewegung selbst. Er führt die Starrheit des Systems nicht ad absurdum.
Leiden und Handeln sind Aspekte des menschlichen Daseins. Indem der Mensch seinem Wesen nach Vernunft ist, leidet er um so weniger und handelt um so mehr, als er durch die Vernunft und nicht durch die der Vernunft fremden Affekte bestimmt wird. Je mehr er handelt, je weniger er leidet, um so mehr besitzt er auch Freiheit, die also mit den der Vernunft gemäßen Affekten verbunden ist. Diese Anthropologie ermöglicht es SPINOZA, sein starres System praktisch zu unterlaufen und das Leben religiös zu erfüllen.
Das Kennzeichen wahrer Religiosität ist ja immer die Gottes*beziehung*, nicht die Gottes*vorstellung*. In der Gottesbeziehung aber

18. Spinoza, a. a. O. S. 197.

erfüllt sich für SPINOZA das Menschsein; sie durchtränkt das ganze Leben und ist höchstes Gut und höchste Seligkeit. Darum erweist sich der Vorwurf, SPINOZA sei Atheist, in Wirklichkeit als absurd.

Die Gottesbeziehung läuft, der Anthropologie SPINOZAS gemäß, über die Vernunft, die das eigentliche Wesen des Menschen ausmacht. In eigenartiger Weise durchdringen sich darum in ihr Erkennen und Liebe. Die Liebe ist nicht gefühlsbetont aufgefaßt, sondern ist der *amor intellectualis*. Ganz gegen die Auffassung PASCALS, daß von der Erkenntnis Gottes noch ein weiter Weg dahin sei, Gott zu lieben, fallen bei SPINOZA Gott erkennen und ihn lieben zusammen.

Weil die Vernunft das Wesen des Menschen ausmacht, entspricht das Lieben der Freiheit, da es aus dem innersten Wesen herauskommt, im Gegensatz zu anderen Affekten, die, wenn sie den Menschen bestimmen, dessen Knechtschaft konstituieren. Ebenso erscheint das Erkennen als hoher Wert; und da Gott das Höchste ist, ist Gott erkennen der höchste Wert, »das höchste Gut der Seele«[19], »die höchste Tugend der Seele«[20]. Andererseits ist die Liebe als »Freude, begleitet von der Idee einer äußeren Ursache«[21], der stärkste Affekt. Da ein Affekt nur durch einen noch stärkeren Affekt überwunden werden kann, befreit letztlich nur diese Liebe von der Knechtschaft unter die anderen Affekte. Im Blick auf all dies zeigt sich »die Liebe zu Gott«[22] als das eine, das die Seele des Menschen, der von seinem wahren Wesen geleitet wird, am meisten, ja ganz und gar erfüllt. Sie ist die Sinnerfüllung und die Seligkeit des Lebens.

Indem die geistige Liebe zu Gott ewig ist, gewinnt der Mensch, der in ihr lebt und ruht, Anteil an der Ewigkeit. In dieser ewigen Vereinigung mit Gott geht das rationale Denken in ein tiefes, ruhiges mystisches Erleben über, das unermeßlichen Frieden, Freude und Seligkeit enthält. In der beständigen Liebe zu Gott liegen Heil, Glückseligkeit und Freiheit des Menschen beschlossen. In ihr findet der Mensch seine Identität als Teil des göttlichen We-

19. A. a. O. S. 211.
20. Ebenda.
21. A. a. O. S. 170.
22. A. a. O. S. 277.

sens selbst. Dadurch wird der Untergang der Subjektivität, der in Spinozas Denken angelegt ist, mehr als nur ausgeglichen; der Mensch geht ja nicht im Nichts oder in der Verzweiflung unter, sondern in Gott, und nicht als Nichts, sondern als Teil des göttlichen Seins. Spinoza gibt dieser Situation mit dem zu höchster Kühnheit gesteigerten Bekenntnis Ausdruck: »Die geistige Liebe der Seele zu Gott ist Gottes Liebe selbst, womit Gott sich selbst liebt, nicht insofern er unendlich ist, sondern sofern er durch die Wesenheit der menschlichen Seele, insoweit diese unter einer Art der Ewigkeit betrachtet wird, erklärt werden kann; das heißt, die geistige Liebe der Seele zu Gott ist ein Teil der unendlichen Liebe, womit Gott sich selbst liebt.«[23] Wenn man die Dinge so betrachtet, kann von einer gegenseitigen Entsprechung zwischen Liebe zu Gott und Liebe Gottes die Rede sein. Die Aussage wird möglich, daß unsere Glückseligkeit »in beständiger und ewiger Liebe zu Gott oder in der Liebe Gottes zu den Menschen«[24] bestehe.

Auf diesem Hintergrund ist der entgegengesetzte Satz zu verstehen, der häufig isoliert hervorgehoben wird, der die Leser Spinozas so schockiert und die heftigsten Angriffe hervorgerufen hat. Von dem Gedanken aus nämlich, daß Gott keine Leidenschaften und keine Affekte haben könne und als vollkommenes Wesen nicht von geringerer zu größerer Vollkommenheit oder auch umgekehrt überwechseln könne, schließt Spinoza: »Eigentlich zu reden, liebt oder haßt Gott niemanden«[25]. Also kann, wer Gott liebt, nicht erwarten oder auch nur danach streben, daß Gott ihn wiederliebe. Er würde dann begehren, daß Gott »nicht Gott wäre«[26].

Dieses harte Verdikt ist dem Menschen ungemein anstößig. Denn er strebt nach nichts so sehr wie danach, geliebt zu werden. Manche Liebe ist in ihrem Wesen zu einem großen Teil der Wunsch, vom geliebten Gegenüber wiedergeliebt zu werden. Das gilt auch von der Liebe zu Gott, in der das tiefe Verlangen eingeschlossen ist, selbst von Gott geliebt zu werden. Spinoza entzieht der Liebe zu Gott diese Dimension. Die Empörung, die er damit auslöste,

23. A. a. O. S. 289.
24. A. a. O. S. 289 f.
25. A. a. O. S. 277.
26. A. a. O. S. 278.

zeigt zum mindesten, daß die große Selbstlosigkeit der Liebe zu Gott fragwürdig ist.

Spinoza will aber letztlich nicht die Liebe entleeren. Es geht ihm primär um die Abwehr des Anthropomorphismus, Gott Affekte zuzuschreiben. Ebenso will er deutlich machen, daß zwischen Gott und Mensch gar kein wirkliches Gegenüber besteht. Keineswegs aber geht er darauf aus, zu bestreiten, daß der Mensch von der Liebe, mit der Gott sich selbst liebt, als Außenstehender ausgeschlossen sei. Er will ausdrücken, daß der Mensch in seiner Liebe zu Gott geistig dermaßen total in Gott aufgeht, daß er erlebt und sich dessen bewußt wird, daß er von Gott ungetrennt in ewiger Teilhabe in Gott ist. Sein Ruhen in Gott kommt in seiner Gottesliebe, die ein Stück Selbstbewußtsein Gottes selbst ist, für ihn zum Bewußtsein und erfüllt damit bereits überreichlich das, was der Mensch ersehnen kann. Die Liebe zu Gott als das Erkennen Gottes und das bewußte Aufgehen in Gott *ist* schon selbst jene Liebe Gottes zu uns, die kein Affekt ist, sondern die Herrlichkeit Gottes, in die wir aufgenommen sind. So erfährt es eben der Mystiker.

Der so hart scheinende Satz Spinozas, wir dürften von Gott keine Gegenliebe erwarten, entspringt nicht skeptischer Resignation. Er ist weit entfernt von dem Geist eines Voltaire oder Hume, die erklärten, der Weltgrund sei gegen das Schicksal der Geschöpfe gleichgültig, deshalb gehe es auf der Erde ebenso ungerecht wie schrecklich zu. Er ist das Bekenntnis des Mystikers, der selig in dem unbewegten Meer der Freude Gottes ruht, indem er die Gottheit nicht als *Gegenüber* erlebt, sondern sich als in ihr, als Teil von ihr erfährt. Bei aller Geschlossenheit von Spinozas Denken ist doch diese Doppelseitigkeit nicht zu übersehen: Das Substanzdenken befördert die mathematisch-statische Starrheit und schließt die Lebendigkeit aus; in der mystischen Erkenntnis Gottes und der Liebe zu ihm aber werden Seligkeit, Freiheit und Frieden in einer Weise erlebt, die geradezu Eschatologisches im Diesseits vorwegnimmt. Da alles Apokalyptische aus dem Denken Spinozas entfernt ist, realisiert sich die Seligkeit in der diesseitigen Gegenwart des Ewigen. Damit wird das Statische des Substanzsystems mit dem Lebendig-Erlebbaren vermittelt, weil in der Ewigkeit auch das Moment des echten zielstrebigen Geschehens aufgehoben ist.

Die Frage ist bloß, ob die erlebbare Realität sich mit einer solchen Schau identifizieren läßt. Der Geschehenscharakter des Lebensprozesses und vor allem die grellen Dissonanzen der Wirklichkeit werden einfach ausgeblendet.

Im Zeitalter der beginnenden Aufklärung, die ihrerseits durch einen harmonischen Optimismus geprägt wurde, war das freilich nicht der aktuellste Einwand gegen das Gottesverständnis SPINOZAS. Das ist in seiner mathematischen Konsequenz und Geschlossenheit fast unwiderleglich scheinende, ebenso faszinierend wie unheimlich wirkende Denken SPINOZAS erregte vielmehr deswegen Ärgernis, weil SPINOZAS Gott nicht mit dem Gott des christlichen Glaubens verträglich schien. Der Verlust des Gegenüber, die Immanenz Gottes, der starre Determinismus und die Entindividualisierung ließen SPINOZA als einen der gefährlichsten und gottlosesten Männer erscheinen.

Er blieb isoliert und verfehmt. LESSING sagte von ihm: »Reden die Leute doch immer von SPINOZA, wie von einem toten Hunde.«[27]

Der Umschlag erfolgte erst in der Spätzeit der Aufklärung. In dieser und in der beginnenden Romantik erwies es sich, daß doch heimlich die Gottesauffassung SPINOZAS als die einzige konsequente Alternative zur christlichen Überlieferung empfunden wurde. Sie galt als die eigentliche philosophische Gotteslehre, der man sich schwer entziehen konnte und die sich sogleich anbot, wenn das christliche Gottesverständnis fragwürdig wurde.

Diese untergründige bestehende Situation kam im Pantheismusstreit am Ende der Aufklärung zum Ausbruch. Der Streit artete zwar in eine kleinliche persönliche Fehde zwischen JACOBI und Moses MENDELSOHN um die Weltanschauung LESSINGS aus und blieb insofern eine unerfreuliche literarische Episode. Er beleuchtete aber doch die Grundfragen um Spinozismus, Rationalismus und Pantheismus scharf und vermochte eine ganze Reihe der damals führenden Geister zu Stellungnahmen herauszufordern. LESSING, der den kompetentesten und abschließenden Beitrag zum Gespräch hätte geben können, lebte zu dieser Zeit bereits nicht mehr.

Der Pantheismusstreit zwischen JACOBI und MENDELSOHN bildet den Übergang von der Verfehmung zur Integration SPINOZAS ins

27. F. H. Jacobi, a. a. O. Bd. IV, 1. Abt., S. 68.

allgemeine Denken. JACOBI hat entscheidend dazu beigetragen, obgleich gerade er SPINOZA besonders heftig ablehnte.
Aus dem toten Hund wird ein lebendiger Löwe. SPINOZAS Einfluß auf das Denken GOETHES und dessen Gott der Natur ist manifest. In »Dichtung und Wahrheit« legt er dar, wie BAYLES Artikel »SPINOZA« in ihm »Unbehagen und Mißtrauen« erweckte[28] und wie über ihn selbst bei der Lektüre SPINOZAS »Beruhigung und Klarheit« gekommen seien[29] »Ich ergab mich dieser Lektüre und glaubte, indem ich in mich selbst schaute, die Welt niemals so deutlich erblickt zu haben.«[30] Ohne sich buchstäblich zu ihm bekennen zu können, war er doch mit ihm überzeugt: »Die Natur wirkt nach ewigen, notwendigen, dergestalt göttlichen Gesetzen, daß die Gottheit selbst daran nichts ändern könnte.«[31] Im Gegensatz zu SPINOZA denkt GOETHE freilich nicht von der starren Substanz, sondern von der lebendigen Entwicklung aus. Auch ist dem Dichter des »Faust« die dämonische Abgründigkeit der Wirklichkeit zu nahe, als daß er sie in reine Harmonie aufzulösen vermöchte. Der junge SCHLEIERMACHER zeigt sich von SPINOZA tief beeindruckt, freilich auch wieder, ohne Spinozist zu werden; er sprach aber so freundlich von dem Geächteten, daß man ihn selbst des Spinozismus bis an sein Lebensende und darüber hinaus verdächtigte. Der frühe SCHELLING erneuerte den Pantheismus mit Hilfe FICHTEscher Gedanken. Und erst in diesem idealistischen Neuansatz wird das Problem des Spinozistischen Pantheismus gelöst und gleichzeitig das Dilemma der Aufklärung überwunden, die dem Determinismus nicht entkommen konnte, weil sie mechanistisch dachte.

Im Anschluß an SPINOZA haben wir deshalb auf die Positionen des Pantheismusstreites und die Nachwirkungen des Spinozismus bis zum idealistischen Neuansatz einzugehen.
Den Ausgangspunkt bildet ein Gespräch zwischen LESSING und JACOBI ein Jahr vor dem Tode LESSINGS 1780 in Wolfenbüttel. JA-

28. J. W. v. Goethe, Dichtung und Wahrheit, in: Werke, 5. Aufl. Hamburg 1972, Bd. 10, S. 76.
29. A. a. O. S. 76 f.
30. A. a. O. S. 77.
31. A. a. O. S. 79.

COBI veröffentlichte ein Gedächtnisprotokoll 1785 unter dem Titel »Über die Lehre des Spinoza in Briefen an den Herrn Moses Mendelsohn.«

LESSING hatte im Laufe einer Diskussion über GOETHES Gedicht »Prometheus« sein gern gebrauchtes »Hen kai Pan« angebracht. JACOBI gibt den weiteren Verlauf des Gesprächs so wieder:

»*Ich.* Da wären Sie ja mit Spinoza ziemlich einverstanden. *Lessing.* Wenn ich mich nach jemandem nennen soll, so weiß ich keinen andern. *Ich.* Spinoza ist mir gut genug: aber doch ein schlechtes Heil, das wir in seinem Namen finden! *Lessing.* Ja! Wenn Sie wollen! ... Und doch ... Wissen Sie etwas Besseres?«[32]

Dieses Bekenntnis LESSINGS bedeutet wohl die Übereinstimmung mit SPINOZA in der Grundstimmung, aber nicht in den Einzelheiten des Systems. Auf JACOBIS Wort: »Im Spinoza steht mein Credo nicht« entgegnet nämlich LESSING: »Ich will hoffen, es steht in keinem Buche.«[33] Welch weiten Spielraum der Spinozismus LESSINGS haben kann, zeigt seine nachfolgende Bemerkung über LEIBNIZ: »Ich fürchte, der war selbst im Herzen ein Spinozist. *Ich.* Reden Sie im Ernste? *Lessing.* Zweifeln Sie daran im Ernste?«[34]

MENDELSOHN versuchte, LESSING von dem Verdacht des Spinozismus reinzuwaschen und schwächte die Sache zu einem »geläuterten Spinozismus«[35] ab. JACOBI bemerkte dazu: »Mit dem geläuterten Pantheismus, den er (sc. LESSING) zu seiner Genesung einnehmen soll, wäre er, nach meinem Urteil, nur ein Halbkopf; und dazu will ich ihn nach seinem Tode nicht durch Mendelsohn erziehen lassen.«[36]

Für JACOBI ist der Spinozismus der konsequenteste Rationalismus, der notwendig zum Atheismus führen muß. Man kann ihn

32. F. H. Jacobi, a. a. O. Bd. IV, 1. Abt., S. 54.
33. A. a. O. Bd. IV, 1. Abt., S. 58 f. Die Antwort Lessings findet sich nur in der 1. Ausgabe der Briefe, Breslau 1785, S. 17.
34. A. a. O. Bd. IV, 1. Abt., S. 63.
35. M. Mendelsohn, Morgenstunden oder Vorlesungen über das Daseyn Gottes 1785, in: H. Scholz, Die Hauptschriften zum Pantheismusstreit, Berlin 1916, S. 28.
36. F. H. Jacobi, Brief vom 7. 11. 1785 an Frau Elise Reimarus, Werke Bd. IV, 2. Abt., S. 181.

nicht »läutern«, sondern nur trüben. An seiner Stelle empfiehlt JACOBI den »Salto mortale«[37], den Sprung in den irrationalen Glauben an die Offenbarung. Diesen Glaubenssprung riet er LESSING an, der aber dankend ablehnte. Er ist auch nicht jedermanns Sache, doch führt von ihm eine gerade Linie zu KIERKEGAARD und seiner Lehre vom Sprung, in der er sich auf LESSING bezieht, und von da weiter bis zum Glaubenssprung der dialektischen Theologie und zu dem von Dietrich BONHOEFFER abgewiesenen Salto mortale zurück ins Mittelalter, um der Mündigkeit der Welt zu entgehen.

Der Pantheismusstreit beleuchtet den ganzen Problemkomplex im Beziehungsfeld zwischen Pantheismus, Spinozismus, Gott der Vernunft, Idealismus und Gott der christlichen Überlieferung. Vier Fragen erheben sich am Ende dieser Debatte:

1. Ist der Spinozismus nur *eine* Form des Pantheismus oder ist er seine einzig konsequente Ausgestaltung, ja die Konsequenz des Rationalismus überhaupt? JACOBI sucht das zweite zu beweisen, der pantheistische Idealismus, vor allen andern der junge SCHELLING, demonstriert das Gegenteil, von dritter Seite wird SCHELLING des Spinozismus verdächtigt. Es erweist sich: Was am Spinozismus *nicht* als notwendige Konsequenz rationalen Denkens einleuchtet, das ist der Grundgedanke der *Substanz*, der zu dem starren Fatalismus führt. FICHTE überwindet ihn dadurch, daß er die lebendige freie Tathandlung zum Grund aller Wirklichkeit macht.

2. Wie kann man LEIBNIZ als Spinozisten einordnen, wo sich doch LEIBNIZ selbst als schärfsten Gegner SPINOZAS verstanden hat?

Gerade diese Frage führt tief in die Problematik der Gottesfrage überhaupt hinein. LEIBNIZ, der den Gott der Vernunft verteidigt, kritisiert an SPINOZA, daß dieser die Individualität nicht würdigt. Gäbe es keine Monaden, so meint LEIBNIZ, dann hätte SPINOZA recht. Er gibt ihm also in mancher Hinsicht recht, offenbar bestehen doch gewisse Parallelen in der Denkungsart. LEIBNIZ hält ferner, im Gegensatz zu SPINOZA, an einem persönlichen, allwissenden Gott außerhalb der Welt fest, der als Weltschöpfer der Welt gegenübersteht und nicht mit der Natur gleichzusetzen ist. Der persönliche jenseitige Gott ist auch ein Hauptanliegen JACOBIS

37. F. H. Jacobi, Über die Lehre, Bd. IV, 1. Abt. S. 59.

gegen Spinoza. Leibniz hält ebenfalls sein System der praestabilierten Harmonie für eine Abwendung von Spinoza.

An dieser Stelle aber legt Lessing den Finger auf den kritischen Punkt. Es ist der Determinismus, der Leibniz in dieselben Schwierigkeiten bringt wie Spinoza. Lessing zeigt auf, daß die praestabilierte Harmonie im Grunde nichts anderes ist als die Parallelität zwischen Denken und äußerer Wirklichkeit bei Spinoza. Nur ist bei Spinoza aus der Einheit der Substanz die innere Notwendigkeit der Parallelität gegeben, während es sich bei Leibniz um eine äußerlich hergestellte Harmonie zwischen unabhängigen Substanzen handelt. Für Leibniz ist dies der besonders schlagende Beweis für die Weisheit des Schöpfers, es ist das eine gewaltige Wunder, das alle anderen überflüssig macht. Aber die äußerliche Harmonie ist bei Lichte besehen ein viel unnatürlicherer Gedanke als die innere Einheit der Welt bei Spinoza.

Beide Systeme repräsentieren gemeinsam das Dilemma der Aufklärung, das durch den Newtonschen Naturmechanismus noch verschärft wurde. Mit dem reichen geistigen Leben der Monade schafft Leibniz zwar ebenso ein Gegengewicht wie Spinoza mit dem mystischen Leben in Gott. Doch damit ist der Albtraum nicht überwunden, in dem die Welt als fatalistisches System erscheint, ja als Maschine, in der der Mensch als Teilchen keine Freiheit mehr besitzt. Die Freiheit, das tiefe Motiv des aufklärerischen Aufbruches, droht stetsfort metaphysisch vernichtet zu werden. Das führt viele wie Jacobi zum Verzweiflungssprung ins Irrationale; es gibt den Motiven der Erweckungsbewegung Nahrung, die gegen die Aufklärung auftritt.

Vor diesem entscheidenden Dilemma stehen Spinoza und Leibniz beide, durch die cartesianischen Voraussetzungen eingeengt, ratlos; erst der Idealismus löste die Schwierigkeit auf.

3. Die Einengung durch das cartesianische Denkmodell führt weiter in das Dilemma von Sein und Bewußtsein. Dabei wurde man durch den Cartesianismus dazu gedrängt, Sein möglichst in der Richtung eines äußerlichen, räumlich bestimmten Seins zu verstehen und ihm die innere Lebendigkeit zu entziehen. Unversöhnbar stehen sich daher die Konzeptionen eines *Realismus* und eines *Idealismus* gegenüber, bei denen der Realismus nicht zur Freiheit, der Idealismus aber nicht zur Wirklichkeit zu gelangen weiß.

SPINOZA steht ganz auf der Seite des Realismus und des Seins. Deshalb erscheint er, trotz der Rationalität seines Denkens, nicht unter den Vertretern eines Gottes der Vernunft und des Bewußtseins, sondern als der Repräsentant des Gottes der Natur, der Substanz und des Seins.

Je mehr er deshalb zur Wirkung kommt, je deutlicher er als der eigentliche Vollender einer realistisch-rationalistischen Denkweise erscheint, je mehr sich die Überzeugung festigt, die LESSING aussprach: »Es gibt keine andere Philosophie, als die Philosophie des Spinoza«[38], desto mehr spitzt sich die Frage »Realismus oder Idealismus, Sein oder Bewußtsein« auf die andere zu: »Spinozismus oder Antispinozismus?«

SCHELLING hat diese Alternative thematisiert, gleichzeitig sieht er aber, daß das bloße Entweder–Oder in eine Sackgasse führt. Deshalb bahnt er in der Identität des Idealen und Realen eine Versöhnung an. Auch in diesem Punkte führt erst der Idealismus über das unlösbare Dilemma der Aufklärung hinaus. Es ist aber nicht der radikale Idealismus des jungen FICHTE, der das leistet, sondern die Identitätsphilosophie des reifen Idealismus.

So wie in den »Eumeniden« des Aischylos selbst Apoll die neue heile Welt nicht aufzubauen vermag, ohne die Göttinnen der Tiefe zu versöhnen und einzubeziehen, so kann auch der Idealismus die Natur nicht vernichten, sondern muß sie integrieren. SPINOZA muß aufgenommen werden, wenn auch nur als ein Element, nicht als Alleinherrscher.

4. Die Diskussion um den Spinozismus bringt im weiteren die konventionelle christliche Gottesvorstellung in die Krise. Der überweltliche Gott, der der Welt schlechthin gegenübersteht, wird immer fragwürdiger. Schon CUSANUS und BRUNO zogen ihn als lebendig Wirkenden in das Immanente hinein; zu sehr war der frühere weltdurchdringende biblische Gott, von dem noch Jesaja ausrief: »Die ganze Erde ist seiner Herrlichkeit voll!«[39], der Natur entfremdet worden. BRUNOS These, daß ein Gott, der nur von außen stieße, unwürdig wäre, daß es Gott zieme, die Welt im Innern zu bewegen[40], wird durch SPINOZA auf den radikalen, ex-

38. A. a. O. Bd. IV, 1. Abt., S. 55.
39. Jes. 6,3.
40. Goethes bekanntes Gedicht:

klusiven Nenner gebracht, daß Gott die immanente und gerade nicht die transeunte Ursache der Dinge sei.

Lessing, der mit dem überweltlichen Gott nichts anfangen kann, schließt sich Spinoza an: »Die orthodoxen Begriffe von der Gottheit sind nicht mehr für mich; ich kann sie nicht genießen. Hen kai pan! Ich weiß nichts andres.«[41] Jacobi hält an dem Credo fest: »Ich glaube eine verständige persönliche Ursache der Welt.«[42] Er sieht aber das rationale Denken auf dem Wege zu Spinoza und erreicht seinen überweltlichen Gott nur noch durch den Glaubenssprung.

An diesem Punkt schließen sich die Reihen gegen den Pantheismus zusammen. Beim Problem des Determinismus war es weit schwieriger. Denn in der christlichen Überlieferung liegt selbst ein Moment deterministischer Bestimmung. Im augustinisch-calvinistischen Prädestinationsdogma ist es deutlich greifbar. Aber auch schon im Gedanken der Allmacht und der Vorsehung liegen solche Elemente, die zunehmend die christliche Gottesvorstellung schwer belastet haben. An dieser Stelle ist die Front gegen Spinoza nicht zu schließen, wie gerade die praestabilierte Harmonie eines Leibniz zeigt.

Anders ist es mit dem überweltlichen Gott. Hier ist die Frontstellung eindeutig; es scheint keine Vermittlung möglich. Aber durch diese radikale Gegenüberstellung wird der christliche Gott

»Was wär ein Gott, der nur von außen stieße,
Im Kreis das All am Finger laufen ließe!
Ihm ziemt's, die Welt im Innern zu bewegen,
Natur in sich, sich in Natur zu hegen,
So daß, was in ihm lebt und webt und ist,
Nie seine Kraft, nie seinen Geist vermißt«

ist nicht Ausdruck seines Spinozismus, sondern die Neufassung eines Gedankens von Giordano Bruno aus den Erläuterungen zu IV, 15 des Lehrgedichts »De Immenso«: Non est Deus intelligentia exterior circumrotans et circumducens, dignius enim illi debet esse internum principium motus quod est natura propria, species propria, anima propria quam habent tot quot in illius gremio et corpore vivunt hoc generali spiritu, corpore, anima, natura, animantia. Vgl. L. Kuhlenbeck, Giordano Bruno, S. 24.

41. F. H. Jacobi, a. a. O. S. 54.

42. A. a. O. S. 59.

in den Himmel abgedrängt. Er erhält immer stärker deistische Züge, die durch den breiten Strom des Newtonschen Mechanismus verstärkt werden. Der geniale Uhrmachergott fördert nicht nur den Gedanken des Determinismus, sondern ist letztlich ein deistischer Gott, der in der Schöpfung nicht mehr lebendig präsent ist. Demgegenüber empfiehlt sich plötzlich ein Spinozismus als weit lebendigere Frömmigkeit. Ein Gott, der im Himmel eingesperrt ist, wie Böhme kritisch sagt, der die Schöpfung nicht durchdringt, wird am Ende ein toter Gott. Vom toten Gott zum Atheismus aber ist es nicht weit; der Atheist ist vielmehr der, der an der Gruft des toten Gottes mit Nietzsche sein »Requiem aeternam deo« anstimmt[43].

Die Möglichkeit eines Atheismus liegt also durchaus nicht nur, wie Jacobi behauptet, in der Konsequenz eines Rationalismus, der bei Spinoza endet. Er folgt ebenso aus einer Gottesauffassung, die die lebendige Gegenwart Gottes im Diesseits zugunsten einer abstrakt dualistischen Trennung von Himmel und Erde aufgibt und den Gegensatz zwischen Gott und Welt unendlich macht.

Der biblische Gott ist keineswegs nur im Himmel. Im Augenblick aber, da die stets wunderhafte Gegenwart Gottes durch die immanente Ursachenkette fragwürdig wird, muß das Immanenzprinzip Gottes neu bestimmt werden. Das eben unternahm der Pantheismus, der damit zur großen Herausforderung wurde. Der Rückfall in einen supranaturalen Wunderglauben, der in der antiaufklärerischen Erweckung und Restauration der ersten Hälfte des 19. Jahrhunderts erfolgte, stellte keineswegs eine echte Lösung dar. Im Gegenteil! Er rief dem wahren, profanen, teilweise platt-materialistischen Atheismus. Auch an dieser Stelle kann die Antithese Spinoza nicht vernichtet, sondern muß ins Ganze einbezogen werden. Der Idealismus suchte genau an dieser Stelle zu einer Vermittlung zu kommen. Schellings Pantheismus der tätigen Natur reichte dazu aber nicht aus; Schelling selbst ging von ihm aus weiter. Fruchtbarer war Hegels Ansatz, der aber aus anderen Gründen mit so vielen Schwierigkeiten belastet war, daß ausgerechnet von Hegels System her im radikalen Linkshegelianismus der Idealismus kollabierte.

43. F. Nietzsche, Die fröhliche Wissenschaft, Aphorismus Nr. 125, Werke Leipzig I. Abt., Bd. V, S. 164.

Über das Verhältnis von Innerweltlichkeit, Außerweltlichkeit und Überweltlichkeit Gottes konnten die Akten nicht geschlossen werden.

So hat der Pantheismusstreit, den JACOBI vom Zaun gerissen hatte, wohl die Problemlage geklärt, war aber nicht fähig, zu durchgreifenden Lösungen zu führen. SPINOZA blieb bis zur Entfaltung des Idealismus eine unerledigte Anfrage und für viele, die nicht den weiten und tiefen Geist eines LESSING besaßen, ein Ärgernis.

6. Gott als tätige Natur

Friedrich Wilhelm Schelling (1775–1854)

Spinoza, durch die kristallklare Konsequenz seines Systems faszinierend, wirkte auf der anderen Seite durch die deterministische Starrheit erschreckend. Die Versuche, einen »geläuterten« oder verharmlosten Spinozismus anzubieten, konnten, wie der Pantheismusstreit gezeigt hat, nicht gelingen. Die Stimmen, die eine Verlebendigung der Natur bei gleichzeitigem Eingehen auf Grundgedanken Spinozas forderten, wollten freilich nicht verstummen. Dennoch galt es heimlich als ausgemacht, daß man »eigentlich« Spinozist sein müßte, wenn man sich wirklich auf ein konsequentes Philosophieren einließe und sich nicht vor den schockierenden Endergebnissen des spinozistischen Systems fürchtete.

Erst Fichte bot in seiner Wissenschaftslehre eine echte Gegenkonzeption gegen den Spinozismus an. In ihr wird statt der Notwendigkeit die Freiheit begründet. An die Stelle der Substanz tritt das Ich, das sich selbst setzt; das statische Sein wird durch die ursprüngliche Tathandlung verdrängt.

Die umwälzende Leistung Fichtes wird im 2. Band ausführlich dargestellt werden. An dieser Stelle kann nur angedeutet werden, daß durch den radikalen Idealismus der naive Realismus gebrochen wurde. Damit wird die Einbettung des Geistes in die Natur ebenso wie ein gewöhnlicher Pantheismus fragwürdig. Sie verlieren den Zauber der unentrinnbaren Konsequenz. Fichte bezeichnet den Realismus als Dogmatismus und stellt ihm seine eigene Auffassung als Kritizismus oder Idealismus entgegen. Er macht jedoch zunächst in der ersten Fassung der »Wissenschaftslehre« das Ich, also das subjektive Prinzip, in so radikaler Weise zum absoluten Träger der Wirklichkeit, daß die Außenwelt als das vom Ich gesetzte Nicht-Ich ins Zweitrangige absinkt.

An dieser Stelle tritt Schelling auf den Plan, um die Natur und damit das Real-Objektive neu ins Gespräch zu bringen. Er nimmt gleichsam das Anliegen SPINOZAS in durch den Ansatz FICHTES verwandelter Weise wieder auf. Es ist fraglich, ob man das geläuterten Spinozismus nennen könnte und ob SCHELLING also HERDERS Hoffnungen verwirklichte. Denn SCHELLING verstand sich gerade nicht als Spinozist, sondern als Idealist; er denkt vom FICHTESchen Ansatz und vom transzendentalen Standpunkt aus, um FICHTE in der Richtung der Natur zu korrigieren. Zweifellos aber sind SPINOZAS »Ethik« und FICHTES »Wissenschaftslehre« die beiden Säulen, die das Eingangstor zu SCHELLINGS Philosophie flankieren.

So ist SCHELLINGS Gott der Natur ein durch den Idealismus hindurchgegangener Gott und deshalb gerade nicht eine Substanz. Der alte Realismus wird nicht wieder aufgerichtet.

SCHELLINGS Entwicklung drängt noch über eine Neufassung des Gottes der Natur hinaus. SCHELLING wird deshalb im 2. Band unserer Darstellung von einer weiteren Perspektive her zu würdigen sein. Hier kommt er nur so weit zur Sprache, als er einen idealistischen Pantheismus oder pantheistischen Idealismus inauguriert.

SCHELLING ist ja einer jener Denker, die zeitlebens unterwegs blieben. Wenn man auch die innere Einheit seines Denkens höher veranschlagen muß, als es zuzeiten geschah, so ist doch mindestens *eine* Kehre in seiner Entwicklung namhaft zu machen, die den jungen von dem älteren SCHELLING trennt. Es ist die Absage an das harmonische Weltverständnis und die Erkenntnis der Spannung, ja des tiefen Risses, der durch die Welt geht. Mit der Chiffre des Abfalls, die der dualistischen christlichen Tradition entstammt, interpretiert der spätere SCHELLING diese Kluft. Der Tiefsinn Jakob BÖHMES fließt in sein Philosophieren ein; Gott tritt als Herr des Seins der Natur gegenüber, wenn auch der dunkle Grund in Gott als Natur in Gott bleibt; die zunächst pantheistische Gottheit gewinnt zunehmend personale Züge. Diese Stufe ist in der Freiheitsphilosophie und der Philosophie der Mythologie und Offenbarung erreicht; sie hebt bereits in dem Augenblick an, in dem SCHELLING den Übergang vom Unendlichen zur Endlichkeit der Schöpfung nicht mehr darzustellen vermag, sondern ihn als Abbruch und damit immer stärker negativ als Abfall charakterisiert.

Diese spätere Stufe beschäftigt uns noch nicht; wir richten unser Augenmerk auf den jungen SCHELLING, dessen drei Entwürfe der Naturphilosophie, des transzendentalen Idealismus und, zusammenfassend, der Identitätsphilosophie das romantisch-harmonische Weltbild entfalten, in dem Gott auf ganz charakteristische Weise aufgefaßt ist. Diese Periode ist etwa von 1795 an bis zum Jahre 1806 anzusetzen, in dem SCHELLING seine Professur in Würzburg aufgab und als Mitglied der Akademie der Wissenschaften nach München zog. Die Perioden können nicht scharf abgegrenzt werden. Bereits 1804 erscheint der Gedanke des absoluten Abbruchs, 1809 tritt mit dem tiefsinnigen Werk »Philosophische Untersuchungen über das Wesen der menschlichen Freiheit und die damit zusammenhängenden Gegenstände« die neue Konzeption geschlossen hervor.

Der frühe SCHELLING setzt bei der Konfrontation des FICHTEschen Idealismus mit dem SPINOZIschen Realismus, den er mit FICHTE Dogmatismus nennt, ein. In der Schrift »Philosophische Briefe über Dogmatismus und Kritizismus« (1795) geht es ihm nicht nur um formale Probleme. Er stellt zutiefst den Gott des Bewußtseins dem Gott der Natur, den Gott des Subjekts dem Gott der Substanz, den Gott der Freiheit dem Gott der Notwendigkeit gegenüber.

SCHELLING kommt zum Schluß, daß beide Systeme, das des Realismus-Dogmatismus und das des Idealismus-Kritizismus, vom rein theoretischen Gesichtspunkt aus gleich möglich sind. Die Entscheidung fällt auf dem praktischen Feld. Da der Dogmatismus, besonders in der Form der Philosophie SPINOZAS, zur Aufhebung des Ich im Alles führt, ist er für SCHELLING Selbsttäuschung und Schwärmerei, und er ruft aus: »Hierin allein liegt die letzte Hoffnung zur Rettung der Menschheit, die nachdem sie lange alle Fesseln des Aberglaubens getragen hat, endlich einmal das, was sie in der objektiven Welt suchte, *in sich selbst* finden dürfte, um damit von ihrer grenzenlosen Ausschweifung in eine fremde Welt – zu ihrer eignen, von der Selbstlosigkeit – zur Selbstheit, von der Schwärmerei der Vernunft – zur Freiheit des Willens zurückzukehren.[1]

1. Die Werke Schellings werden zitiert nach: Schellings Werke, ed. M. Schröter, Münchner Jubiläumsdruck 1958. In Klammern beigefügt

Schon zu diesem Zeitpunkt jedoch geht SCHELLING nicht darauf aus, das Objektive schlechthin durch das Subjektive zu ersetzen, und so folgt er FICHTE nicht bis ans Ende, sondern korrigiert dessen Ansatz energisch. Ihm ist die Realität, die Natur, im Gegensatz zu FICHTE, zentraler, obgleich er sich vom Dogmatismus abwendet, der das Subjekt in der Notwendigkeit auflöst. Das Entscheidende wird ihm das *Absolute*. Es steht für SCHELLING jenseits von Subjekt und Objekt und ist der Indifferenzpunkt beider oder die *Identität*. Weder hat, wie bei SPINOZA, das Objektiv-Reale, noch wie bei FICHTE das Subjektiv-Ideale den Vorrang, es handelt sich auch nicht um eine Zusammensetzung beider Prinzipien, sondern das Real-Ideale ist *vor* seinem Auseinandertreten in Ideales und Reales.

So hat die Philosophie den doppelten Auftrag, vom Realen her zum Idealen vorzustoßen (Naturphilosophie) und vom Idealen her das Reale zu gestalten (transzendentaler Idealismus).

Wenn wir, wie SCHELLING es tut, die Naturphilosophie an den Anfang stellen, dann ist zu beachten, daß im Gegensatz zu SPINOZA für SCHELLING die Natur den Geist schon in sich birgt und ihn durch *Entwicklung* an den Tag bringt. Das Statische ist durch das Dynamische abgelöst; ein ganz anderer Naturbegriff ist an die Stelle der Substanz-Natur SPINOZAS getreten. Man könnte auch sagen: SCHELLINGS Natur hat nicht mehr die Eigenschaften der Substanz, sondern die des FICHTEschen Ich. Sie ist Tätigkeit, nur eben gerade als reale Natur, nicht als ideales Ich. SCHELLING drückt das so aus: »Der Naturphilosoph behandelt die Natur wie der Transzendentalphilosoph das Ich behandelt.«[2]

Konkret stellt sich nunmehr die Aufgabe, die Natur als schlechthin *unbedingt* zu verstehen, denn als bedingt wäre sie kein Ausgangspunkt. Für SPINOZA löst sich dieses Problem in der Gleichung Gott = Substanz = Natur. Für SCHELLING aber, der die neuen Ge-

sind die Band- und Seitenzahlen der Originalausgabe. – Philosophische Briefe über ›Dogmatismus und Kritizismus‹, Bd. I, S. 263 (I, S. 339). Selbstlosigkeit bedeutet in diesem Zusammenhang nicht ein ethisches Handeln, das darin besteht, die eigenen Interessen zugunsten derer eines Nächsten zurückzustellen, sondern negativ den Mangel an Selbst durch Subjektverlust.

2. Erster Entwurf eines Systems der Naturphilosophie, Bd. II, S. 12 (III, S. 12).

sichtspunkte der Wissenschaftslehre FICHTES angenommen hat, kann man vom Unbedingten nicht mehr sagen, daß es »ist«. Das Sein selbst stellt sich in keinem Einzelding dar, als Prinzip des Seins aber kann es nicht an einem noch höheren Sein Anteil haben. Eben das aber wäre mit dem Satz »Es ist« ausgedrückt. Das Sein selbst ist »nur *Thätigkeit*«[3]. Das hat zur Folge, daß der Begriff des Seins aus der Naturphilosophie eliminiert wird.

SCHELLING gerät aber mit dieser Konsequenz in die gleichen Schwierigkeiten wie FICHTE im Atheismusstreit mit der Nichtanwendung des Seinsbegriffs auf Gott. Die Natur gilt ja im allgemeinen als der Inbegriff allen Seins. SCHELLING hilft sich damit, daß er den Seinsbegriff nicht ganz aufgibt, sondern ihn uminterpretiert und damit dem Substanzhaften entreißt, so daß er ihn für seine Grundauffassung vom Tätigsein des Unbedingten verwenden kann. Er postuliert, daß im Sein selbst schon die verborgene Spur der Freiheit anzutreffen sein muß. Hinter seiner Entscheidung, den Dogmatismus abzulehnen und den Kritizismus zu wählen, steht ja das Grundanliegen, gegen die erdrückende Notwendigkeit die Freiheit im Letzten zu verankern. Die Möglichkeit, im Sein selbst Freiheit zu finden, ergibt sich, wenn man das Sein selbst als absolute Tätigkeit versteht. Damit darf auch alles Einzelsein so aufgefaßt werden, daß es an der tätigen Freiheit Anteil hat. Damit sind die deterministischen Konsequenzen SPINOZAS überwunden. »Denn«, so führt SCHELLING aus, »wenn das Seyn selbst = Thätigkeit ist, so kann auch das *einzelne* Seyn nicht absolute *Negation* der Thätigkeit sein«[4].

Damit ist die Natur dem toten Mechanismus entrissen. Weiter kann die Natur nur dann als schlechthin tätig angesehen werden, wenn ihr Unendlichkeit zukommt, wie der Substanz des SPINOZA; sonst wäre sie bereits in ihrer Tätigkeit eingeschränkt. Die absolute Unendlichkeit entfaltet sich im Endlichen als unendliche Reihe: »Das *empirisch Unendliche* ist nur die äußere Anschauung einer *absoluten (intellektuellen) Unendlichkeit*.«[5] Diese unendliche Reihe ist als Evolution zu verstehen. Damit ist die Entwicklung eingeführt, das dynamische Moment in der Zeit, und jene

3. Ebenda.
4. A. a. O. S. 13 (S. 13).
5. A. a. O. S. 14 (S. 14).

Vermittlung zwischen dem Absoluten und dem Endlich-Einzelnen ist erreicht, die SCHELLING an SPINOZA so vermißt hat. Oder vielmehr: sie scheint erreicht; später sieht sich SCHELLING nicht mehr in der Lage, diesen Übergang harmonisch zu verstehen, und kommt zum schon erwähnten Satz vom absoluten Abbruch, der negativen Abfallscharakter hat.

Fragen wir nun nach dem Verhältnis der Natur zum Geist, der im Menschen zu sich selbst kommt, dann ist der Gedanke der Evolution gegeben. Das Entscheidende liegt in dieser Perspektive nicht wie bei DARWIN oder gar HAECKEL darin, den menschlichen Geist auf das Tierische zurückzuführen oder sogar zu reduzieren, sondern umgekehrt darin, bereits in der unbewußten Natur den Geist zu ahnen, der danach drängt, sich endlich im Selbstbewußtsein zu finden. Die Natur erscheint wie ein schlafender Riese, dessen gewaltige Kraft aber nichts Dämonisch-Unheimliches hat, weil letztlich der Geist darin verborgen ist. Fast noch anschaulicher als in den nicht immer leicht verständlichen naturphilosophischen Deduktionen SCHELLINGS kommt dieses Naturverständnis in einem Gedicht SCHELLINGS zum Ausdruck, das er zur Erläuterung des Verhältnisses zwischen Naturphilosophie und Idealismus anführt und das hier, an Stelle der Deduktionen, teilweise wiedergegeben sei:

»Wüßt' auch nicht, wie mir vor der Welt könnt' grausen,
Da ich sie kenne von innen und außen,
Ist gar ein träg' und zahmes Thier,
Was weder dräut' dir noch mir,
Muß sich unter Gesetze schmiegen,
Ruhig zu meinen Füßen liegen.
Steckt zwar ein Riesengeist darinnen,
Ist aber versteinert mit allen Sinnen,
Kann nicht aus dem engen Panzer heraus,
Noch sprengen sein eisern Kerkerhaus,
Obgleich er oft die Flügel regt,
Sich gewaltig dehnt und bewegt,
In todten und lebend'gen Dingen
Thut nach Bewußtsein mächtig ringen.
Daher der Dinge Qualität,
Weil er drin quallen und treiben thät,

Die Kraft, wodurch Metalle sprossen,
Bäume im Frühling aufgeschossen,
Sucht wohl an allen Ecken und Enden
Sich ans Licht herauszuwenden.
Läßt sich die Mühe nicht verdrießen,
Thut jetzt in die Höhe schießen,
Seine Glieder und Organ' verlängern,
Jetzt wieder kürzen und verengern,
Und hofft durch Drehen und durch Winden,
Die rechte Form und Gestalt zu finden,
Und kämpfend so mit Füß' und Händ'
Gegen widrig Element,
Lernt er im Kleinen Raum gewinnen,
Darin er zuerst kommt zum Besinnen.
In einem Zwergen eingeschlossen
Von schöner Gestalt und graden Sprossen
(Heißt in der Sprache Menschenkind)
Der Riesengeist sich selber find't.
Vom eisernen Schlaf, vom langen Traum
Erwacht, sich selber erkennet kaum.
Über sich selbst gar sehr verwundert ist,
Mit großen Augen sich grüßt und mißt,
Möcht' alsbald wieder mit allen Sinnen
In die große Natur zerrinnen.
Ist aber einmal losgerissen,
Kann nicht wieder zurückfließen,
Und steht zeitlebens eng und klein
In der eignen großen Welt allein.
Fürchtet wohl in bangen Träumen,
Der Riese möcht sich ermannen und bäumen,
Und wie der alte Gott Satorn
Seine Kinder verschlingen im Zorn.
Weiß nicht, daß er es selber ist,
Seiner Abkunft ganz vergißt,
Thut sich mit Gespenstern plagen,
Könnt' also zu sich selber sagen:
Ich bin der Gott, den sie im Busen hegt,
Der Geist, der sich in allem bewegt,
Vom frühesten Ringen dunkler Kräfte

Bis zum Erguß der ersten Lebenssäfte,
Wo Kraft in Kraft und Stoff in Stoff verquillt,
Die erste Blüth', die erste Knospe schwillt,
Zum ersten Strahl von neugebornem Licht,
Das durch die Nacht wie zweite Schöpfung bricht,
Und aus den tausend Augen der Welt
Den Himmel so Tag wie Nacht erhellt,
Herauf zu des Gedankens Jugendkraft,
Wodurch Natur verjüngt sich wieder schafft,
Ist Eine Kraft, Ein Wechselspiel und Weben,
Ein Trieb und Drang nach immer höherm Leben.«[6]

Der Menschengeist könnte also sagen: Ich bin der Gott. Ein prometheischer Naturatheismus läge im Bereich des Möglichen. Doch SCHELLING begeht diesen Weg nicht. Wohl kommt im menschlichen Geist Gott zum Selbstbewußtsein, aber er übersteigt das Ich, indem das endliche Ich ja nur zur unendlichen Reihe der Entfaltung des Absoluten gehört.

Besonders deutlich hat SCHELLING dies in seinen Würzburger »Vorlesungen über das System der gesamten Philosophie und der Naturphilosophie insbesondere« (1804) ausgesprochen. Diese erst postum veröffentlichten Vorlesungen geben den reifsten Standpunkt seiner Identitätsphilosophie wieder.

Das alte »Hen kai Pan«, das »Ein und Alles«, erscheint in der Form der Identität Gottes mit sich selbst, der sich selbst in einem Akt der Selbstbejahung so setzt, daß Affirmierendes und Affirmiertes nicht in Subjekt und Objekt oder in Ich und Nicht-Ich auseinanderbrechen. Es ist »*ein und dasselbe*«[7], das da weiß

6. Noch etwas über das Verhältnis der Naturphilosophie zum Idealismus, Erg. Bd. I, S. 598 ff. (IV, S. 546 ff.). Vgl. dazu Aus Schellings Leben in Briefen, ed. G. L. Plitt, Leipzig 1869, Bd. I, S. 286 ff., und E. Staiger, Schellings Schwermut, in: Studia Philosophica XIV, Basel 1954, S. 117. Dort zum Schlußvers die Variante: »Ist Eine Kraft, Ein Pulsschlag nur, Ein Leben / Ein Wechselspiel von Hemmen und von Streben.« Das Gedicht, das den Titel »Epikurisch Glaubensbekenntnis Heinz Widerporstens« trägt, richtet sich primär gegen Schleiermacher.
7. System der gesamten Philosophie und der Naturphilosophie insbesondere, Erg. Bd. II, S. 67 (VI, S. 139).

und das da gewußt wird. Die absolute Gleichheit des Subjekts und Objekts aber kann nur dann allgemein affirmiert werden, wenn das Ansich das Affirmierende und das Affirmierte von sich selbst ist. So etwas aber »*ist nur das Absolute oder Gott*«.[8] Gott als die absolute Affirmation seiner selbst ist die einzig wahre Idee Gottes. Gleichzeitig haben wir in der Vernunft, die die Identität erkennt, den analogen Vorgang vor uns. In der Vernunft *wiederholt* sich die Form der absoluten Affirmation. Diese unmittelbare Erkenntnisart (intellektuelle Anschauung genannt) war den dogmatischen Systemen, also dem reinen Realismus SPINOZAS, nicht zugänglich.

Von dieser Differenz abgesehen schwingt sich nun SCHELLING zu Sätzen auf, die mit Gedanken SPINOZAS durchaus vergleichbar sind, aber im Zusammenhang des Denkens SCHELLINGS doch eben einen charakteristisch anderen Sinn haben:

»Alles, was ist, ist, insofern es *ist*, Gott«[9]. »Es ist überall nur Ein Seyn, nur Ein wahres Wesen, die Identität, oder Gott als die Affirmation desselben.«[10] »Gott ist schlechthin Eines, oder: es ist nur Ein Absolutes.«[11] Der anschließende Satz: »Denn es ist nur Eine Substanz, welche Gott, das von sich selbst Affirmierte ist«[12] zeigt mit der positiven Verwendung des Substanzbegriffes eine besondere Nähe zu Formulierungen SPINOZAS. »Die Vernunft ist dasselbe mit dem Selbsterkennen Gottes«[13]. »Gott ist unmittelbar kraft der Selbstaffirmation seiner Idee absolutes All.«[14] »Alles ist Eins, oder das All ist schlechthin Eines.«[15] »Eins ist alles.«[16] »Gott ist nicht die Ursache des All, sondern das All selbst.«[17] Er kann, im Anklang an SPINOZA, die Natur als

8. A. a. O. S. 78 (S. 148).
9. A. a. O. S. 87 (S. 157). Die folgenden Sätze sind bei Schelling fast alle gesperrt.
10. Ebenda.
11. Ebenda.
12. Ebenda.
13. A. a. O. S. 102 (VI, S. 172).
14. A. a. O. S. 104 (VI, S. 174).
15. A. a. O. S. 105 (VI, S. 175).
16. Hen kai pan, a. a. O. S. 106 (VI, S. 176).
17. A. a. O. S. 107 (VI, S. 177).

»reales All« und als »Natura naturans« Gott selbst nennen[18]. Dem besonderen oder eigenen Leben nach aber ist die Natur nur Natura naturata und nicht Gott. Gegen SPINOZA betont er gleichzeitig, daß diese Natur nicht »todtes Seyn«[19] sei, sondern »auf unendliche Weise schaffend, eine ewige Geburt von Realität«[20]. Gegen SPINOZA erklärt er auch, daß das reale und das ideale All in der *Vernunft* zur absoluten Identität zusammenfließen. Der Gott der Natur und der Gott der Vernunft verschmelzen in dieser idealistischen Naturphilosophie. SCHELLING prägt sogar den erstaunlichen, aber für ihn durchaus bezeichnenden Satz: »Die Vernunft ist also im All das All selbst, oder die Vernunft ist dasjenige im All, worin Gott *selbst sich* in der All- und Einheit aller Folgen seiner Idee erkennt.«[21] Ein Vergleich dieser These mit dem berühmten Diktum HEGELS von der Identität zwischen Vernunft und Wirklichkeit[22] könnte für das Verständnis von Verwandtschaft und Gegensatz dieser beiden Denker sehr aufschlußreich sein.

Dem Vorwurf, das alles sei Pantheismus, begegnet SCHELLING damit, daß er sich den Pantheismus nicht als Schreckbild und Medusenkopf entgegenhalten lassen will. Darüber hinaus aber vertrete er keineswegs einen Pantheismus im gewöhnlichen Sinne, so als ob »alle *sinnlichen* Dinge zusammengenommen«[23] Gott wären. Genau dies ist nicht gemeint. Das All, das Gott ist, ist nicht das erscheinende sinnliche All, nicht die Summe der Erscheinungen, nicht die Zusammensetzung alles Einzelnen. Das sinnliche All ist nur die bloße Erscheinung und hat nicht die gleiche Dignität wie das All selbst. Das erscheinende All hat ja auch Anteil am Nichtsein – ein uralter, platonisch-neuplatonischer Gedanke. Das Einzelne hat, das ist entscheidend, den *Grund* seines Seins gerade nicht in sich selbst. Die endlichen Dinge sind im Grunde gar nicht real; »das Absolute ist das einzige Reale«[24]. SCHELLING hält diese Naturphilosophie durchaus nicht für religiös

18. A. a. O. S. 133 (VI, S. 203).
19. Ebenda.
20. Ebenda.
21. A. a. O. S. 137 (VI, S. 207).
22. Vgl. unten S. 189.
23. System, Erg. Bd. II, S. 107 (VI, S. 177).
24. Philosophie und Religion, Bd. IV, S. 28 (VI, S. 38).

ungenügend, so daß sie der Ergänzung durch irgendeinen, allenfalls positiven Glauben bedürftig wäre. Sie ist vielmehr der Glaube selbst oder eben das, was »die Nichtphilosophie im Glauben zu ergreifen meint«[25]. Dem entspricht, daß es keineswegs noch einen speziellen Gott über der Idee des Absoluten gibt, das die Identität von Denken und Sein ist, aber nicht als Zusammensetzung der beiden, sondern als Negation von Subjekt und Objekt[26]. Ein solcher Raum oberhalb der Philosophie, den die Seele »durch Glauben und Andacht«[27] ausfüllen möchte, existiert nicht. Denn auch Gott wäre ja wiederum absolut und ewig, und das Absolute kann nicht vom Absoluten, das Ewige nicht vom Ewigen verschieden sein. Das Bedürfnis nach einem besonderen Gott oberhalb des Absoluten entsteht lediglich dadurch, daß das gewöhnliche Denken das Absolute zusammensetzt und als Produkt der Vereinigung von Subjekt und Objekt versteht, statt fähig zu sein, in intellektueller Anschauung vom Absoluten selbst auszugehen.

Die Philosophie erscheint also als die wahre Religion.

Die Natur, in der der Geist zu sich selbst kommt, hat als ihr Gegenstück den transzendentalen Idealismus, in dem das Reale aus dem Idealen entfaltet wird. Es ist nicht zufällig, daß in diesem Idealismus die Philosophie der Kunst als der eigentliche Höhepunkt auftritt, da in der Natur der Geist unbewußt schafft, in der Kunst aber eine höhere Stufe der Schöpfungskraft erreicht; im Genie vereinigen sich innere Notwendigkeit und Freiheit in der Art und Weise, wie Gott durch den genialen Künstler hindurch wirkt.

Diesen ganzen romantisch-harmonischen, im Ästhetischen verklärten idealistischen Pantheismus der Identität des Absoluten vermag SCHELLING freilich nicht auf die Dauer durchzuhalten. Die Harmonie der Wirklichkeit ist ein wohl schöner Traum, aber eben doch nur ein Traum. In Wahrheit erleben wir schmerzhaft die grellen Dissonanzen der Wirklichkeit. Über SCHELLINGS Philosophie erhebt sich riesenhaft der Schatten Jakob BÖHMES.

Schon in »Philosophie und Religion« 1804 klingt der dunkle Ton

25. A. a. O. S. 8 (VI, S. 18).
26. A. a. O. S. 12 (VI, S. 22).
27. A. a. O. S. 11 (VI, S. 21).

an. Wir haben bereits darauf hingewiesen, wie im Höhepunkt der Identitätsphilosophie der Gedanke aufbricht, daß es *eigentlich* zwischen dem Absoluten und dem Endlichen keine Vermittlung gebe. Nicht eine positive, lediglich eine negative Anknüpfung ist denkbar. Es ist der »Grund des Seyns endlicher Dinge« nur »als ein absolutes Abbrechen vom Unendlichen« erfaßbar[28].

Ein Bruch geht durch die Welt, ein Sprung, ein Riß – mehr noch: es ist ein »Abfall«[29]. Der alte Mythos vom Sündenfall erhält neue Aktualität und neues Gewicht. Dieser Abfall ist freilich für SCHELLING ebensowenig ein historischer Abfall wie für KANT. Der Abfall geschieht aber auch nicht einfach in der intelligiblen Struktur des Menschen wie bei KANTS Beschreibung der Entstehung des radikal Bösen. Der Abfall ist vielmehr »so ewig (außer aller Zeit) als die Absolutheit selbst und als die Ideenwelt«[30]. Mit BÖHME wird der Grund des Abfalls bis in die Struktur des Absoluten hinein verfolgt; er liegt im Entstehen von Endlichem überhaupt.

Mit diesen Einsichten ist das harmonische Weltgefühl zerschlagen, das die Basis einer wirklichen Philosophie des Gottes der Natur ist.

Der so aufgerissene Abgrund erlangt für SCHELLING immer entscheidendere Bedeutung. Es ist das Bemühen seiner späteren Philosophie, ihn zu überbrücken. Er entfernt sich damit von dem pantheistischen Gott der Natur.

Die Entwicklung SCHELLINGS, der den Gott SPINOZAS in einen idealistischen Gott der Natur aufzuheben gedachte, um dann aber endlich in einer Philosophie der Freiheit, der Mythologie und Offenbarung zu enden, enthüllt die Problematik eines *bloßen* Gottes der Natur. Der Begriff der Natur allein ist nicht fähig, die ganze Last der Wirklichkeit zu tragen, in der sich das Phänomen des *Geistes* oder der Vernunft, das Phänomen der *Freiheit* und endlich das Phänomen des *Bösen* oder der Zerspaltung der sinnerfüllenden Harmonie uns so unübersehbar aufdrängen.

28. A. a. O. S. 31 (VI, S. 41).
29. Ebenda.
30. Ebenda.

7. Zum Dimensionsverlust der Natur

Mit dem Idealismus ist die Zeit des Gottes der bloßen Natur, soweit er der Gott der Naturkräfte ist, unwiderruflich zu Ende. Es ist ein bedeutsames Ergebnis dieser Entwicklung, daß von Gott als dem Grund des Seins nur dann sinnvoll die Rede sein kann, wenn das Wesensprinzip auch des Menschen, also ein wie immer geartetes Prinzip des Geistes und des Bewußtseins, in diesem Grunde verankert ist. Wie die Diskussion um SPINOZA und SCHELLING zeigt, könnte das nur ein Naturbegriff leisten, der so ausgeweitet ist, daß er gar nichts mehr sagt. Gerade SCHELLING sieht sich genötigt, der Naturphilosophie einen transzendentalen Idealismus an die Seite zu stellen. Der Begriff der Natur verliert etwas von seinem universalen Glanz.

Die außermenschliche Natur wird nicht mehr wie in der Frühzeit der Menschheit als so geheimnisvoll-überlegen erlebt, daß ihr göttliche Qualitäten zugeschrieben werden. Abhängigkeit und Furcht vor ihr werden geringer. Ein Tierkult, wie er der frühen Welterfahrung nahelag, wird undenkbar. Die Natur erweist sich als teilweise durchschaubar und damit durch den Geist beherrschbar. Mag auch der Geist selbst ein Phänomen der Natur sein, so stellt er sich dieser doch kritisch gegenüber.

Die Naturkräfte verlieren die Dimension der direkten numinosen Überlegenheit.

In seiner unnachahmlichen, ebenso trockenen wie anschaulichen Weise zieht HEGEL den Schlußstrich mit dem Wort: »Um als Geist erkannt zu werden, muß Gott mehr tun als donnern.«[1]

Damit wird der Idealismus zur endgültigen philosophischen Über-

1. G. W. F. Hegel, Vorlesungen über die Philosophie der Religion II, Jubiläumsausg. Bd. 16, S. 256.

windung des Heidentums. Weit entfernt davon, selbst das Heidentum zu sein, als das er noch in diesem Jahrhundert von einer gewissen Theologie bezeichnet worden ist, ist er gerade der Untergang des Heidentums, das letztlich den Gott der Naturkräfte anbetet. Soweit dem Idealismus pantheisierende Neigungen zugeschrieben werden, sind diese deutlich durch den transzendentalen Standpunkt von einer Vergöttlichung der Natur getrennt.
Die Überwindung des Gottes der bloßen Naturkräfte bedeutet aber keineswegs, daß nunmehr die Natur außerhalb der Beziehung zu Gott fallen würde. Der von FICHTE in seinem Akosmismus unternommene Versuch, die Natur letztlich auszuschalten, muß als ebenso gescheitert betrachtet werden wie der entgegengesetzte SPINOZAS, Gott und die Natur zu identifizieren. Das Verdienst SCHELLINGS liegt gerade darin, diese beiden entgegengesetzten Fehler erkannt zu haben.
Weiter ist bedeutsam, in welcher Weise er das Element der Natur integriert hat. In Verbindung mit BÖHME läßt er die Natur nicht nur in ihrer mathematischen und damit der Vernunft erschließbaren Gesetzmäßigkeit bestehen. Er anerkennt vielmehr in ihr jene irrationale Abgründigkeit, die sich gegen die Vernunft stellt und aller Versuche, sie in Vernunft aufzulösen, spottet. SCHELLING wagt es auch, dieses der Vernunft nicht entsprechende Moment bis in Gott hineinzunehmen und damit den Gott der bloßen Vernunft ebenso in Frage zu stellen wie den Gott der bloßen Natur. So wie SCHELLING den Gott der Natur in den Gott des lebendigen Geistes hinein aufhebt, geht dieser gerade nicht in absoluter Ratio auf.
Er hat erkannt, daß es nicht möglich ist, dieses der Vernunft Widerstrebende einfach als die Geistlosigkeit der Natur oder die Trägheit der Materie zu fassen. Der Gipfel des Irrationalen ist vielmehr *das Böse,* das nicht aus der Notwendigkeit, sondern aus der Freiheit stammt. Schon KANT hat betont, daß das Böse nicht in der Sinnlichkeit, sondern im Willen und den Maximen, die er sich setzt, seinen Ort hat.
KANT hat es unterlassen, diese Dunkelheit bis in Gott hinein zu verlegen. SCHELLING dagegen vollzieht mit BÖHME diesen entscheidenden Schritt. Der dunkle Wille im Grund Gottes verhindert die Möglichkeit, ein Weltbild der durchgängigen Vernünftigkeit zu schaffen. Als Natur in Gott erscheint das nicht Vernunftgerich-

tete im Grunde Gottes als jene Spannung in Gott, die nicht von außen her aufzuheben ist – denn nichts ist außer Gott. *Nemo contra deum nisi deus ipse.*

Hegel hat nicht anerkannt, daß diese Dunkelheit unaufhellbar bliebe; er hat versucht, mit Hilfe der Vernunft das Andere als die Vernunft vernünftig zu durchdringen. Es ist ja zunächst rein methodisch nicht einzusehen, warum die Vernunft vor einem unbewältigten Stück irrationaler Realität kapitulieren sollte.

Das Unternehmen erweist sich aber nicht nur als der Wirklichkeit gegenüber gewaltsam, sondern ebenso als die Vernunft selbst letztlich zerstörend.

Denn das Malum im weitesten Sinne, als Einheit des Übels und des Bösen, als das schlechthin Negative überhaupt, kann nur dann in die Vernunft integriert werden, wenn es selbst als im Grunde vernünftig, also als *bonum*, verstanden wird. Damit aber wird es *gerechtfertigt* und *verharmlost*. Die Einsprache gegen den Versuch, es mit der Vernunft durchdringen zu wollen, bedeutet also nicht, daß man die Erkenntnisfähigkeit der Vernunft herabmindern wollte, sondern nur, daß das *Malum* nicht selbst als Vernunft erscheinen darf. Die Vernunft mag es als das Widervernünftige erkennen – und damit zugleich eingestehen, daß sie selbst nicht mit der Realität schlechthin identisch ist. Aber indem sie versucht, das *malum* selbst als vernünftig zu deuten, vernichtet sie die eigene Vernünftigkeit. Das ist der wahre Grund des Scheiterns des Gottes der absoluten Vernunft.

Nach dem Idealismus ist deshalb weder ein reiner Gott der Vernunft noch ein reiner Gott der Natur mehr möglich. Weder eine Engführung im menschlichen Bewußtsein und damit einer naturlosen Geschichte noch ein Absinken in die Nacht der Substanz und damit einer geschichtslosen Natur führen zur Antwort auf die Frage nach Gott. Der Gott der Natur aber geht in die weitere Entwicklung als Hinweis auf eine Realität ein, die für die Vernunft Undurchdringliches enthält.

Wenn jedoch das Ringen Schellings und Hegels um den Gott der Natur und des Geistes vergessen wird, sinkt die Natur zu einem profanen Gottesersatz ab.

Das ist der Fall im atheistischen Naturalismus des 19. Jahrhunderts. Für die materialistische Naturwissenschaft wird die Natur zum reinen Objekt der Berechnung und der Zwecke. Der Linkshegelianer FEUERBACH dagegen ruft die Natur auf den Plan, wenn er Gott durch ein Abstraktum ersetzen will. »Ihr habt vollkommen recht, meine Herren! sagte ich in Gedanken zu meinen Tadlern und Spöttern, ich weiß so gut wie ihr, ja vielleicht noch besser, daß ein allein für sich und absolut gedachtes menschliches Wesen ein Unding, eine idealistische Chimäre ist. Aber das Wesen, welches der Mensch voraussetzt, worauf er sich nothwendig bezieht, ohne welches weder seine Existenz, noch sein Wesen gedacht werden kann, dieses Wesen, meine Herren! ist *nichts anderes als die Natur*, nicht euer Gott.«[2]

So wird »die Natur« zur Hypostase von Kräften, die als letzte Einheit erfaßt werden möchten, aber keinen numinosen Glanz haben dürfen. Sie wird zur Chimäre, der man an Stelle Gottes einen Altar errichtet. Man meint, etwas gesagt zu haben, wenn man »Natur« sagt.

Andererseits kann der Gott der Natur auch zur bloßen Sentimentalität werden, die ebenfalls nur Ersatzcharakter hat. Sie ist völlig unverbindlich und empfiehlt sich denen, die sich weder für einen Gott der kirchlichen Überlieferung noch auch für einen in autonomer Verantwortung ergriffenen engagieren wollen. Der Gott der Natur sinkt für sie zu einem bloßen Gott der Stimmung herab, die von ferne an die Gefühle des Erhabenen anklingt, an die KANT erinnert, die aber ohne dessen Ernst ist. Ein wenig Morgenrot über Alpenfirnen, etwas Waldesrauschen oder Sonnenuntergang bewegen spielerisch die Oberfläche einer sentimentalen Empfindsamkeit. Es fehlt die Erschütterung durch die irrationale Tiefe der Realität, die die Rätsel des Todes, der Qual und des Bösen birgt.

Der echte Gott der Natur darf jedoch nicht verlorengehen, wenn nicht eine tiefgreifende Verarmung der Gottesbeziehung eintreten soll. Die Gefahr ist um so größer, als der heutige Mensch der Natur in ihrer Unmittelbarkeit immer mehr entfremdet wird. Er lebt in der künstlichen Welt, die er selbst kraft seiner Technik geschaffen hat. So bewegt sich seine Frage nach Gott zunehmend im Geleise einer soziologisch-anthropologischen Engführung, die

2. L. Feuerbach, Vorlesungen über das Wesen der Religion, Sämtl. Werke ed. W. Bolin und F. Jodl, 2. Aufl. Stuttgart 1960, Bd. VIII, S. 24 f.

das Gottesproblem lediglich von der Gesellschaftsstruktur her sehen möchte. Nur mit dem Verhältnis zur Gesellschaft, nicht mehr mit dem zum Ganzen des Seins beschäftigt, wird der Mensch eindimensional und verliert die Horizonte einer übergreifenden Gotteserfahrung. Der Mensch setzt sich an die Stelle Gottes. In irrational-utopischer Überhebung stellt er die These von der durchgängigen Rationalität der Welt auf, die vom Menschen selbst machbar ist.

Der Gott der Natur erinnert uns daran, daß nicht alles für den Menschen machbar ist.

Zweiter Teil
Der Gott der Vernunft

1. Der Aufstieg der Vernunft

Sobald das Erkennen auf sich selbst reflektiert, legt sich der Gedanke nahe, das Instrument der *Vernunft* als das Fähigste einzusetzen, um zuverlässig zu Gott vorzudringen. Nicht nur Tradition und Autorität erscheinen fragwürdig, besonders wenn sie Lehren weitergeben, die der Vernunft nicht einsichtig sind. Auch irrationalere Seelenkräfte wie Anschauung, Gefühl und Ahnung treten als unbestimmt und allzu subjektiv zurück. Die Vernunfterkenntnis erscheint als *objektiv* gültig wie der Anspruch der Autorität und gleichzeitig als *subjektiv* überzeugend wie die Gefühlswahrheit und endlich, weil sie auf logischen Schlüssen aufbaut, als sorgfältiger begründet als die beiden anderen Erkenntnisweisen.

Es ist nicht erst die Neuzeit gewesen, die den Weg der Vernunft als *via regia* zur Gotteserkenntnis betrachtet hat. Die Hochschätzung des Denkens tritt bereits in der griechischen Philosophie auf.

Der Einsatz der Vernunft bedeutet aber grundsätzlich, daß nicht nur Gott im Denken erfaßt werden soll, sondern darüber hinaus, daß er nur darum durch die Vernunft erkannt werden kann, weil er selbst seinem Wesen nach eine Struktur der Vernünftigkeit hat. Das Vertrauen in die Vernünftigkeit Gottes führt aber noch weiter dazu, daß auch der Welt als dem Kosmos Gottes eine vernünftige Prägung zuzuschreiben ist. Gott *durch* die Vernunft gedacht wird zu einem Gott *als* Vernunft gedacht und leitet zu einer *von Vernunft durchwaltet* gedachten *Welt.* Diese Vernünftigkeit der Welt hat einen zweifachen Aspekt. Sie kann verstanden werden als Vernunftordnung der Natur (Naturgesetze) oder als Vernunftordnung der Geschichte (Sinnhaftigkeit).

Diese dreifache Vernünftigkeit ist ständig zu bedenken, wenn vom Gott der Vernunft die Rede ist. Nachprüfbar wird der Gedankengang an der Stelle, da die Vernünftigkeit der Welt behauptet wird. Nicht alle Denker des Gottes der Vernunft stellen sich dieser Frage, und unter denen, die es tun, verteilt sich das Interesse auf Natur und Geschichte, bei der Geschichte aber noch weiter auf die Fragen nach der letzten Sinnhaftigkeit des faktischen Geschehens und der Bedeutung des in der Geschichte auftretenden ethischen Imperativs der praktischen Vernunft. Die dreifache Vernünftigkeit kündigt sich bereits im vorsokratischen Denken an. Schon beim ersten Kritiker der überlieferten Mythologie, XENOPHANES, erweist sich nicht nur das Denken als der wahre Weg zur Gotteserkenntnis, sondern Gottes innerstes Wesen wird als Denken verstanden:

»Gott ist ganz Auge, ganz Geist, und ganz Ohr. Doch sonder Mühe erschüttert er alles mit des Geistes Denkkraft.«[1] Den entscheidenden Durchbruch jedoch vollzieht HERAKLIT mit seinem dreifachen Logosbegriff. Das Vornehmste an der menschlichen Seele ist, daß sie Logoscharakter hat: »Der Seele ist der Sinn (Logos) eigen, der sich selbst mehrt.«[2] Damit partizipiert sie an dem ewigen Logos, der die Welt als das oberste Weltprinzip durchwaltet. Die Logosordnung der Welt freilich ist wiederum nur dem Logos selbst durchschaubar. »Die schönste Weltordnung« ist den Vielen nur »wie ein Haufen aufs Geratewohl hingeschütteter Dinge«[3].

Der Logosgedanke drang auch in das Christentum ein, obgleich dieses von einer weit irrationaleren Gotteserfahrung ausging. Es wurde aber von größter Bedeutung, daß schon in der hellenistischen Stufe des Neuen Testaments der Logosbegriff an zentraler Stelle mit Christus in Beziehung gebracht wurde. Mit den johanneischen Sätzen »Im Anfang war der Logos ... und der Logos wurde Fleisch«[4] wurden zwei Welten unauflöslich miteinander verknüpft.

Durch die Gleichsetzung Logos = Christus war der Logos aber nun nicht mehr mit der autonomen Vernunft identisch. Der Versuch der Apologeten, mit Hilfe des stoischen Begriffes des »Lo-

1. H. Diels, Fragmente der Vorsokratiker, 6. Aufl. Berlin 1951, S. 135.
2. A. a. O. S. 176.
3. A. a. O. S. 178.
4. Joh. 1, 1–14.

gos spermatikos« Christus und die Vernunft zusammenzubringen, drang nicht durch. Die Offenbarungsautorität mit ihrem übernatürlichen Charakter trat der menschlichen Vernunft bis zur Härte des *credo quia absurdum* entgegen.

Freilich konnte die Vernunft nicht endgültig verdrängt werden. Die mittelalterliche Scholastik trägt ihr in vieler Hinsicht Rechnung. ABAELARDS kritischer Verstandesgebrauch (*sic et non*) und das Vertrauen, das ANSELM VON CANTERBURY in die Beweiskraft des logischen Schlusses setzt, wenn er den ontologischen Gottesbeweis darlegt, sind dafür weithin sichtbare Zeichen. Doch ist beider Vernunft nicht schlechthin autonom, nicht ohne die übernatürliche Offenbarung. Gerade bei ANSELM steht deutlich das »*credo ut intelligam*« im Vordergrund, also die Voraussetzung des Glaubens, der sich in der Vernunft klären will. Bei THOMAS VON AQUINO vereinigen sich autonome Vernunft und übernatürliche Offenbarung in Harmonie, jedoch unter unbedingter Führung der übernatürlichen Offenbarung. Das erlaubt denn auch dem göttlichen Wesen, die Vernunftstruktur zu übersteigen; Gott ist nicht nur Vernunft.

Der Neuansatz in der Neuzeit, der die autonome Vernunft zum alleinigen oder doch vorrangigen Träger der Gotteserkenntnis macht, ist deshalb wie ein Umsturz. Die Hierarchie ist vertauscht. Nunmehr hat die Überlieferung mit ihrem übernatürlichen Offenbarungsanspruch an der Vernunftmäßigkeit ihr Kriterium, während vorher die Kompetenz der Vernunft ihre Grenze an der überlieferten Autorität hatte, deren übernatürlicher Charakter von vorneherein feststand.

Die Loslösung von der übernatürlichen Autorität bahnt sich schon im späten Mittelalter an. Es erweist sich weithin, daß die Vernunft, sich selbst überlassen, zu anderen Ergebnissen gelangt als zu den Aussagen des kirchlichen Dogmas. Der spätmittelalterliche Nominalismus versucht die Spannung so zu lösen, daß er den irrationalen Charakter der Kirchenlehre anerkennt, sie aber kraft der Offenbarungsautorität der Kirchen als Wahrheit bekennt. Der Gehorsam ersetzt die Einsicht. Solange dieser Gehorsam geübt wird, darf die Vernunft hypothetisch ihre eigenen Wege gehen, wenn sie ihre Resultate nicht gegen die Kirchenlehre ins Feld führt. Man stößt bis in die Nähe einer Lehre von zwei Wahrheiten vor.

Dieser Ausweg ist freilich recht fragwürdig. Aber durch ihn wird die Vernunft ein Stück weit freigelassen, übt sich und erstarkt im Mut, selbständig zu denken. Der nächste Schritt ist dann der, daß ein Denker existentiell immer mehr in diesem Raum seines Vernunftdenkens daheim ist, die Kirchenlehre aber nur noch pro forma, aus politischen und gesellschaftlichen Motiven und um nicht mit den Ketzerrichtern in Konflikt zu kommen, akzeptiert. Das Bekenntnis zur übernatürlichen Autorität erhält so mehr und mehr Alibicharakter, während im Grunde bereits die autonome Vernunft herrscht.

Dieser Punkt ist mit René Descartes erreicht.

Wohl taucht der Begriff »Natürliche Religion« schon bei Johannes Bodinus (1530–1596) in dem Werk »Colloquium heptaplomeres« auf, das bereits 1593 geschrieben, aber nur handschriftlich verbreitet wurde. Und Herbert von Cherbury (1581–1646) hat in seinem Buch »De veritate« (Paris 1624) bereits vor den entscheidenden Arbeiten von Descartes eine natürliche Religion rein aus Vernunftgründen postuliert und die Offenbarung den Kriterien der Vernunft unterworfen. Damit ist aber erst das Programm aufgestellt, das bis zum Ende der Aufklärungszeit richtunggebend blieb.

Es fehlte jedoch die tiefgründige methodische Besinnung, durch die eben erst Descartes seit seinem »Discours de la méthode« (Leyden 1637) und seinen »Meditationes de prima Philosophia« (Paris 1641) die durchschlagende, weltweite Wirkung erzielte. Die Durchführung der Postulate Herberts von Cherbury erforderte zunächst die weitausholende erkenntnistheoretische Reflexion auf die Grundlagen des gültigen vernunftgemäßen Philosophierens überhaupt.

2. Der Gott der zweifelnden und selbstgewissen Vernunft

René Descartes (1596–1650)

Noch muß Descartes um das Recht der Autonomie der Vernunft kämpfen. Welche Folgen es haben kann, sie in Anspruch zu nehmen und die Kirche zusätzlich noch mit dem Bekenntnis zu neuen naturwissenschaftlichen Erkenntnissen wie dem kopernikanischen System herauszufordern, hat er noch vor Augen. Der Scheiterhaufen, auf dem Giordano Bruno seine philosophische Überzeugung mit dem Märtyrertode besiegelte, brannte am 17. Februar 1600; Descartes war damals ein kleiner Junge. Er hat sich immer nur verklausuliert zu Kopernikus bekannt.

Descartes anerkennt als »oberste Regel«, daß »das, was Gott uns offenbart hat, als das Gewisseste von allem zu glauben ist. Wenn daher auch das Licht der Vernunft etwas anderes noch so klar und überzeugend uns eingibt, so sollen wir doch lieber der göttlichen Autorität als unserem eigenen Urteil vertrauen«[1].

So schützt er sich wohl zeit seines Lebens vor direkten Verfolgungen. Aber dieses Bekenntnis hindert ihn nicht, in seinem Denken über Gott ganz der autonomen Vernunft zu folgen.

Gegenüber der Wucht seiner Methode und dem doch eigentlich leitenden Prinzip, »daß die beiden Fragen nach Gott und der Seele die wichtigsten von denen sind, die eher mit Hilfe der Philosophie als der Theologie zu erörtern sind«[2], wiegen die bloß verbalen Versicherungen der Kirche gegenüber leicht.

Das Vertrauen in die Fähigkeit der Vernunft ist aber zuerst sorgsam und eingehend zu begründen. Der Einsatz erfolgt bei dem

1. Die Schriften von Descartes werden zitiert nach den Ausgaben in der Philosophischen Bibliothek. – Die Prinzipien der Philosophie, übers. von A. Buchenau, Hamburg 1965, S. 30.
2. Meditationen, übers. v. A. Buchenau, Hamburg 1965, S. XI.

berühmten radikalen Zweifel, der sogar den Zweifel an der Wahrhaftigkeit Gottes einschließt. Nicht nur die unmittelbare sinnliche Wahrnehmung wird in ihrer Zuverlässigkeit in Zweifel gezogen, sondern auch die Fähigkeit der Vernunft, Wahres zu erkennen. DESCARTES will zunächst »all das als völlig falsch verwerfen, wofür ich mir nur den geringsten Zweifel ausdenken könnte, um zu sehen, ob danach nicht irgendeine Überzeugung zurückbliebe, die gänzlich unbezweifelbar wäre«[3]. Damit wird auch die Vernünftigkeit der Welt, ja sogar ihre reale Existenz, in Zweifel gezogen. Er entschloß sich »daher zu der Fiktion, daß nichts, was mir jemals in den Kopf gekommen, wahrer wäre als die Trugbilder meiner Träume«[4].

Der radikale Zweifel muß aber noch weiter getrieben werden. Gott selbst muß bezweifelt werden und, wenn er existiert, seine Vernünftigkeit und seine Wahrhaftigkeit. In den Meditationen führt DESCARTES aus: »So will ich denn annehmen, daß nicht der allgütige Gott, die Quelle der Wahrheit, sondern daß irgend ein böser Geist, der zugleich höchst mächtig und verschlagen ist, allen Fleiß daran gewandt habe, mich zu täuschen; ich will glauben, Himmel, Luft, Erde, Farben, Gestalten, Töne und alle Außendinge seien nichts als das täuschende Spiel von Träumen, durch die dieser meiner Leichtgläubigkeit Fallen stellt.«[5]

Der Ansatz liegt demnach in der Prüfung der Fähigkeit der Vernunft, überhaupt Wahrheit zu erkennen. Die Vernunft besteht diese Prüfung, indem sie an dem *einen* Punkte den Zweifel überwindet: »Alsbald aber fiel mir auf, daß, während ich auf diese Weise zu denken versuchte, alles sei falsch, doch notwendig ich, der es dachte, etwas sei. Und indem ich erkannte, daß diese Wahrheit: ›ich denke, also bin ich‹ so fest und sicher ist, daß die ausgefallensten Unterstellungen der Skeptiker sie nicht zu erschüttern vermöchten, so entschied ich, daß ich sie ohne Bedenken als ersten Grundsatz der Philosophie, die ich suchte, ansetzen könne.«[6]

Indem so der Ausgangspunkt für jede Wahrheit nicht im *Sein*,

3. Discours de la méthode, übers. v. L. Gäbe, Hamburg 1964, S. 53.
4. Ebenda.
5. Meditationen, S. 16.
6. Discours, ebenda.

sondern im *Bewußtsein* genommen wird, ist eine folgenreiche Entscheidung gefallen, deren letzte Auswirkungen erst in der Philosophie des deutschen Idealismus zutage treten. Indem das Bewußtsein einen Vorrang vor dem Sein gewinnt, kann nicht mehr wie im Mittelalter primär von Gottes Sein ausgegangen werden. Gottes Sein ist erst sekundär gewiß. Wenn es auch nachträglich als das erkannt wird, was meinem eigenen Sein und Bewußtsein der Sache nach zugrunde liegt, so ist doch im Hinblick auf Gott ebensogut wie im Hinblick auf die Außenwelt der naive Realismus zerstört, der das Ich erst innerhalb der Umwelt als einen Teil von ihr wahrnimmt.
In der kindlichen Entwicklung geht das Gegenstandsbewußtsein dem Selbstbewußtsein voran. Der Augenblick, in dem das Selbstbewußtsein erwacht, in dem also das Kind sich selbst »Ich« nennt, ist für die Entwicklung des Kindes von entscheidender Bedeutung. Nunmehr aber wird das Gegenstandsbewußtsein grundsätzlich sekundär, und das hat für die Gottesauffassung umstürzende Konsequenzen. Es besagt keineswegs, daß Gott deshalb zu einer Funktion des Bewußtseins oder der Vernunft herabsinkt und zu einer bloßen Projektion oder Konstruktion wird. Es ermöglicht aber eine spätere Theorie, wonach Gott lediglich vom Bewußtsein erschaffen und ohne eigenes Sein sei. Von dieser späteren Theorie aus aber das ganze Ringen um den Gott der Vernunft von Descartes bis zu Hegel deuten zu wollen, ist ein zwar oft geübtes, aber deshalb nicht minder groteskes Mißverständnis.
Unter diesen Voraussetzungen des Denkens von Descartes, wonach das erste Gewisse die eigene denkende Existenz sei, bekommt der Gottesbeweis eine neue Dringlichkeit. Die Gottesbeweise des Mittelalters versuchten wohl das Drängen der Vernunft zu befriedigen, standen aber grundsätzlich unter dem Schutz der vorgegebenen Offenbarung. Das »*credo ut intelligam*« ist die Voraussetzung auch des ontologischen Gottesbeweises von Anselm, selbst wenn er es wünscht, den Gottesbeweis so zu führen, daß er der Vernunft überhaupt einleuchtet und auch Heiden zu überzeugen vermöchte. Aber der Schutzmantel der Offenbarung hilft doch mit, über allfällige Mängel des Vernunftbeweises hinwegzukommen.
Bei Descartes ist das nicht mehr der Fall. Der Verweis auf die

Offenbarung hat nur Alibicharakter, aber keinerlei existentielle Kraft. Sein ontologischer Gottesbeweis steht deshalb an viel exponierterer Stelle.

Es gilt also, sich zunächst der Existenz Gottes zu versichern, sodann aber einzusehen, daß diese Existenz Gottes *ebenso* gewiß ist wie die eigene. Diese zweite Aufgabe ist angesichts des Ausgangspunktes im eigenen Bewußtsein fast unlösbar. Die Lösung ist aber wichtig, damit Gott nicht zu einem sekundären Faktor absinken kann. Von vorneherein will Descartes es vermeiden, daß Gott als Schöpfung des Denkens mißverstanden werden könnte. Sein primäres, ja der eigenen Existenz vorangehendes Sein muß feststehen, auch wenn der erkenntnismäßige Ausgangspunkt das »*cogito ergo sum*« ist.

Das kann nur geschehen, wenn entdeckt wird, daß die Gottesidee ebenso ursprünglich und ebenso evident wie das Bewußtsein der eigenen Existenz in meinem Bewußtsein vorhanden, gleichzeitig aber von einer Art ist, die die Überlegenheit Gottes über das Bewußtsein festhält. Zugleich muß ausgeschlossen werden, daß das Gottesbewußtsein eine Schöpfung des eigenen Bewußtseins sein könnte. Das Bewußtsein Gottes müßte also elementar und nachweislich durch Gott selbst in mich eingepflanzt sein. Nur auf solche Weise ist Gott nicht meinem Selbstbewußtsein untergeordnet. Es ist deutlich, daß von hier aus nur ein ontologischer Beweis tragfähig ist, da ein kosmologischer schon die Existenz der Außenwelt voraussetzen würde.

Wie erreicht Descartes sein Ziel, das auf den ersten Blick mit so vielen Widersprüchen belastet zu sein scheint?

Zunächst verzichtet er auf die Hypothese des täuschenden Dämons, die nur angeführt worden war, um die Bedingungen des Zweifelsfreien zu verschärfen. Es besteht keine Veranlassung, von vorneherein zu glauben, daß Gott betrügerisch ist, wenn man noch nicht einmal weiß, »ob es überhaupt einen Gott gibt«[7]. Sodann bekräftigt er die Zuverlässigkeit der Vernunft. Von nichts als »von der Evidenz unserer Vernunft«[8] dürfen wir uns überzeugen lassen. Es gilt von daher die Regel, daß »alles das wahr ist,

7. Meditationen, S. 29.
8. Discours, S. 65.

was ich recht klar und deutlich erfasse«[9]. Diese Regel könnte nur dann falsch sein, wenn die Hypothese des betrügerischen Gottes überzeugend wäre; wendet man sich aber den Gegenständen zu, die man so evident erfaßt, dann ist man einfach überzeugt und bricht unwillkürlich in die Worte aus: »Täusche mich, wer es kann!«[10]

Schon darin liegt ein heimlicher Gottesbeweis, wie DESCARTES es in der Untersuchung über die Methode einräumt: »Denn erstens ist sogar das, was ich gerade als Regel angenommen habe, daß nämlich die Dinge, die wir uns sehr klar und sehr deutlich vorstellen, alle wahr sind, nur gesichert, weil Gott ist oder existiert und weil er ein vollkommenes Wesen ist und alles in uns von ihm herkommt.«[11]

Der entscheidende Gottesbeweis aber ist der ontologische, der in seiner Neufassung durch DESCARTES nunmehr all das leistet, was wir oben verlangt haben.

Sein Grundgedanke besteht darin, daß wir in uns nicht nur die Idee, daß ein Gott sei, vorfinden, sondern weit mehr: Es ist im Begriff Gottes enthalten, daß er ein *vollkommener* und ein *unendlicher* Gott sei. Diese Idee kann von unvollkommenen, endlichen Wesen nicht selbst hervorgebracht werden. DESCARTES stützt dieses Argument mit einer komplizierten Einteilung der Ideen und der sie hervorbringenden Kräfte sowie deren Realitätsgewicht. Entscheidend für die Gültigkeit des Argumentes ist, daß die Idee einer »Substanz, die unendlich, unabhängig, von höchster Einsicht und Macht ist, und von der ich selber geschaffen worden bin«[12], unmöglich von mir selbst hervorgebracht worden sein kann.

Gott existiert also notwendig.

Damit ist nicht nur Gottes Sein erwiesen, sondern gleichzeitig seine Überlegenheit über mich, sein Schöpfersein und mein Geschöpfsein. Ebenso ist nun verankert, daß die Gottesgewißheit gleich ursprünglich, gleich gewiß, gleich unmittelbar, gleich evident und gleich unbezweifelbar ist wie das Bewußtsein der eige-

9. Meditationen, S. 28.
10. A. a. O. S. 29.
11. Discours, S. 63.
12. Meditationen, S. 36 f.

nen Existenz. Damit wird die Subjektivität des Ausgangspunkts im Selbstbewußtsein eingeschränkt, indem die von Gott in uns gelegte Idee Gottes gleichsam subjektiv-objektiv ist. Die Bindung wird dadurch verstärkt, daß diese Idee nicht nur den Anforderungen des Vernunfterkennens (klar und deutlich) voll Genüge tut, sondern umgekehrt die Richtigkeit dieser Kriterien bestätigt, indem der vollkommene Gott kein Betrüger, sondern die Wahrheit selbst ist.

Es gibt nur *eine* Möglichkeit, wie diese Idee von Gott in das menschliche Bewußtsein gelegt werden kann. Die Idee muß *eingeboren* sein. »Es bleibt aber noch zu untersuchen, in welcher Weise ich jene Idee von Gott erhalten habe. Denn ich habe sie weder aus den Sinnen geschöpft, noch auch ist sie mir jemals wider mein Erwarten gekommen, wie es die Ideen der sinnlichen Dinge zu tun pflegen, wenn sie sich den äußeren Sinnesorganen darbieten oder darzubieten scheinen. Ebensowenig aber habe ich sie mir ausgedacht; denn ich kann durchaus nichts von ihr wegnehmen, auch nichts ihr hinzufügen. Es bleibt demnach nur übrig, daß sie mir eingeboren ist, ebenso wie mir auch die Idee meiner selbst eingeboren ist.«[13]

DESCARTES verstärkt die unmittelbare, dem Selbstbewußtsein gleichrangige Evidenz der Gottesidee also durch die These, daß auch die Idee meiner selbst eine eingeborene Idee ist. Die Idee meiner selbst aber hat sich ja als evident herausgestellt, indem sie auch dem radikalsten Zweifel standhielt.

Durch diese Verklammerung wird die Vernunftstruktur Gottes selbst befestigt, ebenso das Schöpfer–Geschöpf-Verhältnis. Weil ich ein Geschöpf Gottes bin, »nach seinem Bilde und seiner Ähnlichkeit geschaffen«[14], ist die Parallele gegeben. Die Ähnlichkeit zu Gott, in welcher die Idee Gottes enthalten ist, wird »von mir durch dieselbe Fähigkeit erfaßt, durch die ich mich selbst erfasse«[15].

Damit ist nicht nur der Beweis der Existenz Gottes erbracht, sondern die Idee Gottes ist in charakteristischer Weise inhaltlich gefüllt.

13. A. a. O. S. 42.
14. Ebenda.
15. Ebenda.

Gott ist unabhängiges, unendliches, vollkommenes Sein, und er hat im Hinblick auf die Welt zwei Haupteigenschaften. Er ist der *Schöpfer* als »wirkende Ursache aller Dinge«[16]. Ferner kann als »das erste Attribut Gottes, das hier in Betracht kommt«, von ihm ausgesagt werden, »daß er im höchsten Grade wahrhaft und Geber allen Lichtes ist«[17].

Die Beziehung Gottes zum Menschen ist demnach auf die Schöpfung und auf das Erkennen, besonders das Vernunfterkennen, konzentriert.

Für DESCARTES spielen andere intensive religiöse Gesichtspunkte kaum eine große Rolle. Weder das Gebet noch die mystische Einung mit Gott, weder die Lenkung der Geschichte noch die spezielle Vorsehung für das individuelle Leben erscheinen als Zentralprobleme. Die praxis pietatis fällt außer Betracht.

Das hat einen Vorteil und einen Nachteil.

Der ungemeine Vorteil besteht darin, daß die Vernunftgemäßheit Gottes nicht in konfliktreiche Konfrontation mit der Unvernunft der Welt gerät und so an der Wirklichkeit fragwürdig wird. Die Unvernunft der Welt erscheint uns in den menschlichen Schicksalen, im Leiden der Individuen und Völker, in den Ungerechtigkeiten des Geschichtsverlaufes besonders schmerzlich.

DESCARTES aber ist auf jene Momente konzentriert, in denen die Wirklichkeit und die Vernunft zu größerer Harmonie gelangen. Das ist einmal das rationale Erkennen selbst, das sich in Gottes rationaler Wahrhaftigkeit widerspiegelt, und zum anderen die rationale, auf mathematischen und damit logischen Grundsätzen beruhende wissenschaftliche Betrachtung der Natur, die zu Zeiten des DESCARTES gerade in ihren verheißungsvollsten Anfängen stand, die zur Hoffnung Anlaß gaben, es könnten auch die noch übrig gebliebenen Irrationalitäten mit der Zeit überwunden werden. Die Erfolge der Naturwissenschaften lehren, daß die Natur jedenfalls auf die rational-mathematische Fragestellung positiv anspricht, so daß mindestens die Mathematik einen Schlüssel für die Naturerkenntnis darstellt. Der rationale Gott gerät von dieser Perspektive her nicht in das Dunkel unlösbarer Fragen, son-

16. Prinzipien, S. 10.
17. Ebenda.

dern scheint sich in der mathematischen Struktur der Welt zu bestätigen.

Der Nachteil dieser Betrachtungsweise ist aber ebenso augenscheinlich. Der Gott des DESCARTES erscheint als unlebendiges Gebilde, als Vernunftkonstruktion, als Substanz, die wohl die Wirklichkeit hervorbringt, aber zu der kaum ein lebendiger Bezug möglich ist, so daß dieser Gott für ein intensives religiöses Leben etwas seltsam Totes, Konstruiertes an sich hat. Gegenüber dem lebendigen, grünen Wald des Gottes einer starken Frömmigkeit erscheint dieser Gott wie ein dürrer, abgestorbener Baum, der kahl in die Landschaft ragt. Das wird Blaise PASCAL veranlassen, dem »Gott der Philosophen« den lebendigen »Gott Abrahams, Gott Isaaks, Gott Jakobs«[18] diametral gegenüberzustellen. Damit aber ist eine gefährliche Alternative aufgerichtet, die Religion und Denken auseinanderzureißen droht. Der Satz PASCALS, hervorgerufen durch den dürren Gott des CARTESIUS, hat bis zum heutigen Tage Unheil gestiftet und droht, in der Absicht, Gott nicht zu einer Verstandeskonstruktion werden zu lassen, die Logosstruktur aus Gott zu entfernen.

PASCALS Einwand, der noch gründlicher zu analysieren sein wird, stand nicht allein. Wenn der Einsatz beim Selbstbewußtsein und beim radikalen Zweifel mitsamt der Lösung im *»cogito sum«* auch durchschlagende Wirkung hatte, ja Epoche machte, so war der ontologischer Gottesbeweis von Anfang an heftig umstritten. Die Künstlichkeit dieses Beweises verhinderte, daß er den kritischen Lesern als ebenso evident einleuchtete wie DESCARTES selbst. Seine Überzeugungskraft konnte sich mit dem *»cogito sum«*, mit der beharrlichen Konzentration auf die klare, deutliche Vernunftwahrheit als Fundament gesicherter Wahrheitserkenntnis, nicht messen.

Wohl entging DESCARTES der Theodizeefrage, die nachher LEIBNIZ so schwer zu schaffen machte. Aber sein Gottesbeweis schien dennoch auf schwachen Füßen zu stehen.

Wir erwähnen, abgesehen von PASCAL und BAYLE, die gesondert zu behandeln sind, nur drei Kritiker mit ihren sogleich erhobenen Einsprachen. Die erste Einrede stammt von ARNAULD, dem DESCARTES an sich durchaus wohl gewogenen Jansenisten. Er weist

18. B. Pascal, Pensées et Opuscules, ed. L. Brunschwicg, S. 142.

in der Argumentation von DESCARTES einen Zirkelschluß nach: »Nur ein Bedenken bleibt mir noch, ob er nicht einen Zirkelschluß gemacht hat, wenn er sagt, ›es steht uns aus keinem anderen Grunde fest, daß das, was wir klar und deutlich erfassen, wahr ist, als dadurch, daß Gott ist‹. Aber es kann uns nicht feststehen, daß Gott ist, es sei denn, daß es von uns klar und evident erfaßt wird. Also bevor es uns feststeht, daß Gott ist, muß es uns feststehen, daß wahr ist, was immer von uns klar und evident erfaßt wird.«[19]

Der zweite Einwand richtet sich dagegen, daß die Idee eines vollkommenen Wesens nicht von einem unvollkommenen Wesen *via eminentiae* geschaffen werden könnte. MERSENNE macht darauf aufmerksam, daß wir durchaus als solche, die einen gewissen Vollkommenheitsgrad besitzen, »immer einen Vollkommenheitsgrad auf den anderen« bis ins Unendliche aufbauen können, ebenso wie wir die Idee des (abzählbar) Unendlichen in der Zahlenreihe durch Addition zu erreichen vermögen[20]. Es ist also nicht bewiesen, daß diese Idee der Vollkommenheit nur von Gott selbst stammen kann.

Ein drittes wesentliches Bedenken endlich wird von Pierre GASSENDI ausgesprochen. Dieser bekämpft den Gedanken der eingeborenen Ideen und zeigt auf, wie viele »auf fremde Erwerbung«[21] zurückgehen. Die Gottesidee kann also durch Erziehung, durch kulturelle Überlieferung in mich gebracht worden sein. Freilich ist dann zu fragen, wie sie denn zum ersten Male in einem menschlichen Geist entstanden sei. Indes gibt die Religionsgeschichte darüber Aufschluß, daß am Anfang nicht die Idee eines absolut vollkommenen Wesens stand, sondern daß die Götter nur relative Überlegenheit besaßen. Der Einwand GASSENDIS, mit demjenigen MERSENNES kombiniert, erschüttert deshalb doch die Stringenz des cartesianischen Beweises.

Es gelingt also offenbar im ersten konsequenten Versuch, den Gott der Vernunft zu beweisen und darzustellen, nicht, ans Ziel zu gelangen.

Der Gottesbeweis des CARTESIUS hat zu viele Künstlichkeiten und

19. Meditationen, S. 194.
20. A. a. O. S. 111.
21. A. a. O. S. 256.

Mängel an sich, als daß er überzeugte. Seine Gottesidee wiederum ist zu konstruiert, zu unlebendig, um als Gott der Vernunft die Stelle des in der lebendigen Frömmigkeit angebeteten Gottes übernehmen zu können. Vorläufig vollzieht sich die Auseinandersetzung noch zwischen diesem Gott der Vernunft und dem Gott der supranaturalen christlichen Offenbarung. Mit dem Erstarken des Atheismus dagegen kehren sich die Fronten um. Es fragt sich dann, ob der Gott der Vernunft der atheistischen Kritik gegenüber durchschlagskräftig und überzeugend sei, nachdem der Gott der christlichen Überlieferung an Glaubwürdigkeit eingebüßt hat. Der Gott der Vernunft steht also zwei kritischen Fragen gegenüber. Einmal fragt der Atheismus, ob die *Begründung* Gottes durch die Vernunft gelinge, zum anderen aber die Religion, für die die Begründung gegeben ist, ob der *Gehalt* des Gottes der Vernunft ausreiche.

Schon beim ersten Ansatz der Neuzeit, den Gott der Vernunft konsequent zu durchdenken, erhebt sich die umfassende Frage, *ob die konstruktive Vernunft allein überhaupt ausreiche, um Gott zu erfassen und zu beschreiben.*

Der Einsatz von DESCARTES überzeugt darin, daß man nicht mehr *hinter* die Vernunft zurückgehen kann. Dieser Prozeß ist irreversibel. Auch die Kirche kann nur noch unter höchsten Opfern versuchen, diesen Prozeß zu verzögern; und diese Opfer sind erst noch sinnlos, weil sie die Glaubwürdigkeit der Kirche untergraben und dazu führen, daß man ihr den Willen zur unbedingten Wahrheit abspricht.

Das Kriterium der Vernunft ist unabweisbar, wenn wir zu einer klaren, gegründeten Erkenntnis Gottes kommen wollen. Das hat DESCARTES deutlich gemacht. Aber es reicht nicht aus. Auch diese Erkenntnis zeichnet sich bereits ab, wenn wir die Schwächen der cartesianischen Argumente bedenken. Dabei ist DESCARTES noch dem dornenvollsten Problem entgangen, an dem sich LEIBNIZ und HEGEL abzumühen haben, nämlich der Aufgabe, angesichts des Bösen und des Übels in der Welt die Vernünftigkeit des Weltlaufes zu erweisen.

Noch hielt man die Schwächen der cartesianischen Beweisführung für korrigierbar und sah nicht die grundsätzlichen Schwierigkeiten; da tauchte bereits die Frage nach der Vernünftigkeit des Weltlaufes auf. Wir werden sie sogleich einzubeziehen haben.

Gleichzeitig mit dem ersten Anlauf, neuzeitlich den Gott der Vernunft zu erfassen, müssen wir deshalb die Schwierigkeiten des Unternehmens ins Licht setzen. Es entstehen bereits grundsätzliche Gegenpositionen aus der Tiefe des Irrationalen heraus, wenn sie auch von Denkern formuliert werden, die sich ihrerseits des schärfsten Instrumentes der Vernunft bedienen, ihre Reichweite oder Allgemeingültigkeit jedoch geringer einschätzen. Es sind die Einwände der beiden so sehr verschiedenartigen Denker Blaise Pascal und Pierre Bayle einzubringen, die beide den Denkanstößen von Descartes Entscheidendes verdanken. Das irrationale Element bei Pascal fließt mehr aus der subjektiven Innerlichkeit des Gefühls, dasjenige bei Bayle aber aus der nüchternen Betrachtung der objektiven Irrationalität des Weltlaufes.

3. Erste Einwände

Blaise Pascal (1623–1662) und Pierre Bayle (1647–1706)

Pascals Polemik gegen Descartes und dessen Gott der Vernunft gründet vorrangig in Pascals ebenso leidenschaftlicher wie tiefer Frömmigkeit. Eine starke Emotionalität öffnet ihm den Zugang zu Gott über das Fühlen, so daß wir Pascal bei der Untersuchung über den Gott des Gefühls eingehender in seinen positiven Aussagen zu würdigen haben werden. An dieser Stelle kommt nur seine Polemik gegen Descartes in Betracht, die natürlich von der eigenen Position Pascals nicht ganz lösbar ist.

Pascals Frömmigkeit, durch die Nähe zu dem jansenistischen Zentrum von Port Royal geprägt, bricht in seinem elementaren Bekehrungserlebnis durch, das er in dem Memorial festgehalten hat, jenem Schriftstück, das er in sein Kleid eingenäht ständig bei sich trug und das bei seinem Tode auf ihm gefunden wurde. In diesem Dokument berichtet er, wie ihn am Montag, den 23. November 1654, nachts zwischen zehn und halb ein Uhr das mystische Erleben überfiel:

»Feu. ›Dieu d' Abraham, Dieu d' Isaac, Dieu de Jacob‹, non des philosophes et des savants. Certitude. Certitude. Sentiment. Joie. Paix. Dieu de Jésus – Christ ... Soumission totale à Jésus-Christ et à mon directeur.«[1] Von dieser Erfahrung aus erheben sich zwei fundamentale Einwände gegen den Gott der Philosophen, der in erster Linie durch den Gott der Vernunft des Descartes re-

1. Die Werke Pascals werden zitiert nach: Blaise Pascal, Pensées et Opuscules, ed. L. Brunschwicg, Paris o. J. Die Übersetzungen sind an die deutsche Ausgabe von W. Rüttenauer, Leipzig, Sammlung Dieterich Nr. 7, angelehnt. S. 142 f.: Feuer. Gott Abrahams, Gott Isaaks, Gott Jakobs, nicht der der Philosophen und Gelehrten. Gewißheit. Gefühl. Freude. Friede. Gott Jesu Christi ... Vollständige Unterwerfung unter Jesus Christus und meinen Seelenleiter!«

präsentiert ist. Diese beiden Einwände sind nicht gleichwertig, verstärken sich aber gegenseitig durch Resonanz.
Sie sind für PASCAL deshalb von so hoher Bedeutung, weil PASCAL selbst auf der anderen Seite die Vernunft und das Denken außerordentlich hoch eingeschätzt hat. Seine Einsprache hätte weniger Gewicht, wenn sie bloß irrational wäre.
Grundsätzlich ist für PASCAL das Denken der hellen Vernunft ebenso ein Ausweis für die Würde des Menschen wie für DESCARTES. »*Pensée fait la grandeur d l'homme.*«[2] »*La raison nous commande plus impérieusement qu' un maître; car en désobéissant à l'un on est malheuerux, et en désobéissant à l'autre on est un sot.*«[3]
Die Denkfähigkeit unterscheidet den Menschen von der unbelebten Natur. In cartesianischer Entgegensetzung von Ausdehnung und Denken stellt PASCAL die räumliche Ausdehnung des Weltalls, das mich umgreift, dem Denken gegenüber, das das Weltall umgreift. Die Ordnung der Gedanken und nicht der Besitz konstituiert die Würde des Menschen: »*L'homme n'est qu'un roseau, la plus faible de la nature, mais c'est un roseau pensant. Il ne faut pas que l'univers entier s'arme pour l'écraser: un vapeur, une goutte d'eau suffit pour le tuer. Mais, quand l'univers l'écraserait, l'homme serait encore plus noble que ce qui le tue, parce qu' il sait qu'il meurt, l'avantage que l'univers a sur lui; l'univers n'en sait rien.*
Toute notre dignité consiste donc en la pensée. C'est de là qu'il faut nous élever et non de l'espace et de la durée, que nous ne saurions remplir. Travaillons donc à bien penser: voilà la principe de la morale.«[4]

2. S. 488: »Der Gedanke macht die Größe des Menschen.«
3. S. 487 f.: »Die Vernunft befiehlt uns viel gebieterischer als ein Herr; denn wer diesem nicht gehorcht, ist unglücklich, wer aber jener nicht gehorcht, ist ein Dummkopf.«
4. S. 488: Der Mensch ist nur ein Schilfrohr; das schwächste der Natur, aber es ist ein denkendes Schilfrohr. Es ist nicht nötig, daß sich das ganze Universum bewaffne, um ihn zu zermalmen: ein Dampf, ein Wassertropfen genügt, um ihn zu töten. Aber, wenn das Weltall ihn zermalmte, wäre der Mensch immer noch edler als das, was ihn tötet, denn er weiß, daß er stirbt, und kennt die Überlegenheit, die das Universum über ihn hat; das Universum weiß nichts davon.
Unsere ganze Würde besteht also im Gedanken. Von da aus müssen

Dieser Würdigung stehen nun aber die erwähnten Einschränkungen gegenüber, die sich beide auf die Religion und die Gotteserkenntnis auswirken.

Sie sind schon aus dem Mémorial abzulesen.

Am Ende steht der aufschlußreiche Ausruf: »*Soumission totale à Jésus-Christ et à mon directeur.*«[5] In der religiösen *Unterwerfung*, die als total bezeichnet wird, bestreitet Pascal die Autonomie der Vernunft, also gerade das für Descartes Entscheidende. Die Soumission ist ja durchaus nicht bloß als existentielle Unterwerfung unter den Willen Jesu zu verstehen, auch nicht nur als die schon problematischere praktische totale Unterwerfung unter den Seelenführer (in Pascals Falle war es M. de Saci).

Es geht vielmehr doch um die Brechung der autonomen Vernunft. Diese Unterwerfung hat einen grundsätzlich anderen Charakter als die Selbstbegrenzung der kritischen Vernunft bei Kant, da jenseits der Grenzen nicht das Nichtwissen steht, sondern die Autorität der konkreten Offenbarung. Damit wird der cartesianische Ansatz im Grunde zugunsten der Autorität im Sinne Augustins zunichte gemacht.

Mit Augustin erwartet Pascal zwar, daß die Vernunft selbst aus Vernunft abdanke und sich unterwerfe; im Anklang an eine Briefstelle Augustins[6] unterwirft sich die Vernunft nur, »*quand elle juge qu'elle doit se soumettre*«[7]. Es ist aber durchaus die Vernunft, nicht etwa nur der Wille, die sich zu unterwerfen hat. Deshalb formuliert er gegen Descartes: »*Soumission et usage de la raison, en quoi consiste le vrai christianisme*«.[8] Nicht zufällig steht die *soumission* an erster Stelle, vor dem Gebrauch.

Deshalb ist für Pascal auch das Prinzip des integralen methodischen Zweifels verfehlt. Der Zweifel hat nur beschränkten Spielraum und ist durch die Unterwerfung eingeengt und damit im

wir uns erheben, nicht vom Raum und von der Dauerhaftigkeit, die wir nicht auszufüllen vermögen. Bemühen wir uns also, gut zu denken: das ist das Prinzip der Moral.«

5. S. 143: »Vollständige Unterwerfung unter Jesus Christus und meinen Seelenleiter!«
6. Augustin, Ep. CXX,3, vgl. S. 456.
7. S. 456: »wenn sie urteilt, daß sie sich unterwerfen soll.«
8. Ebenda: »Unterwerfung und Gebrauch der Vernunft: darin besteht das wahre Christentum.«

Entscheidenden machtlos gemacht. Denn in der Gottesfrage entscheidet letztlich die Autorität, der ich mich zu unterwerfen habe, sei es nun die Schrift, sei es die Kirche. Dem cartesianischen Satz vom integralen methodischen Zweifel stellt PASCAL den Grundsatz gegenüber: *»Il faut savoir douter où il faut, assurer où il faut, en se soumettant où il faut«.*[9] Wer aber gibt die Kriterien, wann ich zweifeln darf und wann ich mich zu unterwerfen habe? Mit diesem Zusatz ist der ganze cartesianische Aufschwung sinnlos gemacht, die Vernunft von neuem entmündigt.
PASCAL fügt zwar hinzu: *»Qui ne fait ainsi n'entend pas la force de la raison.«*[10] Es gelingt ihm aber nicht, überzeugend darzutun, warum die Vernunft sich nicht lediglich ihrer Grenzen bewußt werden solle, sondern sich einer außervernünftigen Autorität zu unterwerfen habe. Deutlich gegen DESCARTES wendet sich der nur scheinbar umfassendere Gedanke: *»Il y (en) a qui faillent contre ces trois principes, ou en assurant tout comme démonstratif, manque de se connaître en démonstration, ou en doutant de tout, manque de savoir où il faut se soumettre; ou en se soumettant en tout, manque de savoir où il faut juger.«*[11] Die Spitze richtet sich einseitig doch gegen die, die zweifeln, wo sie sich unterwerfen sollten.
Bei aller Unterwerfung der Vernunft möchte PASCAL aber auch nicht antivernünftig erscheinen, sondern die Vernunft selbst soll ihre Abdankung unterschreiben. Die Autorität befindet sich doch eben schon wenn nicht auf dem Rückzug so doch in der Defensive. So haftet PASCALS Aussprüchen über die Vernunft etwas seltsam Ambivalentes an.
Dasselbe können wir feststellen, wenn PASCAL in thomistischer Harmonie dekretiert, daß es unendlich viele Dinge gebe, die schon

9. Ebenda: »Man muß zu zweifeln verstehen, wo es nötig ist, bejahen, wo es nötig ist, indem man sich unterwirft, wo es nötig ist.«
10. Ebenda: »Wer nicht so handelt, versteht die Macht der Vernunft nicht.«
11. Ebenda: »Es gibt solche, die gegen diese drei Prinzipien verstoßen, entweder indem sie versichern, alles sei beweisbar, weil sie sich in der Kunst des Beweisens nicht auskennen, oder indem sie an allem zweifeln, weil sie nicht wissen, wo man sich unterwerfen muß, oder indem sie sich in allem unterwerfen, weil sie nicht wissen, wo man urteilen muß.«

im natürlichen Bereich die Vernunft überstiegen, wieviel mehr denn im übernatürlichen Bereich, gleichzeitig aber betont, die Offenbarung gehe wohl über die Vernunft, aber nicht gegen sie. Wenn die Religion die Prinzipien der Vernunft schockiert, werde sie absurd und lächerlich[12].

Solche Zugeständnisse vermögen indes eine cartesianische Vernunft nicht zu befriedigen. Daß diese Selbstverleugnung der Vernunft das Allervernünftigste sei[13], bleibt bloße suggestive Behauptung. Daß andererseits die Religion, wenn sie alles der Vernunft überlassen würde, nichts Mysteriöses, nichts Übernatürliches mehr an sich haben würde, ist auch kein abschließendes Argument.

Die Polemik PASCALS erreicht deshalb ihre Durchschlagskraft erst da, wo sie neben der problematischen Anpreisung der Unterwerfung unter heteronome Autorität noch ein anderes Moment einführt.

Die Vernunft ist nicht nur gegen die Autorität hin begrenzt, sondern auch gegen die Ganzheit des Menschen hin. Dem auf die Vernunft reduzierten Menschen stellt PASCAL die Emotionalität entgegen und trifft damit die schwache Stelle des cartesianischen Gottes. Vor allem in der voridealistischen Zeit, in der Vernunft oft genug mit Verstand gleichgesetzt wurde, und im französischen Sprachbereich, in dem die Raison besonders stark in das Verstandesmäßige hineinspielt, ist PASCALS Hinweis auf die Gefühlsseite von ungemeiner Bedeutung.

Von der irrationalen Lebensfülle des Gefühls aus erscheint der auf den Verstand reduzierte Glaube dürr und abgestorben. Eine klappernde Maschine tritt an die Stelle der lebendigen Seele. Das Gespenst der Maschinenwelt tritt in der Tat auf; die Welt als Uhrwerk wird zum beliebten Gleichnis der Aufklärer. Die makabre Idee von DESCARTES, wenigstens die Tiere als bloße Maschinen erscheinen zu lassen, muß zuletzt einem LA METTRIE rufen, der die Konsequenzen zieht, auch den Menschen selbst als *»homme machine«* zu deuten.

In der Betonung des Gefühls gegen den Verstand, des Herzens gegenüber dem Hirn nimmt PASCAL Grundstimmungen ROUSSEAUS

12. S. 457.
13. Ebenda.

und der Romantik vorweg. Der Verweis auf die Autorität allein hätte PASCAL DESCARTES gegenüber als rückständig erscheinen lassen und ihn in Nachteil versetzt. Die Entdeckung des Gefühls hingegen verschafft ihm einen Vorsprung. Mit der Flut des Gefühls vermag er gleichsam das gestrandete Schiff der Autorität wieder flottzumachen und in den Hafen zu bringen.

Vom Gefühl her kann nunmehr die Herzensfrömmigkeit spontan gegen die kalte Verstandeskonstruktion des cartesianischen Gottes vorgehen und sie des Ungenügens überführen. »*C'est le coeur qui sent Dieu, et non la raison. Voilà ce que c'est que la foi, Dieu sensible au coeur, non à la raison*«[14] kann PASCAL ausrufen. Auch diese Linie ist bereits im Memorial angelegt. »*Feu ... Sentiment. Joie. Paix*«[15] – diese emotionale Sprache drängt jede Verstandeserwägung zurück und macht den Zweifel unverständlich. Hier fühlt das Herz Gott und damit einen lebendigen, nicht einen konstruierten Gott. Die Gemütsbewegung ist auch die eigentliche Motivation der Unterwerfung; die künstliche Zumutung an die Vernunft, ihre eigenen Unterwerfung zu begründen, ist sekundär.

So hat das Herz seine eigene Gesetzmäßigkeit, die derjenigen des Verstandes ebenbürtig ist; PASCAL kann sogar sagen, das Herz habe seine eigene Vernunft, die der Vernunft unbekannt sei[16].

Würde PASCAL einfach das Gefühl gegen den Verstand ausspielen, dann bestünde die Möglichkeit, Vernunft und Gefühl zu versöhnen, wie es in dem tieferen, durch die Romantik hindurchgegangenen Vernunftbegriff des Idealismus angestrebt wird. Pascal beschreitet aber diesen Weg nicht, sondern verbindet, zurücklenkend, das Gefühl mit der ganz anders gelagerten Autorität. Indem das Gefühl zum Vorspann für die Unterwerfung unter die Tradition wird, stellt es sich gegen die Vernunft und verliert wichtige Kriterien der Wahrheitsunterscheidung. Es kann dann auch die These nicht mehr konkret durchgehalten werden, daß die Religion nicht gegen die Vernunft stehe. Denn wohl brauchen Gefühl und Religion nicht gegen die Vernunft zu stehen, aber die autoritative Kirchenlehre tut es in vielen ihrer Lehrsätze.

14. S. 458: »Es ist das Herz, das Gott fühlt, und nicht die Vernunft. Das ist der Glaube; Gott dem Herzen fühlbar, nicht der Vernunft.«
15. S. 142: Feuer ... Gefühl. Freude. Friede.«
16. S. 458.

Im Grunde steht das Gefühl in seiner subjektiven Spontaneität auch gegen die heteronome Autorität, und das Gefühl wird durch die Unterwerfung ebenso entmündigt wie die Vernunft. Es ist das nämliche Problem, das in der ursprünglichen Auseinandersetzung des Pietismus mit der Orthodoxie manifest wurde.

Pascal empfindet diese Schwierigkeit aber nicht, weil sein Gefühl der frommen Überlieferung eine positive Resonanz gibt. So vermag er die Autorität zu verinnerlichen, daß er sie nicht mehr als heteronom empfindet, sondern ihr spontan entgegenkommt. Das kann aber im Fortgang der Geschichte nicht so bleiben. Deshalb wirkt Pascal als Übergangserscheinung, in der der Kampf gegen die autonome Vernunft mit Hilfe des Gefühls aufgenommen ist, die Auseinandersetzung des Gefühls mit der Überlieferung aber noch nicht vollzogen ist. Der Schritt von Pascal zu Rousseau zeigt diesen Übergangscharakter Pascals deutlich auf.

Die Kombination des Hinweises auf das Gefühl, das den Verstand transzendiert und die Autorität, die Unterwerfung verlangt, verleiht der Argumentation Pascals die Kraft, Descartes gleichsam von zwei Fronten her gleichzeitig unter Feuer zu nehmen. In dieser Verbindung von Gefühl und Unterwerfung besteht aber auch dann, wenn das Gefühl sich gern unterwirft, eine grundsätzliche Spannung. Indem weder die Autonomie der Vernunft noch die des Gefühls erreicht wird, bleibt Pascal ambivalent und weist nicht eindeutig in die Zukunft. Es mutet denn auch fast symbolisch an, daß Pascals Hauptwerk, die Pensées, eine Sammlung von Fragmenten geblieben ist; der frühe Tod des Franzosen ist wohl nur zum Teil daran schuld. So Entgegengesetztes konnte selbst ein Geist wie Pascal nicht in einem geschlossenen Zusammenhang vereinigten. Darum ist auch die Wirkung Pascals fragmentarisch geblieben. Einzelne seiner Gedanken haben dauernd gewirkt, nicht aber der Gesamtzusammenhang seines apologetischen Denkgebäudes.

Es ist indes von ungeheurer Bedeutung, daß gleich am Anfang des Weges der Neuzeit, Gott als den ausschließlichen Gott der Vernunft zu erfassen, dieser Einspruch von seiten des Gefühls erfolgt ist. Die Einsprache der Autorität, die Unterwerfung verlangt, kommt gleichsam aus der Vergangenheit und kann die mündig gewordene Vernunft nicht einholen. Der Einwand des Herzens indes kann nicht überhört werden.

Die emotional-irrationale Existentialität ist aber nicht das einzige Feld, auf dem der Gott der ausschließlichen Vernunft schon von Anfang an in Kämpfe verwickelt wird. Gerade auch von einer noch radikaleren kritischen Vernunft aus, als DESCARTES sie entwickelte, von einem durch DESCARTES hindurchgegangenen, aber die Fülle der Weltwirklichkeit realistischer beobachtenden Geist konnte die rationale Konstruktion eines DESCARTES in Frage gestellt werden. Da spricht nicht mehr die fromme Autorität, der der Gott der Vernunft zu wenig christlich ist, sondern der skeptische Verstand, der der Vernunft die Chance bestreitet, aufgrund der unvernünftigen Weltwirklichkeit einen vernünftigen Gott erweisen zu können.

Auch an dieser Stelle erklingt das Gegenthema zum Gott der Vernunft früh auf, so daß die ganze Breite der Auseinandersetzung das Ringen um Gott im neuzeitlichen Denken von Anfang an begleitet.

Es ist zunächst Pierre BAYLE, der diesen Einspruch am unerschrokkensten und wirksamsten vorträgt. Freilich bedient auch er sich der gebotenen Vorsichtsmaßnahmen, selbst wenn er einen großen Teil seines Lebens in den liberalen Niederlanden verbringt. Wichtigste Kritiken finden sich an den entlegensten Stellen seines Historisch-Kritischen Dictionnaire, dort, wo man sie gar nicht suchen würde. Darüber hinaus aber stellt er sich auch unter den Schutz der Theorie von den zwei Wahrheiten. Indem er die Unterwerfung unter die Offenbarung postuliert, kann er gleichzeitig gleichsam als unverbindliche Hypothese die Stimme der Vernunft geltend machen und beweisen, daß sie zu ganz anderen Ergebnissen kommt als die Offenbarung, so daß diese nur Behauptungen aufstellen kann, ohne wirkliche Erklärungen zu bieten. Die Offenbarung ist in BAYLES Fall nicht die Lehre der katholischen Kirche, sondern die Heilige Schrift des Calvinismus. Formal macht dieser Unterschied nichts aus.

Im Gegensatz aber zu DESCARTES, der den christlichen Dogmen völlig kühl gegenüberstand, und PASCAL, der sich entschieden auf der Seite des Glaubensgehorsams gegen die skeptische Vernunft engagierte, bleibt BAYLE zwielichtiger. Er ist nicht so sicher wie DESCARTES im Vernunftglauben geborgen. Sein Geist ist skeptischer und kritischer, auch spürt man ein leidenschaftlicheres Engagement im Hinblick auf das Weltelend. Ebensowenig aber vollzieht BAYLE die Unterwerfung mit der Begeisterung des inneren Gefühlseinklanges, der alle Paradoxien annehmbar macht. Es bleibt dunkel, wieweit er in seinem Innersten ein Skeptiker war und wieweit er in den irrationalen Sätzen des Calvinistischen Glaubens eine Zuflucht gegen seinen Verstand fand. Deutlich ist nur, daß er diesen Offenbarungsglauben nicht im Sinne eines »credo ut intelligam« mit dem Denken versöhnte, sondern ihn als der Vernunft entgegengesetzte Autorität interpretierte; das hieß zwar den Calvinismus nicht ganz im Sinne CALVINS selbst auffassen. BAYLE vollzieht auch nicht die Identifikation des Gottes der Vernunft mit dem Gott des Evangeliums jenseits der Kirchenlehre wie die englischen Deisten; er ist weit davon entfernt, wie LEIBNIZ den christlichen Gott und den Gott der Vernunft gleichzusetzen. Er formuliert unerbittlich die Schärfe des Gegensatzes zwischen dem Ergebnis des Vernunftdenkens und dem positiven christlichen Glauben. Er bleibt aber im Raume der calvinistischen Kirche und trägt wohl irgendwo einen Zwiespalt der Seele in sich. Die Offenbarung stellt ein Gegengewicht gegen seinen skeptischen Geist dar, aber sie ist nicht stark genug, um ihn zu besiegen.

LEIBNIZ sagt mit Recht, daß sich BAYLE in einer ziemlich schwierigen Position befindet, »wobei die Religion und die Vernunft im Streit miteinander zu liegen scheinen und wobei Herr Bayle die Vernunft zum Schweigen bringen möchte, nachdem er sie zuvor allzu geschwätzig gemacht hat; was er alsdann als den Triumph des Glaubens bezeichnet«[17].

Die Einsicht in die Fragwürdigkeit der Vernunftbeweise für den Glauben im allgemeinen und für die einzelnen Konfessionen im besonderen macht aber BAYLE nicht zu einem Neutralisten, sondern im Gegenteil zu einem der tatkräftigsten und wirksamsten Vorkämpfer für die Toleranz und die milde Menschlichkeit in Religionsfragen. Im Zeitalter der Hugenottenverfolgungen und des fanatischen Konfessionshaders leuchtet dieser Stern einer humanen Toleranz hell an dem düsteren Himmel konfessionellen Terrors.

Weder diese historische Leistung noch das Problem, wie es mit

17. Leibniz, Die Theodizee, übers. v. A. Buchenau, 2. Aufl. Hamburg 1968, S. 19.

Bayles Glauben nun im Innersten bestellt gewesen sei, kann indes der Gegenstand unserer Untersuchung sein, sondern allein die Frage, mit welcher Unerbittlichkeit er seine Argumentation gegen den Vernunftgott und gegen dessen Gleichsetzung mit dem Gott der Offenbarung vorgetragen hat.

Bayle greift mit sicherem Blick die entscheidende Schwierigkeit auf, die bei Descartes im Hintergrunde bleibt. Die Argumentation von Descartes umgreift nur einen kleinen Teil der Wirklichkeit. Einmal geht Descartes von der Gottesidee im menschlichen Geiste aus und schließt im ontologischen Gottesbeweis abgesehen von der Welt aus dem Bewußtsein allein. Der augustinische Ansatz, der die Welt gleichsam aus dem Spiele läßt (Gott und die Seele), führt zu einer rationalisierten Innerlichkeit, die den rationalen Gottesbegriff aus sich heraus entläßt und gleichzeitig betont, daß er eingeboren, nicht von der Vernunft selbst geschaffen sei. Dieser Ansatz im Bewußtsein wird nur insofern auf die Welt übertragen, als die Schöpfung ihm entgegenkommt. Die mathematischen Strukturen, die die neue Naturwissenschaft beherrschen, entsprechen dem rationalen Gott. Die Wahrhaftigkeit, die die Wahrheit der Vernunfterkenntnis verbürgt, ist die Haupteigenschaft dieses Gottes.

Außer Betracht aber bleibt die lebendige Wirklichkeit mit dem wechselhaften Schicksal des Lebendigen. Ungerechtigkeit und Leiden des Weltlaufes vermögen nicht in das Innere dieses Gedankengebäude einzudringen. Wenn Descartes schon die Tiere als Maschinen deutet, dann ist nicht zu erwarten, daß er die gewaltige Weltmaschinerie durch die Frage nach dem Leiden in Unordnung kommen läßt.

Bayle jedoch ist von diesem irrationalen Block des Dunklen zutiefst betroffen. So ist für ihn die Frage nach dem rationalen Schöpfergott unlösbar mit dem Problem der Vorsehung verknüpft, also der Frage nach der gerechten und gütigen Weltregierung.

Von da aus scheint ihm die Konstruktion des einen rationalen Schöpfergottes keineswegs so naheliegend zu sein wie für Descartes, für die Deisten, die anderen optimistischen Aufklärer und Leibniz, dessen Gedankengebäude er früh angreift. Seine Kritik zielt also schon wesentlich weiter als nur auf den Einsatz des Descartes. Im Artikel »Rorarius« des Historisch-Kritischen

Dictionnaire übt er eine vernichtende Kritik an der neuesten Theorie der prästabilierten Harmonie – sie wird uns noch ausgiebig beschäftigen.

Nicht nur das fordert LEIBNIZ heraus, sondern noch mehr das düstere Weltbild BAYLES, das mit der Idee eines allgütigen, vorsehenden Gottes kaum zu vereinbaren ist. BAYLE wird deshalb nicht nur der Kritiker des cartesianischen Vernunftoptimismus, sondern gleichzeitig, in die Zukunft wirkend, der große hintergründige Anreger der Theodizee eines LEIBNIZ, gleichsam dessen Pfahl im Fleisch, den LEIBNIZ zu entfernen trachtet. Nach BAYLE ist es unmöglich, diese Frage aus dem Sinne zu lassen, wenn der Gott der Vernunft begründet werden soll. LEIBNIZ ist nicht mehr in der günstigen Lage des CARTESIUS, die Vernunft Gottes in der Mathematik ausreichend verankert zu sehen.

Es ist aber die Größe von LEIBNIZ, daß er in seinem unerschütterlichen optimistischen Glauben an die Vernünftigkeit der Welt den Kampf mit BAYLE auf diesem schwierigen Schlachtfeld aufnimmt, ohne den Problemen auszuweichen. Daß er auf diesem Kampfplatz nicht Sieger bleiben kann, ist eine andere Sache. Durch BAYLE war aber die Frage so unausweichlich gestellt, daß ein Zurückweichen die Kapitulation bedeutet hätte.

BAYLE stellt die These auf, daß die Vernunft von dem bestehenden Weltzustand aus nicht auf die Vorsehung eines guten und gerechten Gottes schließen könne. Im Artikel »Epikur« des Kritischen Wörterbuches läßt er in einer fingierten Diskussion zwischen Epikur und einem Priester diesen die Lehre von der Vorsehung mit dem Argument verteidigen, daß sie sehr nützlich sei: »Wenigstens wirst du nicht leugnen können, wird der Priester erwidern, daß die Lehre von der Vorsehung nicht viel dazu beitragen sollte, die Völker in ihrer Pflicht zu erhalten. Davon ist die Rede nicht, wird Epikur versetzen: du mußt den Inhalt unsers Streits nicht verändern. Wir untersuchen nicht, was als eine nützliche Erfindung eingeführt werden könnte; sondern was nach dem Lichte der Vernunft für Wahrheit erkannt wird.«[18] BAYLE versäumt nicht, das alte Dilemma EPIKURS wieder aufzugreifen

18. P. Bayle, Philosophisches Wörterbuch oder die philosophischen Artikel aus Bayles Historisch-Kritischem Wörterbuche, übersetzt v. L. H. Jakob, Halle und Leipzig 1797, Bd. I, S. 560.

und neu zu formulieren. Er läßt EPIKUR sagen: »Antworte mir doch, wenn es dir gefällt: Sind die Götter mit ihrer Regierung zufrieden oder unzufrieden? Gib wohl acht auf mein Dilemma: sind sie mit dem zufrieden, was unter ihrer Vorsehung vorgeht, so haben sie Gefallen am Bösen: sind sie unzufrieden, so sind sie unglücklich.«[19]

So führt die Vernunft keineswegs zu dem Gotte der Vernunft. Sie hat eher zerstörende als aufbauende Kraft und ist vor allem geschickt, Zweifel zu erregen. Das Licht der Vernunft führt letztlich dem Menschen, ähnlich wie das Mosaische Gesetz, mehr sein Unvermögen als sein Vermögen vor Augen. So könnte man beinahe »von der Vernunft sagen: Sie ist zu nichts geschickt, als dem Menschen seine Finsternis und seine Ohnmacht, und die Notwendigkeit einer andern Offenbarung erkennen zu geben, nämlich die Offenbarung der Heiligen Schrift«[20].

Die Offenbarung muß sich aber damit begnügen, Sätze zu behaupten; sie darf nicht anfangen zu diskutieren und begründen zu wollen, sonst hat sie ihre Wirksamkeit eingebüßt, weil die Gründe gegen sie sprechen: »Die Lehre, welche die Manichäer angreifen, muß von den Rechtgläubigen als eine wahrhafte Geschichte, die deutlich offenbart worden ist, betrachtet werden, und, weil man am Ende doch zugeben muß, daß man weder die Ursachen noch die Bewegungsgründe derselben begreift; so ist es besser, dieses gleich anfänglich zu gestehen, und dabei zu bleiben; die Einwürfe der Philosophen aber als eitle Spitzfindigkeiten laufen zu lassen, und ihnen weiter nichts, als das Stillschweigen mit dem Schilde des Glaubens entgegenzusetzen.«[21] Die angeblich falsche Lehre ist eben unwiderlegbar, so daß man vom Licht der Vernunft zum »Lichte der Offenbarung seine Zuflucht nehmen« muß.[22]

Mit dem Stichwort »Manichäer« ist ausgesprochen, was BAYLE zutiefst bewegt. Es ist ihm unmöglich, die Widersprüchlichkeit der Welt zu betrachten und dann diese Welt auf ein *einziges*, wenn möglich noch *gutes* Prinzip zurückzuführen. Seine Schwie-

19. A. a. O. S. 559.
20. A. a. O. Art. Manichäer, Bd. II, S. 178.
21. A. a. O. Art. Paulicianer, Bd. II, S. 352.
22. A. a. O. Art. Manichäer, Bd. II, S. 175.

rigkeit ist nicht, ob am Ende der unendlichen Reihe der Ursachen ein letztes Prinzip stehe, oder ob man bis ins Unendliche fortschreiten müsse, wenn man die Kausalkette zurückverfolgt. Sein Problem ist vielmehr die *Einheitlichkeit* des Weltgrundes. So tendiert sein ganzes Wesen und Denken auf einen metaphysischen Dualismus hin, der ihm einzig geeignet erscheint, den unauflöslichen, widersprüchlichen Zwiespalt der Welterscheinung zu erklären. Er kann sich keinesfalls damit abfinden, daß von der Vernunft her durch die Logik ein einheitliches Weltprinzip gefordert werde. Seine Hauptargumentation richtet er deshalb ganz ähnlich wie später David HUME gegen die gewöhnliche natürliche Theologie. Wenn die Offenbarungstheologie die Einheit Gottes behauptet, dann ist das ihre Sache; begründen kann sie sie nicht, sie muß schlicht auf Autorität verweisen und kann es schließlich auch, da sie andere Quellen der Erkenntnis in Anspruch nimmt und nicht auf einleuchtende Gründe angewiesen ist.

Die spekulative Vernunft tendiert wohl auf Einheit, aber die Realität mit ihrer Sinnzerspaltenheit ist zu mächtig, als daß der konstruktive Gedanke der Einheit zu überzeugen vermöchte. Der Zwiespalt des Sinnes scheint eine Zweiheit auch des Seinsgrundes zu erfordern.

Darum liegen ihm alle dualistischen Systeme nahe, die Paulicianer ebenso wie die Manichäer, aus denen sie hervorgegangen sind. Im Hintergrund des ganzen Dualismus aber steht natürlich ZARATHUSTRA, der Prophet der zwei entgegengesetzten Weltprinzipien, der über das Spätjudentum auch dem Christentum einen gewaltigen dualistischen Impuls vermittelt hat.

BAYLE hat die Möglichkeiten nicht ausgeschöpft, die ihm der Teufel, der in der geoffenbarten Religion eine so dominierende Rolle spielte, gab; ihn auf das böse Prinzip ZARATHUSTRAS zurückzuführen war noch nicht so leicht möglich, da der Einfluß des Persischen auf das späte Judentum und auf das apokalyptische Weltverständnis noch nicht so umfassend nachgewiesen war, wie es in der heutigen Religionswissenschaft der Fall ist.

Wie vorrangig es der Eindruck der Realität im Gegensatz zum apriorisch konstruierenden Verstande ist, der BAYLE zum Dualismus führt, hebt er selbst hervor, wenn er im Artikel »Manichäer« in einer fingierten Diskussion zwischen ZARATHUSTRA und MELISSOS, dem um 440 v. Chr. lebenden Eleaten aus Samos, ZARATHUSTRA erklären läßt: »Du übertriffst mich zwar in der Schönheit der Begriffe, und in den Gründen *a priori*: ich aber übertreffe dich in der Erklärung der Begebenheiten und in den Gründen *a posteriori*. Und weil das Hauptzeichen einer guten Lehre darin besteht, daß man Grund von den Erfahrungen geben kann, und die Unvermögenheit sie zu erklären, schon allein ein Beweis ist, daß eine Lehre nicht gut sei, so schön sie auch außerdem erscheint; so gestehe nur, daß ich durch Zulassung zweier Urwesen das Ziel treffe, du aber dasselbe verfehlst, indem du nur Ein Urwesen zuläßt.«[23]

Die Stärke dieser Argumentation besteht darin, daß es in der Tat schwer ist, die zwiespältige Wirklichkeit auf einen einzigen, guten Urgrund zurückzuführen und dabei das Böse zu erklären, ohne es zu verklären. Die Schwäche der These BAYLES ist aber nicht weniger offenbar. LEIBNIZ weist denn auch sogleich darauf hin, daß es keineswegs das Zeichen einer guten Lehre, sondern vielmehr eine schlechte Erklärung sei, für jede Erscheinung einfach ein spezifisches Prinzip anzunehmen: »Meiner Meinung nach ist es jedoch eine sehr schlechte Erklärung einer Erscheinung, wenn man für sie ein *besonderes Prinzip* benötigt: dem Bösen ein *principium maleficum*, der Kälte ein *principium frigidum* zuerteilt: nichts leichter, nichts platter als dies! Das ist beinah so, als wollte man behaupten, die Peripatetiker überträfen die neueren Mathematiker in der Erklärung der astralen Erscheinungen, weil sie den Sternen besondere Intelligenzen zu ihrer Leitung mitgaben.«[24]

In der Tat befriedigt der metaphysische Dualismus in keiner Weise. Er scheitert nicht nur an der ontologischen Problematik, sondern auch an der Unmöglichkeit, das Gute und das Böse, das Glück und das Unheil sauber zu trennen, und erreicht damit sein Ziel nicht. Die Bienen etwa wären vom guten Prinzip erschaffen, die Fliegen vom bösen – woher aber kommt der Stachel der Bienen? Und haben an den Rosen beide Prinzipien mitgewirkt, das böse für die Stacheln, das gute für die Blüten? Schon früh verteilte man die Tiere auf die guten und die dämonischen Mächte; für ZARATHUSTRA waren die Hunde, die die Herden beschützten, dem

23. Ebenda.
24. Leibniz, Theodizee S. 213 f.

Ahura Mazda besonders nahe. Die Fliegen jedoch galten seit langem als minderwertig. Schon der alttestamentliche Beel Zebul ist der Gott der Fliegen, und von ihm läuft eine gerade Linie zu dem Herrn der »Ratten und der Mäuse, der Fliegen, Frösche, Wanzen, Läuse« in Goethes Faust[25]. Als der heilige Pirmin von Karl Martell die Insel Sintleozesau im Bodensee, die spätere Reichenau, erhielt und sie betrat, machten sich alle dämonischen Tiere, Kröten, Tausendfüßler und was dazu gehört auf die Flucht vor dem Heiligen und stürzten sich in den Bodensee. Die Fische hatten gute Tage, denn es war eine so große Menge Ungeziefer, »daß der See drei Tage und drei Nächte davon ganz bedeckt war«, wie die Legende berichtet[26]. Noch heute ist in der Klosterkirche auf der Reichenau ein Bild zu sehen, das dieses Ereignis in herrlich naiv-anschaulicher Weise verewigt.

Solche Einteilungen eignen sich aber doch weit eher für die Poesie der Legende als für eine kritisch-philosophische Reflexion.

Die Ambivalenz der Welt ist derart unauflösbar, daß die Aufteilung in zwei Prinzipien schlechterdings undurchführbar ist, ganz abgesehen davon, daß das gleiche Geschehen für den einen einen guten, für den anderen aber einen ungünstigen Aspekt hat, so wenn von zwei Kämpfern der eine siegt, der andere besiegt wird.

Wenn auch Bayles Lösung deshalb nur wenige Nachfolger zu finden vermochte, so ist doch das von ihm unerbittlich in den Vordergrund geschobene Problem nicht erledigt. Seine kritische Anfrage bleibt bestehen. Sie erweist sich auf die Dauer als der stärkste Einspruch gegen den Gott der Vernunft überhaupt. Tiefer gegraben hat zu jener Zeit, am gleichen Problem leidend, nur Jakob Böhme.

Die sinnwidrige Störung der harmonischen Welt durch die Unvernunft des Bösen und des Übels enthält in sich den Einspruch der *Realität* gegen den bloß *idealen*, also auch den bloß *gedachten* Gott, der aus der Rückwendung der Reflexion in das menschliche Selbstbewußtsein heraus erwächst. Der Gott der Natur, dem Gott der Vernunft entgegengesetzt, läßt sich nicht so leicht in die Ver-

25. J. W. Goethe, Faust I. Teil, V. Studierzimmer I. V 1516 f.
26. E. F. Gelpke, Die christliche Sagengeschichte der Schweiz, Bern 1862, S. 202.

nunft auflösen. Das Problem der Versöhnung ist gestellt, dem erst der deutsche Idealismus näher kam.

Indessen hat BAYLES eigener Standpunkt so viele Schwächen, daß man noch hoffen konnte, eine Lösung zu erreichen und durch Überwindung der Einwände BAYLES die Schatten aufzuhellen. Die Zuversicht in die Kraft der Vernunft ist ungebrochen, ja sie strebt eben erst ihrem Höhepunkt zu.

In diesem Augenblick führt LEIBNIZ eine neue, starke Armee zugunsten des Gottes der Vernunft und des Optimismus heran und stellt sich, im Vertrauen auf die universale Harmonie, der Frage nach der tieferen Vernünftigkeit der Welt auch angesichts allen Übels, das in ihr angetroffen wird, das aber niemals die Güte und Weisheit des Schöpfers in Zweifel zu ziehen vermag.

4. Der Gott der universalen Harmonie

Gottfried Wilhelm Leibniz (1646–1716)

Mit Leibniz erreicht, schon in der Frühe der Aufklärung, die Idee des Gottes der Vernunft einen einsamen Höhepunkt. Die flachere Weise, in der die durch Wolff popularisierte Aufklärung den Gott der Vernunft vertrat, reicht nicht an die Größe des Leibnizschen Denkens heran. Bei Kant wiederum, der an Konsequenz und Scharfsinn Leibniz übertraf, ist doch der Gott der Vernunft schon so sehr auf das Feld der praktischen Vernunft zurückgenommen, daß Kant keinesfalls eine so umfassende Theodizee gewagt haben würde, wie Leibniz sie aufgestellt hat. In seiner Schrift »Über das Mißlingen aller philosophischen Versuche in der Theodicee« (1791) fällt er vielmehr das auch und gerade Leibniz treffende Schlußurteil: »Der Ausgang dieses Rechtshandels vor dem Gerichtshofe der Philosophie ist nun: daß alle bisherige Theodicee das nicht leiste, was sie verspricht, nämlich die moralische Weisheit in der Weltregierung gegen die Zweifel, die dagegen aus dem, was die Erfahrung an dieser Welt zu erkennen gibt, gemacht werden, zu rechtfertigen; obgleich freilich diese Zweifel als Einwürfe, so weit unsre Einsicht in die Beschaffenheit unsrer Vernunft in Ansehung der letztern reicht, auch das Gegenteil nicht beweisen können.«[1] Leibniz jedoch, in der Morgenfrühe des aufklärerischen Aufbruches, unternimmt es, aus der Durchsichtigkeit der rationalen Gottesidee heraus, in der neben Weisheit, Güte und Macht keinerlei Abgründigkeiten Platz haben, auch die Welt in ihrer Gesamtheit als vernünftig geordnet und durchgehend harmonisch zu erweisen. Nur dann kann der Gott der Vernunft als Wahrheit erschei-

1. I. Kant, Über das Mißlingen aller philosophischen Versuche in der Theodicee, Werke Berlin 1914, Bd. VI, S. 129.

nen. Die überragende Bedeutung von LEIBNIZ beruht darin, daß er das erkannte und es wagte, im tiefen Vertrauen auf die Kraft der Vernunft die umfassende Harmonie der Welt zu beweisen.

Im Gegensatz zu DESCARTES und BAYLE stellt LEIBNIZ den Gott der Vernunft nicht neben oder gegen den Gott des positiven Glaubens. Er ist fest in der Tradition der lutherischen Kirche verwurzelt und geht darauf aus, den Gott der Offenbarung und den Gott der Vernunft zu harmonisieren, ja zu identifizieren. Wichtig ist dabei das Gefälle der Identifikation: Der Gott der Offenbarung erweist sich als der Gott der Vernunft, nicht umgekehrt.

Hinter dem Vermögen der Identifikation steht eine größere Kraft als hinter dem Dualismus der bloßen Entgegensetzung oder des unbeteiligten Nebeneinanderstellens. Bereits in der positiven Religion ist es jeweils ein Ausweis des weiteren Horizontes und der tieferen Einsicht, wenn in den verschiedenen Erscheinungsformen der gleiche Gott entdeckt wird. Es ist einer der wichtigsten Wendepunkte in der israelitischen Religionsgeschichte, daß MOSE in Jahwe den Gott der Väter erkannt hat. Nicht ein anderer, neuer Gott führt Israel aus Ägypten heraus; der im Dornbusch sprechende Jahwe ist vielmehr der Gott ABRAHAMS, der Gott ISAAKS, der Gott JAKOBS[2]. Ebenso bedeutsam ist es, daß JESUS nicht, wie MARCION meinte, einen neuen Gott verkündigte, sondern auch seinen himmlischen Vater mit dem Gott ABRAHAMS, ISAAKS und JAKOBS identifizierte[3].

LEIBNIZ vollzieht die Gleichsetzung, indem er den Gott des Evangeliums als den Gott der Vernunft erkennt. Er räumt ein, daß die Offenbarung die Vernunft übertreffe, wenngleich sie nicht wider die Vernunft sei. Diese Konzession hat aber bei ihm eine andere Bedeutung als bei THOMAS VON AQUINO, der an sich das Verhältnis zwischen Offenbarung und Vernunft ähnlich bestimmt hat, und auch als bei PASCAL, der aufgrund dieser Relation letztlich die Unterwerfung der Vernunft forderte. Das entscheidende Kriterium ist der Konfliktsfall zwischen Vernunft und Kirchenlehre.

Bei der Führung durch den Gott der Offenbarung wird im Augenblick, da die Vernunft nicht nur der Offenbarung nicht folgen kann, sondern gegen sie Einsprache erhebt, die Vernunft au-

2. Exod. 3,6.
3. Mk. 12,26.27.

ßer Kraft gesetzt. Sie ist inkompetent und hat sich zu unterwerfen und das widervernünftige Mysterium anzuerkennen, denn Gott ist höher als die Vernunft. BAYLE akzeptiert diesen Schluß unter der Bedingung, daß die Offenbarung bei der unerläuterten These bleibt. Für Thomas ist er selbstverständlich.

LEIBNIZ jedoch schließt gerade umgekehrt. Wenn einem geoffenbarten Satz durch die Vernunft unwiderleglich widersprochen wird, dann ist daraus zu folgern, daß jener Satz *nicht* geoffenbart ist, sondern daß er fälschlich diese Würde beansprucht hat. Er ist als nichtgeoffenbarter zu verwerfen. Damit wird die Vernunft letztes Kriterium. Die entscheidende Grenze ist überschritten[4].

Diese Zuversicht schöpft LEIBNIZ aus seiner Unterscheidung zwischen den ewigen und den zufälligen oder positiven Wahrheiten, die kontingent sind, und von denen wir nur aus der Erfahrung wissen. Die ewigen Wahrheiten sind »absolut notwendig«, so »daß das Gegenteil einen Widerspruch enthält: derart sind die Wahrheiten, deren Notwendigkeit logischer, metaphysischer oder geometrischer Natur ist, die man nicht leugnen kann, ohne auf Absurditäten geführt zu werden«[5].

Diese ewigen Wahrheiten gelten auch für Gott selbst, und deshalb kann die Offenbarung, wenn sie wirklich Offenbarung Gottes ist, ihnen nicht widersprechen. Die Feststellung, daß diese der Vernunft notwendigen Wahrheiten als ewige Wahrheiten auch für die Weisheit Gottes gelten, fundamentiert den Gott der Vernunft. Diese Identität wirkt wie ein Vorschein auf die Logik HEGELS, der letztlich auch die Logik der Vernunft als die Logik Gottes erkennt. Der Gott der absoluten Vernunft bei HEGEL setzt ebenfalls die Identität der Vernunftbewegung im unendlichen göttlichen und im endlichen menschlichen Geiste voraus.

Die über die Vernunft hinausgehenden Mysterien der Offenbarung wie die Dreieinigkeit verlieren daher an Gewicht. LEIBNIZ bekämpft sie nicht, aber für sein Gottesbild sind die Güte und die Weisheit Gottes entscheidender.

4. Die Werke von Leibniz werden nach den Ausgaben in der Philosophischen Bibliothek zitiert. – Die Theodizee, übers. v. A. Buchenau, 2. Aufl. Hamburg 1968, S. 61 f.
5. A. a. O. S. 34.

Dieser Ausgangspunkt bietet LEIBNIZ im Hinblick auf den Gott der Vernunft eine außerordentlich günstige Position. Er wird nämlich auf der einen Seite vom Gott der Offenbarung getragen, auf der anderen Seite aber nicht gezwungen, Absurdes zu verteidigen, da solches als nicht geoffenbart abgelehnt werden kann.
Durch diese Integration unter Führung der Vernunft gelingt es ihm nicht nur, die reiche und tiefe Substanz des überlieferten Glaubens in seinen Gott aufzunehmen und damit der Dürftigkeit zu entgehen, die für den Gott VOLTAIRES so charakteristisch ist.
Der größere Vorteil liegt noch auf einem anderen Felde. LEIBNIZ ist der Mühe enthoben, die Güte und Weisheit Gottes speziell zu beweisen und aus dem Weltbestand lückenlos abzuleiten. Er kann sie als vorgegeben voraussetzen und braucht nur zu prüfen, ob diese Sicht mit der Vernunft verträglich sei. Er braucht also nur darzutun, daß die Einwände gegen den Glauben nicht unbedingt zwingend sind, sondern daß die Vorstellungen des Glaubens von der Vernunft her auch *möglich* sind und lediglich der Vernunft nicht widersprechen. Der Vorteil ist ungemein; die Beweislast ist damit dem Gegner aufgebürdet. LEIBNIZ braucht nicht zu zeigen, daß aus dem Weltzustand notwendig ein weiser und guter Gott folgt; sondern nur, daß man den Weltzustand auch so deuten kann, daß er einen solchen Gott zuläßt.
Nun ist es immer leichter, dem Gegner nachzuweisen, daß seine Gründe nicht ganz zwingend sind, als die Lückenlosigkeit der eigenen Argumente aufzuweisen.
Schon von dieser formalen Anlage des Denkens von LEIBNIZ her ist es verständlich, daß er in Pierre BAYLE seinen vornehmsten und gefährlichsten Gegner erkennen mußte, ebenso wie er im Hinblick auf die Erkenntnistheorie John LOCKE und für das Problem der Individualitäten und der Monaden Baruch SPINOZA entgegenzutreten hatte. Jedenfalls aber muß er BAYLE widerlegen. Denn BAYLE geht nicht nur von der Unvernunft der Welt aus, sondern zielt darüber hinaus darauf, zu beweisen, daß die Vernunft der Offenbarung widerspricht, so daß die Offenbarung nur durch Unterwerfung ohne Einsicht angenommen werden kann und muß. In der Auseinandersetzung mit BAYLE wird es wichtig, daß die Güte Gottes nicht erst aus dem Weltgeschehen erschlossen werden muß, sondern vorgegeben ist und nicht unbedingt widerlegt werden kann.

Dieser Vorsprung des Glaubens vor der Kritik ist für LEIBNIZ auch persönlich von Belang, da ihn selbst das Rätsel des Übels von Jugend an bewegt hat. Es ist ihm kein durch BAYLE erst aufgezwungenes Problem; BAYLES Hartnäckigkeit verstärkt nur die Unausweichlichkeit der Frage. Es ist LEIBNIZ geradezu ein Hauptanliegen, die Harmonie von Vernunft und Glaube an diesem Zentralproblem des Übels aufzuzeigen.

In der Vorrede zur »Theodizee« führt LEIBNIZ aus, wie er BAYLE die Gedanken mitteilen wollte, »die ich seit langem betreffs der Schwierigkeiten gehegt hatte, die er [Herr Bayle] gegen diejenigen ins Feld geführt hatte, die den Versuch machen, hinsichtlich des Vorhandenseins des Bösen die Vernunft mit dem Glauben zu versöhnen. Tatsächlich haben sich mit diesem Problem wohl wenige mehr abgemüht als ich[6].« LEIBNIZ bekennt weiter, wie er sich schon von Kind auf um diese Frage bemüht habe, wie ihn die Bücher des Laurentius VALLA gegen BOËTHIUS und von LUTHER gegen ERASMUS bewegten, wie er aber gleichzeitig fand, »daß manches milder ausgedrückt werden mußte«[7] und daß er sich »in den maßvollen Ansichten der Kirchengemeinschaft der Augsburger Konfession«[8] gefestigt hätte. Ein gemäßigter, vermittelnder, ausgleichender Geist durchzieht schon von Anfang an das LEIBNIZsche Denken.

Auf der Basis der Harmonie zwischen Vernunft und Glauben formt LEIBNIZ seinen Gottesbegriff. Es ist einleuchtend, daß für ihn die Existenz Gottes durch die Vernunft erkannt werden kann; er anerkennt die Gottesbeweise, und zwar eine Vielzahl, die im Resultat übereinstimmt und die er durch einen eigenen vermehrt. Als apriorische Gottesbeweise nennt er nicht nur den ontologischen, den er gegenüber CARTESIUS etwas abwandelt, sondern auch den Beweis aus der Lehre von den ewigen Wahrheiten. Die ewigen Wahrheiten sind nicht nur die Klammer zwischen der menschlichen Vernunft und der göttlichen Weisheit, sondern sie sind von der Existenz der göttlichen Weisheit selbst abhängig. »Der Verstand Gottes ist die Region der ewigen Wahrheiten oder der

6. A. a. O. S. 24.
7. A. a. O. S. 25.
8. Ebenda.

Ideen, von denen sie abhängen, und ohne ihn gäbe es daher in den Möglichkeiten nichts Reales.«[9]

Neben diesen Beweisen *a priori* gibt es auch zwei *a posteriori*. Der erste ist der abgewandelte kosmologische Beweis. Er erscheint bei LEIBNIZ speziell als Beweis aus der Kontingenz der Welt. Die Welt ist keineswegs notwendig; sie könnte ebensogut nicht sein. Der Beweis besteht deshalb nicht einfach darin, daß die immanente Kausalkette nicht ins Unendliche weitergeführt werden kann. LEIBNIZ sieht wohl, daß man mit diesem Schluß nicht über die Immanenz hinaus zum eigentlichen Gott kommt. Der Beweis liegt vielmehr darin, daß die ganze unendliche Kausalkette als solche überhaupt existiert. »Der zureichende oder letzte Grund muß also außerhalb des Zusammenhangs oder der Reihe der besondren und zufälligen Dinge liegen . . . So muß also der letzte Grund der Dinge in einer notwendigen Substanz liegen, in der die besondre Eigenart der Veränderungen nur in eminenter Weise als in ihrem Quell vorhanden ist, und diese nennen wir *Gott*.[10]

Der zweite Beweis *a posteriori* ist von LEIBNIZ neu erdacht. Er gründet auf der prästabilierten Harmonie. Da die Monaden keine Fenster, also keine Wechselbeziehungen unter sich haben, wäre die Welt ohne prästabilierte Harmonie funktionsunfähig. Eine solche Harmonie aber setzt Gott voraus, der sie in seiner Weisheit einrichtet. Dieser Beweis baut freilich bereits auf dem Grund des Glaubens an LEIBNIZENS prästabilierte Harmonie auf und hat als Vorbedingung die künstliche Behauptung, daß es keine Wechselbeziehungen zwischen den Monaden gebe.

Die Gottesbeweise brauchen indes nicht alles allein zu tragen, weil Gott durch die Offenbarung gegeben ist und es nur darauf ankommt, daß sich diese Offenbarung mit der Vernunft in Einklang befindet. LEIBNIZ hielt die Beweise für überzeugend.

Für uns wesentlicher ist die Frage, wer dieser existierende Gott denn eigentlich sei. Unbeschadet aller Mysterien ist doch Gottes Wesen vernunftgemäß und ohne dunkle Abgründe. Die dramatischen Perturbationen, die ein Jakob BOEHME im Innersten Got-

9. Die Monadologie, Hauptschriften zur Grundlegung der Philosophie, 3. Aufl. Hamburg 1966, Bd. II. S. 445.
10. A. a. O. S. 444.

tes erschaute, existieren für LEIBNIZ nicht. Der Ausgleich zwischen Macht, Weisheit und Güte Gottes vollzieht sich ganz friedlich, vernünftig und harmonisch. Das Gottesbild ist eindeutig durch die Weisheit und die Güte geprägt, die den allmächtigen Willen bestimmen. In konzentriertester Form hat LEIBNIZ diesen Gottesgedanken in der Theodizee formuliert, deren 7. Paragraph nicht nur die Existenz eines Gottes, sondern zugleich auch sein Wesen aufzeigt.

Da alle Dinge zufällig sind, bedürfen sie eines Grundes in einer notwendigen Substanz. »Diese Ursache muß mit *Verstand begabt* sein: denn die existierende Welt ist zufällig, und unendlich viele andere Welten sind ebenso möglich und streben sozusagen ebenso wie sie nach der Existenz. Daher muß die Ursache der Welt auf alle Welten Rücksicht oder Bezug genommen haben, will sie eine von ihnen zur Existenz bestimmen. Diese Rücksicht oder Beziehung einer existierenden Substanz auf bare Möglichkeiten kann nichts anderes als der sie vorstellende *Verstand,* und das Herausgreifen einer derselben nichts anderes als der sie erwählende *Willensakt* sein. Die *Macht* dieser Substanz gibt dem Willen Wirksamkeit. Die Macht geht auf das *Sein,* die Weisheit oder der Verstand auf das *Wahre,* der Wille auf das *Gute.* Diese mit Verstand begabte Ursache muß außerdem in jeder Weise unendlich sein, ihre *Macht, Weisheit* und Güte müssen unbedingt vollkommen sein; denn sie umfaßt jede Möglichkeit. Da alles miteinander in Verbindung steht, so läßt sich auch nicht mehr als *eine* Ursache annehmen. Ihrem Verstande entquillt jede *Wissensbeschaffenheit,* ihr Wille ist Ursprung jeder *Existenz.* Dies ist in wenigen Worten der Beweis für einen einzigen Gott, für seine Vollkommenheiten und für die Entstehung der Dinge aus ihm.«[11]

Diesem Gottesbild fehlt jede Abgründigkeit. Weder das Dämonische des alttestamentlichen Jahwe noch der irrationale Zorn Gottes, der bei LUTHER eine so große Rolle spielt, haben darin Platz. Wir erinnern uns, wie LEIBNIZ LUTHER »Unmäßigkeit« vorwarf. Von diesem Gott führt eine gerade Linie auch in der kirchlichen Theologie zu SCHLEIERMACHER, der in seinen berühmten Predigten zur Übergabe der Augsburgischen Konfession 1830 dar-

11. Die Theodizee, S. 100 f.

über sprach, »daß wir nichts vom Zorne Gottes zu lehren haben«[12], und zu Albrecht RITSCHL, der den Zorn Gottes ganz aus seinem Gottesbild austilgte und die Liebe als den »vollständige(n) christliche(n) Begriff von Gott« erklärte[13]. Sie setzt sich fort bis zu jenem Bild des harmlosen lieben Gottes, der spätestens in den Schützengräben des ersten Weltkrieges unterging und jedenfalls Auschwitz nicht überlebte; wie ein Nachruf wirken die bitteren Worte Dorothee SÖLLES: »Wie man nach Auschwitz den Gott loben soll, der alles so herrlich regieret, das weiß ich nicht.«[14]

Ein Gott wie der Gott LEIBNIZens kann nicht anders als für seine Geschöpfe das Beste wählen. Der Gottesdefinition schließt sich denn bei LEIBNIZ sogleich diese Hauptthese an, die apriorisch aus dem Gottesbegriff folgt: »Die überlegene Weisheit konnte in Verbindung mit einer nicht weniger unendlichen Güte einzig und allein das Beste erwählen.«[15]

Es bleibt nur noch zu zeigen, warum denn eine Welt voller Übel die beste Welt sei und besser als eine Welt mit weniger oder gar keinen Übeln. Dazu muß die freilich schwierigste Aufgabe gelöst werden, nämlich zu erweisen, daß die Übel in dieser Welt ausgerechnet auf die Weisheit und Güte Gottes zurückgehen.

Vorher aber ist die Weisheit Gottes noch fester zu verankern. Die Übel sind ja an sich der Einwand gegen die Behauptung einer vernunftgeordneten Welt. Als erstes muß deshalb die Vernunftordnung der Welt im allgemeinen aufgedeckt werden. Das geht aus jener gewaltigen und weisen Ordnung des Gesamtuniversums hervor, die LEIBNIZ mit dem Begriff der prästabilierten Harmonie bezeichnet hat. Die Übel fügen sich als geringe Störung in die große Harmonie ein. An dieser Stelle wird deutlich, daß der Gedanke der prästabilierten Harmonie eine wichtigere Funktion hat als nur die, das Miteinanderbestehen der Monaden rei-

12. F. Schleiermacher, Predigten in bezug auf die Feier der Übergabe der Augsburgischen Confession, »Daß wir nichts vom Zorne Gottes zu lehren haben«, Werke Bd. II/2, S. 725 ff.
13. A. Ritschl, Unterricht in der christlichen Religion, 2. Aufl. Bonn 1881, S. 9. Über den Zorn S. 16.
14. D. Sölle, Kirche außerhalb der Kirche, in: Erlebter Kirchentag Köln 1965, Stuttgart/Berlin 1965, S. 93 ff. zit. bei H. Zahrnt, Gespräch über Gott, München 1968, S. 406.
15. Die Theodizee, S. 101.

bungslos zu ordnen, den Verkehr zwischen den Substanzen zu regeln und die leib-seelische Kooperation so exakt zu gewährleisten, als bestünde eine Wechselwirkung.

Die tiefste Bedeutung der Lehre von der prästabilierten Harmonie ist vielmehr, abgesehen von allen Einzelheiten, das unerhörte positive *Lebensgefühl*, dem damit Ausdruck verliehen wird. Eine Welt, die durch die prästabilierte Harmonie im Gleichgewicht gehalten wird, ist eine freundliche, eine liebenswerte und lebenswerte, eben eine harmonische Welt. Es ist dieses Leitbild der Harmonie, das nicht nur die Vernunft anspricht, sondern auch die emotionalen Schichten der Seele zutiefst befriedigt. Ganz anders als der Gott des DESCARTES ist dieser Gott des LEIBNIZ fähig, den Menschen als Ganzes mit Glück und Sinnerfüllung zu begaben.

Mit dem Stichwort »Harmonie« hat LEIBNIZ einen genialen Griff getan, der die Sehnsucht des Menschen nach einer heilen Welt stillt. Indem er damit nicht bloß die Sehnsucht nach einem fernen, zukünftigen Reich Gottes weckte und diese gegenwärtige Welt der apokalyptischen Verdammnis preisgab, sondern gerade *diese bestehende* Welt als die Welt der Harmonie deutete, überwand er den alten apokalyptischen Dualismus und gab dem neuen positiven Weltgefühl der Neuzeit vollkommenen Ausdruck. Das große Ja zu *dieser* Schöpfung überwindet den Welthaß, die Weltverachtung und die Klage über das Jammertal Erde. Daß diese reale Welt harmonisch geordnet ist, entspricht auch den Erwartungen des Frommen, für den Gott nichts als Weisheit und Güte ist. Die durchgängige Harmonie, die der tröstend korrigierenden Wunder nicht bedarf, spiegelt Gottes Güte weit umfassender wieder als ein einzelnes partielles Wunder der Errettung im Jammertal Welt, in dem unterdessen Tausende ohne Wunder elendiglich zugrunde gehen, es zu tun vermöchte.

Die LEIBNIZsche Weltsicht der vollkommenen Harmonie ist eine der lieblichsten und anziehendsten Möglichkeiten, die Welt zu verstehen. Die große Tragik ist nur, daß die so unharmonische konkrete Wirklichkeit dieses Weltbild stetsfort untergräbt. Um so dringlicher wird deshalb für Leibniz das Problem der Theodizee, selbst wenn er schwache und künstliche Dämme aufrichten muß, um die Harmonie der Welt gegen die Sturmflut des sinnlosen Unheils zu verteidigen.

Als Konstruktion der Vernunft allein betrachtet ist jedoch die

Welt der Harmonie fast vollkommen und entspricht genau dem Gotte der Vernunft. Die einzige Schwäche dieser Weltkonstruktion, die zudem noch durch den Reichtum ihrer Individualität in den ungezählten Monaden erfreut, ist die mechanische Starrheit, die in der absurden Voraussetzung angelegt ist, daß unter den Monaden keine Wechselwirkungen stattfinden dürfen. Dies wiederum ist in der voreiligen These begründet, jede Monade bilde eine Substanz für sich.

Die prästabilierte Harmonie bildet somit die Klammer zwischen dem optimistischen Weltgefühl und der Weltkonzeption der Monadenlehre. Für LEIBNIZ besteht die ganze Welt aus unendlich vielen Monaden oder letzten metaphysischen Einheiten, die nicht räumlich ausgedehnt sind, aber als Individualitätszentren eine reiche innere Vorstellungswelt besitzen. In einer unendlichen kontinuierlichen Reihe aufsteigender Art existieren Monaden mit der geringsten Vollkommenheit und verworrenen Vorstellungen bis hin zu den bewußten Geistern, die zusammen das Reich der Geister, das Reich Gottes bilden. Jede Monade trägt als Mikrokosmos die ganze Fülle der Welt in sich. »Der Körper, der zu einer Monade gehört, die seine Entelechie oder Seele ist, konstituiert im Verein mit der Entelechie das, was man ein LEBEWESEN nennen kann.«[16] Es gibt »nichts Ödes, nichts Unfruchtbares, nichts Totes« im Universum[17], und jeder Teil des Stoffes kann »als ein Garten voller Pflanzen und ein Teich voller Fische aufgefaßt werden.«[18] Leider wird nun, wie wir schon erwähnt haben, diese großartige Schau des Universums durch LEIBNIZ selbst zerstört, indem er jede Monade als »einfache Substanz«[19] definiert. Substanzen sind gegenseitig unabhängig und unbeeinflußbar, so gibt es keine Wechselwirkung; »Die Monaden haben keine Fenster«[20]. So wird aus dem großartigen ein trostloses Weltbild.

Die Substanzen können ebensowenig aufeinander einwirken wie, nach dem alten cartesianischen Vorurteil, die Seelen und die Kör-

16. Die Monadologie, S. 450.
17. A. a. O. S. 451.
18. Ebenda.
19. A. a. O. S. 435.
20. A. a. O. S. 436.

per. Damit die Welt trotzdem bestehen kann, bleibt nur die wunderbare Fügung durch Gott offen. Ein ständiges Eingreifen bei jeder möglichen Gelegenheit (Occasionalismus) ist letztlich ein Gottes unwürdiges Unterfangen. Mit einem Schlage ist das künstliche Problem gelöst, wenn Gott alles zum vorneherein so vollkommen eingerichtet hat, daß es in seinem Funktionieren ebenso zusammenstimmt wie eine Reihe von Uhren, die so präzis konstruiert sind, daß sie unabhängig voneinander stets dieselbe Zeit anzeigen. Das ist das System der prästabilierten Harmonie, die den Verkehr der Substanzen untereinander regelt. Von da aus gesehen ist die Harmonie unlebendig, maschinenhaft, ganz abgesehen davon, daß sie überflüssig ist, weil sie nur ein künstliches Problem löst. Denn wozu das Natürlichste, die Wechselwirkung, verbieten, um dann ein so riesiges Wunder einsetzen zu müssen? Das System ist noch viel absurder als das Ptolemäische System der Sphären zur Erklärung der scheinbaren Bewegung der Himmelskörper unter der falschen Annahme, die Erde stehe fest.

Leibniz hielt indessen seine Entdeckung der prästabilierten Harmonie für den Schlüssel der Erklärung des Universums. Er sah darin nicht nur die Überwindung des deus ex machina der Occasionalisten[21] und nicht nur den Ausdruck des positiven Lebensgefühls. Gleichzeitig war es ihm die Lösung des Verhältnisses von Autonomie und Einordnung ins Ganze: Er wurde »unmerklich zu einer Ansicht geführt, die mich selbst überraschte, die mir aber unvermeidlich schien, und die in der Tat sehr große Vorzüge und bedeutsame Schönheiten aufweist. Danach muß man sagen, daß Gott vom Beginn der Welt an die Seele oder jede andre Einheit so geschaffen hat, daß ihr notwendig alles aus ihrem eignen Grunde emporquillt, kraft einer vollkommenen *Selbsttätigkeit*, die dennoch in steter *Entsprechung* zu den Außendingen verbleibt.«[22]

Eine Erfahrungsstütze für seine These von der prästabilierten Harmonie fand Leibniz in der organischen Natur, so etwa in der Entstehung des Organismus aus dem Embryo oder des Schmetterlings aus der Raupe. Wie hier ein geheimer Plan unbewußt, aber

21. Neues System der Natur, Hauptschriften Bd. II, S. 266.
22. A. a. O. S. 267.

wirksam steuernd, als Entelechie die Entwicklung zu einem harmonischen Ganzen gestaltet, so ist dem ganzen Universum ein geheimer, steuernder Code eingegeben, der die harmonische Entfaltung und das Zusammenspiel garantiert. Es ist kein größeres Wunder, so etwas für das Ganze anzunehmen, als es für die einzelnen Organismen festzustellen. Gleichzeitig ist diese geheimnisvoll steuernde Kraft nicht etwas von außen Kommendes, sondern sie ist im Inneren wirksam und entspricht demnach der Autonomie der Monaden.

Dieses Weltbild muß nun mit der Entsetzlichkeit der Wirklichkeit konfrontiert werden, deren Dissonanzen der prästabilierten Harmonie Hohnzusprechen scheinen. An dieser Stelle steht der unbequeme Mahner Bayle mit seinem unablässigen Zwischenrufen. Nicht nur die postulierte Harmonie, sondern das erlebte Übel der schrillen Dissonanz muß auf die Güte und Weisheit Gottes zurückgeführt werden! Hic Rhodus, hic salta!

Leibniz muß deshalb beweisen, daß eine Welt ohne Übel nicht die beste ist und also von Gott nicht gewählt werden konnte. Das Übel leugnen kann und will er nicht, aber er möchte zeigen, daß die Güte und Weisheit Gottes gut und richtig gewählt haben, indem sie eben diese Welt schufen.

Wir staunen, mit welch' ungebrochener Überzeugung Leibniz an die Aufgabe herantritt, das Übel nicht in einem dunklen Prinzip, sondern gerade in der Weisheit und Güte Gottes zu verwurzeln.

Er geht auf doppelte Weise vor. Zunächst schließt er vom Wesen Gottes aus, daß alles so sein *muß*, führt also den apriorischen Beweis, dann aber versucht er auch *a posteriori* die konkreten Übel in der Welt so zu interpretieren, daß sich diese Welt im Ganzen doch als die Beste verstehen lassen kann, wenn auch in Einzelheiten um des Ganzen willen erträgliche Mängel in Kauf genommen werden müssen. Der erste, deduktive Weg des Beweises ist seiner Natur nach stärker, hängt indes ganz an den von Leibniz gemachten Voraussetzungen des Gottesbildes. Er erwägt nicht, daß man auch umgekehrt argumentieren und von dem widervernünftigen Übel in der Welt aus schließen könnte, daß Gott als der Weltgrund nicht *nur* Vernunft, Weisheit und Güte ist. Nichts liegt Leibniz ferner als ein solcher an *Böhme* erinnernder Gedanke.

Wir folgen zunächst der deduktiven Beweisführung. Wieso *kann* Gott notwendigerweise keine Welt ohne Übel schaffen, wenn er seiner Weisheit folgt? Man könnte sich doch eine Welt ohne Sünde und Elend vorstellen; warum sollte sie nicht besser sein? Aber diese Welt würde, so meint LEIBNIZ, der gegenwärtigen in manchem erheblich nachstehen. LEIBNIZ kann das zwar nicht »im einzelnen aufzeigen«[23], so interessant auch gerade dieses wäre. Er begründet es damit, daß er ja nicht alle die nicht geschaffenen Welten kennt. Es kann aber »*ab effectu*«[24], geschlossen werden, eben weil Gott gerade diese Welt gewählt hat. Auch konkretere Gründe können angeführt werden. Die Übel sind in die metaphysischen, die moralischen und die physischen einzuteilen. Das metaphysische Übel der einfachen Unvollkommenheit ist nun bereits durch die Endlichkeit notwendig gegeben. Das moralische und das physische Übel indessen sind von Gott lediglich zugelassen. Sie sind nicht schlechthin notwendig, aber doch möglich, gehören also zu den vielen möglichen Welten und offenbar auch zu der von Gott ausgesuchten besten.

Wenn Gott das Übel, besonders das moralische Übel, nicht will, sondern bloß zuläßt, dann hat das tiefere Bedeutung. Man muß nämlich bei Gott einen *vorgehenden*, gleichsam hypothetischen, und einen *nachfolgenden*, gleichsam endgültig-konkreten Willen unterscheiden. Der vorgehende Wille würde wohl alles Übel ausschließen; insofern will Gott das Übel nicht. Der eigentlich-konkrete Wille Gottes jedoch wird durch die Weisheit gestaltet, und diese ist es, die nicht eine Welt ohne Übel als die beste erkannt hat. So will Gott vorgehend das Gute, nachfolgend aber effektiv das Beste.

Das moralische Übel will Gott nie direkt, er gestattet es nur, weil es unabdingbar zu der besten Welt gehört, denn es hängt mit der menschlichen Freiheit zusammen. Wir können an dieser Stelle nicht die ganze komplizierte Freiheitslehre des LEIBNIZ erörtern, die zwischen Willkür und Zwang eine Mitte sucht. Wesentlich für unseren Zusammenhang ist nur die Feststellung, daß für LEIBNIZ eine Welt ohne Freiheit offenbar nicht die beste, also auch nicht die von Gott zu wählende sein kann. Das moralisch Böse

23. Die Theodizee, S. 102.
24. Ebenda.

wird somit in Kauf genommen, aber nicht gewollt eingesetzt, um etwa durch Böses Gutes zu erwirken. Diesen Gedanken lehnt LEIBNIZ entschieden ab, ähnlich wie Paulus den Gedanken, daß wir in der Sünde verharren sollten, damit die Gnade um so größer werde[25]. Gerne greift er aber auf den Gedanken AUGUSTINS von der »felix culpa« zurück, um das endliche Überwiegen des Guten zu verdeutlichen: Die Schuld Adams erwies sich letztlich als Glück, da sie das Kommen Christi veranlaßte. Dieses aber brachte noch größere Herrlichkeit, als der paradiesische Urzustand enthielt. Während das moralische Übel nie von Gott direkt gewollt werden kann, kommt es umgekehrt vor, daß er das physische in begrenztem Maße wählt, sei es, um ein noch größeres Übel zu vermeiden, sei es, um etwa durch Strafe einen sonst nicht erreichbaren besseren Zweck zu erreichen, sei es, um ein größeres Gut zu verschaffen.

Es ist für die Art, wie LEIBNIZ argumentiert, und überhaupt für sein ganzes Denken über Gott, charakteristisch, daß Gottes Wille nicht wie bei DUNS SCOTUS die willkürliche Führung in Gott hat. Dieser Wille muß sich nach der Weisheit richten, diese aber trägt die ewigen Wahrheiten in sich. So kann der Wille Gottes auch nicht einfach dem Wunsche der Güte folgen, eine übellose Welt zu schaffen.

Der Vorrang des Willens in Gott würde für LEIBNIZ die Gerechtigkeit Gottes vernichten und Gott zu einem Tyrannen erniedrigen, denn die Gerechtigkeit gehört gleich wie die Zahlen zu den notwendigsten und ewigen Wahrheiten, die die Weisheit verwaltet. »Sagte jemand: *›Stat pro ratione voluntas!‹* mein bloßer Wille dient mir als Grund, so wäre dies geradezu der Wahlspruch eines Tyrannen. Außerdem *ließe sich bei dieser Definition Gott kaum mehr vom Teufel unterscheiden.«*[26] *»Gerecht ist, was in gleichem Maße der Weisheit und der Güte gemäß ist.* Die Güte geht darauf aus, das größtmögliche Gute zu erreichen; um dies jedoch zu erkennen, bedarf sie der Weisheit, die nichts anderes als die Erkenntnis des Guten ist, so wie die Güte nichts andres ist als die Neigung, allen Gutes zu erweisen und das Böse zu verhindern,

25. Röm. 6,1.
26. Méditation sur la notion commune de la justice, Hauptschriften Bd. II, S. 506 f.

wofern es nicht für ein größeres Gutes oder zur Verhinderung eines größeren Übels notwendig ist. Es wohnt demnach die Weisheit dem Verstande und die Güte dem Willen, die Gerechtigkeit somit ihnen beiden inne. Die Macht ist etwas ganz andres. Wenn sie jedoch hinzutritt, so bewirkt sie, daß aus dem Rechte eine Tatsache wird, und daß, was sein soll, auch wirklich existiert, soweit wenigstens, als die Natur der Dinge es erlaubt. Und eben dies ist Gottes Tätigkeit mit Bezug auf diese Welt.«[27]

Oder, um diese ganze deduktive Argumentation zusammenzufassen: »Sagt man aber, die *Güte allein* habe Gott zur Erschaffung des Universums bestimmt, so täte man gut, hinzuzufügen, daß seine *Güte* ihn im *voraus* genötigt hat, jedes mögliche Gute zu erschaffen und zu erzeugen, daß seine *Weisheit* ihn jedoch daraus eine Auswahl treffen ließ und es versucht hat, daß er *nachfolgend* das Beste erwählte; daß endlich seine *Allmacht* ihm Mittel und Wege gab, den großen, von ihm gefaßten Plan *wirklich* auszuführen.[28]«

Auch wenn wir uns diese friedliche Einigung im Himmel vorstellen und den konkreten Willen Gottes, den er kraft seiner Allmacht verwirklicht, an die Weisheit binden, vermag LEIBNIZ doch nicht einsichtig zu machen, warum denn die Weisheit ausgerechnet *diese* Welt mit ihren überdurchschnittlichen und überflüssigen Übeln als die beste bezeichnet hat. Es bleibt beim Vertrauen, daß Gott es richtig gemacht habe und seine Weisheit unsere Kritiken übertreffe. Um zu einem solchen Ergebnis zu kommen, bedürfte es aber nicht all der umständlichen Argumentationen; dann kann man es auch bei der demütigen Unterwerfung der Vernunft unter die Unerforschlichkeit Gottes bewenden lassen, wie es die unreflektierte Frömmigkeit je und je geübt hat, wie es die lutherischen Choräle empfehlen und wie es sogar bei PIERRE BAYLE, dem großen Gegner von LEIBNIZ, als letzte Möglichkeit erscheint. Alles, was LEIBNIZ anführt, kann nicht darüber hinwegtäuschen, daß auch er nicht weiß, warum so viele Übel nötig sind, und welche Überlegungen die göttliche Weisheit angestellt hat, als sie sich für diese Welt entschied.

Der Beweis aus der Weisheit Gottes befriedigt deshalb nicht, weil

27. A. a. O. S. 511 f.
28. Die Theodizee, S. 172.

nach LEIBNIZ die göttliche Weisheit im Zusammenhang mit den ewigen Wahrheiten einige Ähnlichkeit mit der Vernunft haben soll.

So muß sich LEIBNIZ doch noch auf das Feld der Erfahrung begeben und *a posteriori* zeigen, daß die Übel, bei Lichte betrachtet, so schlimm nicht sind und gegenüber all dem Guten, das wir erleben, als geringfügig erachtet werden können. Die Schwarzseher übertreiben weit, und das Leben ist im Ganzen glücklich. Eine solche Behauptung ist nun freilich Ermessenssache. Wenn BAYLE erklärt hatte, »daß der Mensch böse und unglücklich sei, daß es Gefängnisse und Spitäler an allen Orten gäbe, daß die Geschichte nur eine Aufzählung von Verbrechen und Unglücksfällen des Menschengeschlechtes sei«, so antwortet LEIBNIZ: »Das halte ich für übertrieben. Im menschlichen Leben gibt es unvergleichlich mehr Gutes als Böses, wie es ja auch unvergleichlich mehr Häuser als Gefängnisse gibt.«[29]

Sind aber nicht schon *diese* Gefängnisse zuviel? LEIBNIZ wird in jedem konkreten Falle an seiner Deutung festhalten. Auch die schlimmste Tragik könnte ihn nicht erschüttern, denn im Grunde steht ihm die Sache ja *a priori* fest. Er zweifelt nicht an der Güte und Weisheit, an der durchsichtigen Vernünftigkeit Gottes und also auch nicht an derjenigen der Welt, mag der Schein noch so sehr dagegen sprechen. Es ist so, weil es so sein muß.

Das Herunterspielen des Übels mag den Unglücklichen kränken. Aber selbst das, was in keiner Weise mehr verkleinert werden kann, dient LEIBNIZ noch zur Bestätigung seiner These. Wie wenig Sinn es hat, ihm die konkreten Übel vor Augen zu halten, geht daraus hervor, daß er selbst die ewigen Höllenstrafen einbezieht, sogar dann, wenn man annehmen müßte, daß am Ende nur eine kleine Minderheit von Menschen die Seligkeit genießen könnte, die Mehrzahl aber ewig in der Verdammnis schmachtete.

Diese erstaunliche Behauptung, die die tief dogmatische Verwurzelung von LEIBNIZens These aufdeckt, die nicht durch Fakten zu erschüttern ist, findet man sogar in der »Theodizee« ausgesprochen. Man braucht sich nachher über kein Argument mehr zu wundern. Leibniz dekretiert: »Wir halten fest an der außer Zweifel stehenden Lehre, die Zahl der ewig Verdammten sei unver-

29. A. a. O. S. 211.

gleichlich viel größer als die der Geretteten, und müssen trotzdem sagen, daß das Übel, verglichen mit dem Guten, fast wie ein Nichts (sic!) erscheint, wenn man auf die wahre Größe des göttlichen Staates achtet.«[30]

Wer so argumentiert, ist wirklich unerschütterlich. Man bedenke: Am Ende hat, mythologisch gesprochen, der Teufel seinen großen Sieg erfochten, Gott die gewaltige Niederlage erlitten; die große Mehrzahl der vernünftigen Geschöpfe schmachtet unter der Botmäßigkeit des Teufels, nur ein geringer Teil ist für Gott gerettet – und selbst in diesem Falle soll das Übel wie nichts sein, selbst dies ist die beste aller möglichen Welten!

Im Ganzen redet Leibniz gemäßigter, und seinem Weltbild entsprechend müßte eigentlich die Hölle leer bleiben. Die Mehrzahl der Verdammten gehört zu jenen widervernünftigen überlieferten Sätzen, die er formal der Vernunftkritik preisgegeben hat. Im Grunde ist er doch gegen Bayle »immer für den Origenisten, nie aber für den Manichäer«.[31] Sein Blick spürt die Harmonie im Kosmos auf, er erkennt die großen Güter des Lebens. Seine optimistische Kraft hat wesentlich dazu beigetragen, die metaphysische Dämonisierung der Welt, jenes verderbliche apokalyptische Erbstück der christlichen Überlieferung, zu zerstören. Er hat Angst abgebaut, Freude am Leben geschaffen, der Verteufelung des Daseins gewehrt und die Menschen gelehrt, in der Unendlichkeit des Kosmos heimisch und geborgen dem Schöpfer zu vertrauen. Die Größe seines im Gottesstaat der Geister gipfelnden harmonischen Universums bleibt eine ungemein fruchtbare und wohltätige Utopie, obgleich das machtvolle Unternehmen, diese Welt als durchgreifend vernünftig deuten zu wollen, an der Wirklichkeit scheitern muß.

Die Abgründigkeit der Welt und die Abgründigkeit Gottes, wie Böhme sie erkannt hat, sind nicht in so eleganter Weise in die Vernünftigkeit aufzulösen. Der Gott der uneingeschränkten Vernünftigkeit entspricht nicht der Realität. Was Leibniz nicht gelungen ist, wird auch keinem anderen glücken. Daß er es aber in dieser Kraft und Eindeutigkeit versucht hat, ist seine bleibende Größe. Auf andere Weise werden es Kant und Hegel unterneh-

30. A. a. O. S. 108.

31. Erwiderung auf die Einwände Bayles, Hauptschriften Bd. II, S. 400.

men, den Gott der Vernunft zu erweisen. Sie können es aber nicht mehr so ungebrochen tun, sondern nur als solche, die durch den Skeptizismus und durch die Erfahrung des Negativen hindurchgegangen sind. Mag auch HEGEL am Ende des Weges mit seinem Gott der absoluten Vernunft LEIBNIZ noch zu übertreffen scheinen, so fehlt ihm doch die morgenfrühe Frische des Optimismus. Er sieht sich am Abend der Kultur, da die Eule der Athene ausfliegt, und mit den »Eumeniden« des AISCHYLOS spürt er, daß selbst Apollo nicht ohne die Gottheiten der Tiefe zu regieren vermag . . .

Nur Leibniz ist in seinem Denken so hell und ungebrochen. Aber wenn seine Theodizee auch zeitweise eine breite Wirkung erzielt hat, so konnte den tieferen kritischen Geistern nicht verborgen bleiben, auf wie künstlichen, zerbrechlichen Stützen dieses herrliche Gebäude ruhte. Nicht wenige dieser Stützpfeiler hat das große Erdbeben von Lissabon 1755 zum Einsturz gebracht.

5. Neue skeptische Fragen

DAVID HUME (1711–1776) UND VOLTAIRE (1694–1778)

LEIBNIZ vermochte mit seinem großen Wurf nicht alle kritischen Stimmen zum Schweigen zu bringen. Mochte sich auch in der deutschen Philosophie, besonders unter dem Einfluß Christian WOLFFS, eine Zeitlang die Schulmeinung halten, die Vernunftgemäßheit des Glaubens und die Rationalität Gottes seien fest gegründet, so bereitete sich doch außerhalb Deutschlands die Kritik in einem Ausmaße vor, welches in der Folge gerade auch KANT zu einer völligen Neuerwägung der Frage nach dem Verhältnis von Vernunft und Gottesglauben zwang. Selbst in Deutschland blieb der Gott der Vernunft angefochten. Vom vernunftfeindlichen Pietismus mit Mißtrauen bedacht, von der profanen Skepsis des Preußischen Königshofes unter FRIEDRICH DEM GROSSEN belächelt, war sein Siegeszug durchaus nicht uneingeschränkt.
Für KANT wurde zunehmend die kritische Argumentation David HUMES maßgebend. Auf eine weite Öffentlichkeit wirkte die geistreiche Polemik VOLTAIRES gegen den Gott der besten aller möglichen Welten. VOLTAIRES Hinweis auf den Gott des moralischen Bewußtseins wirkt wie eine oberflächliche Vorwegnahme des KANTischen Rückzuges Gottes aus der theoretisch-spekulativen in die praktische Vernunft, aus der moralischen Weltordnung in den kategorischen Imperativ und die intelligible Welt.
Die Diskussion um den Gott der Vernunft im Zeitraum zwischen LEIBNIZ und KANT zeigt noch viele andere Aspekte, vor allem auch im Hinblick auf die Trivialisierung der Verstandesphilosophie. Wir greifen die kritischen Thesen HUMES und VOLTAIRES heraus, weil sie die sachlichen Schwierigkeiten in klassischer Weise aufdecken.
LEIBNIZ hat das große Verdienst, daß er es wagte, den Gott der

Vernunft mit dem Übel in der Welt zu konfrontieren. Er hatte erkannt, daß dem Gott der Vernunft eine letztlich vernünftige Welt zugeordnet sein muß, wenn nicht das Ganze unglaubwürdig werden soll.

Statt des billigen Spottes, den Voltaire im »Candide« über ihn ausschüttet, gebührt ihm die Achtung, daß er sich dem entscheidenden Problem stellte. Daß Hume und Voltaire der Sache nach in vieler Hinsicht recht behalten, schmälert die Leistung von Leibniz nicht.

Den Einwänden Humes und Voltaires ist nunmehr Raum zu geben. Der umfassende Gedanke bei Leibniz war die prästabilierte Harmonie. Die tiefere Bedeutung dieser Formel liegt, wie wir im vorigen Kapitel ausgeführt haben, nicht darin, daß sie eine Erklärung für den Verkehr der Substanzen untereinander sein will. Die breite Wirkung des Gedankens beruht vielmehr darauf, daß Leibniz damit das neue *Lebensgefühl,* wie es sich in einer vernünftiger werdenden Welt gestaltet, genial zum Ausdruck brachte. Die vernünftige Welt ist eine harmonische, keine verteufelte Welt, und gerade eine harmonische Welt entspricht dem vernünftigen Gott. So wird die prästabilierte Harmonie zur symbolkräftigen Deutung der Gesamtsituation der lebendigen Wirklichkeit, die harmonisch in dem allweisen, allmächtigen und allgütigen Gott geborgen ist. Sie wird das erste Schlagwort der aufblühenden aufklärerischen Frömmigkeit, um dann später von der endgültigen Formel »Gott, Freiheit, Unsterblichkeit« abgelöst zu werden. Hume und Voltaire interessieren sich wenig um die metaphysischen Perspektiven der prästabilierten Harmonie. Ihnen ist die harmonische Welt der Vorsehung als die beste aller Welten existentiell fragwürdig.

Eben das harmonische Lebensgefühl wird durch sie unterhöhlt, und sie bringen die durch Leibniz nur mühsam niedergekämpften Argumente Pierre Bayles neu zur Geltung. Darüber hinaus untergraben Hume, Voltaire und andere auch das Vertrauen in die metaphysischen Fähigkeiten der Vernunft überhaupt, das bei Descartes und den Cartesianern wie bei Leibniz, ebenso auch bei Wolff und den Wolffianern zum Grundbestand des Glaubens an den Gott der Vernunft gehört. Kant wird bei seinem Versuch, den Skeptizismus vornehmlich Humes von einem tieferen Ansatz her zu überwinden, diesem Umstand Rechnung zu tragen haben.

Humes Angriff auf den Gott der Vernunft ist umfassend. Er bestreitet die Sicherheit der Vernunftschlüsse überhaupt, indem er sogar das Kausalitätsprinzip zu einem Wahrscheinlichkeitsurteil relativiert und in seinen »Untersuchungen über den menschlichen Verstand« (1748, 2. Aufl. 1751) nicht nur Descartes, sondern auch Locke hinter sich läßt. Aus empirischen Beobachtungen sind keine allgemeingültigen Urteile ableitbar. Auf die Religion bezogen bestreitet Hume die Gültigkeit des Schlusses von der so zweckmäßig eingerichteten Natur auf einen absichtsvoll gestaltenden Schöpfer, und endlich verwirft er den Glauben an den Gott der Vorsehung, der in Güte und Wohlwollen die Schicksale seiner Geschöpfe zum Besten lenkt. Er begnügt sich also nicht mit diesem letzten Argument, sondern setzt seine Kritik bereits dort an, wo der Gott der Vernunft seine bisher stärkste Stütze hatte, nämlich im Schluß von der vernünftig-mathematischen Naturgesetzlichkeit auf den vernünftigen Schöpfer.

Es ist wohl gerechtfertigt, die Stimme des Skeptikers Philo in Humes »Dialogen über natürliche Religion« (um 1751 geschrieben, aber erst zwei Jahre nach dem Tode Humes, 1799, gedruckt) direkt als Artikulierung der Meinung Humes zu nehmen, wenn auch die Dialogform die Aussagen pseudonym verfremdet. Der Hauptgegner Philos in den Dialogen ist zweifellos der natürliche Theologe und Metaphysiker Cleanthes, der den Gott der Vernunft mehr im Stile der englischen Aufklärer als von Descartes und Leibniz verteidigt. Der offenbarungsgläubige Demea spielt demgegenüber eine geringere Rolle. Wir können die Dialoge deshalb durchaus primär als Widerlegung des Gottes der Vernunft auffassen.

Hume bestreitet zunächst, daß der rationale und sinnhafte Aufbau der Schöpfung den Schluß auf den vernünftigen Schöpfer zulasse. Diese anthropomorphe Vorstellung ist nur eine von vielen möglichen Hypothesen, die fast als beliebiges Spiel der Phantasie erscheinen. Wenn man die Analogie mit dem menschlichen Schaffen betonen will, dann ist es ebenso naheliegend, ein polytheistisches Götterkollektiv anzunehmen, wie die Welt durch einen einzigen vollkommenen und geisterfüllten Gott zu erklären. Andererseits ist der Schluß, die Ursachenkette könne nicht bis ins Unendliche zurückgetrieben werden, also müsse man beim Schöpfer als dem notwendigen Wesen abbrechen, keineswegs

zwingend. In diesem Falle nämlich könnte man auch gleich bei der Welt selbst abbrechen und ein immanentes Ordnungsprinzip einer ewigen materiellen Welt postulieren.
Der Ordnungscharakter der Natur, der sie durch die physikalisch-mathematische Gesetzmäßigkeit mit dem Maschinenhaften verbindet, führt also durchaus nicht zu dem gewünschten Gottesbeweis. Überdies ist auch die Analogie mit der Maschine nicht die einzig mögliche. Die Welt könnte ebensogut als Organismus, als Lebendigkeit angesehen werden; sie wäre dann so etwas wie ein ungeheures Tier oder eine ungeheure Pflanze. Diese Hypothese hätte noch dazu den Vorteil, daß sie der Tatsache Rechnung trägt, daß nirgendwo in der Erfahrung Geist ohne Körper auftritt. Von da aus wäre auch eine pantheistische Weltdeutung vertretbar, die irgendeine Abwandlung von SPINOZAS Gott der Natur sein könnte. Auch wenn man also die grundsätzliche Vernunftkritik nicht in den Vordergrund spielt, führt von der Ordnungsstruktur der Welt kein eindeutiger Weg zum Gott der Vernunft. Polytheismus, immanente Ordnung und Pantheismus sind ebenso möglich. »Ihr müßt daher zugestehen«, hält PHILO seinen Partnern, dem natürlichen Theologen CLEANTHES nicht minder als dem altgläubigen DEMEA, entgegen, »daß alle diese Systeme, Skeptizismus, Polytheismus, Theismus auf gleichem Fuß sind und daß keines vor den andern einen Vorzug hat. Daraus mögt ihr die Trüglichkeit Eurer Prinzipien entnehmen.«[1]
Wenn schon diese an sich günstige Basis des Glaubens an den Gott der Vernunft dermaßen unsicher ist, dann erscheint das Ganze als um so aussichtsloser, wenn erst die Schwierigkeit in Sicht kommt, die in der Unvereinbarkeit der Lebensschicksale mit dem Gedanken an einen guten und vorsehenden Gott besteht.
Das Dilemma, in das LEIBNIZ und die anderen Vertreter der Auffassung, daß dem Gott der Vernunft auch eine vernünftige Welt entspreche, an dieser Stelle geraten, macht es begreiflich, daß der überlieferte Glaube sich nicht auf die These eingelassen hat, diese Welt sei gut und vernünftig. Der Vertreter des alten Glaubens, DEMEA steht denn auch zunächst durchaus auf der Seite des Skeptikers PHILO, solange es nur gegen den Gott der Vernunft zu ge-

1. D. Hume, Dialoge über natürliche Religion, übers. v. F. Paulsen, 3. Aufl. Leipzig 1905, S. 58.

hen scheint. Plötzlich aber wird er dessen inne, daß auch der Gott der Offenbarung mitbetroffen ist.

Die alte apokalyptische Welt hatte ja durchaus den Vorzug des Realismus für sich, daß sie die Schlechtigkeit der Menschen und das Elend der Welt rückhaltlos anzuerkennen vermochte; das blieb ein Vorteil, solange es gelang, den Glauben an den liebenden Gott dadurch nicht in Zweifel geraten zu lassen. Der Fall der Welt, der außerhalb der Verantwortung Gottes liegt und entweder dem ersten Menschen oder dem Teufel angelastet werden kann, scheint diese Aufgabe zu lösen. Vor einem kritischen Denken vermag freilich dieser Pseudodualismus nicht standzuhalten. Die Entlastung Gottes durch den Teufel glückt nur scheinbar und ist letztlich sophistisch. So wird dieser Gott vom Skeptizismus HUMES ebenso getroffen wie der vernünftige Gott der harmonischen Welt.

Der Vorteil besticht nur auf den ersten Blick, indem zunächst das Negative in der Welt und zuhöchst im menschlichen Leben anerkannt und nicht verharmlost wird. Der Knoten zieht sich aber hinterher zu, wenn der Skeptiker fragt, weswegen denn Gott dem Mißgeschick des Falls nicht radikal abgeholfen habe. Der Verweis auf die komplizierte Heilsgeschichte, deren Effekt überdies noch gar nicht anschaulich ist, sondern wiederum nur geglaubt werden muß, vermag nicht zu überzeugen, da der Weltzustand ja gar nicht entscheidend verändert ist. So ist letztlich auch der kirchliche Gottesglaube, der sich auf die Offenbarung stützt, dem Theodizeeproblem preisgegeben, und er hat keinen Grund, darüber zu frohlocken, daß die Gedanken eines LEIBNIZ sich nur so schwer verteidigen lassen.

HUME läßt denn auch am Ende den Vertreter der kirchlichen Frömmigkeit dem Skeptiker entsetzt zurufen: »Haltet ein! ... wohin reißt Euch Eure Einbildung fort? Ich schloß das Bündnis mit Euch, die unbegreifliche Natur des göttlichen Wesens zu beweisen und die Prinzipien des Cleanthes, der alle Dinge mit menschlichem Maßstab messen will, zu widerlegen. Und nun sehe ich Euch in alle Gemeinplätze der größten Freigeister und Ungläubigen fallen und die heilige Sache, der Ihr anscheinend Euch gewidmet hattet, verraten. Seid Ihr im Geheimen ein gefährlicherer Feind als Cleanthes selbst?«[2]

2. A. a. O. S. 126.

Hume enthüllt damit schonungslos, wie mißlich die häufig angewandte Methode des kirchlichen Glaubens ist, die Wahrheit der Offenbarung dadurch anzupreisen, daß man die Fähigkeiten des menschlichen Denkens möglichst minimalisiert und die Stadt der göttlichen Wahrheit auf dem Sumpfgelände der menschlichen Skepsis errichtet.

Cleanthes, der Vertreter des Gottes der Vernunft, läßt es sich denn auch nicht nehmen, die Fragwürdigkeit dieser Taktik hervorzuheben, bevor Demea entrüstet den Schauplatz der Diskussion verläßt. »Merkt Ihr das so spät?« entgegnet er ihm. »Glaubt mir, Demea, Euer Freund Philo hat sich von Anfang an auf unser beider Kosten Unterhaltung verschafft, und man muß gestehen, daß das unkluge Räsonnement unserer gewöhnlichen Theologie ihm eine nur zu gute Handhabe für seinen Hohn gegeben hat. Das gänzliche Unvermögen der menschlichen Vernunft, die absolute Unbegreiflichkeit der göttlichen Natur, das große und allgemeine Elend und die noch größere Verderbtheit der Menschen, dies sind sicherlich Kapitel, von denen es befremdlich ist, daß sie von rechtgläubigen Geistlichen und Doktoren so hoch in Ehren gehalten werden. In Zeiten von Dummheit und Unwissenheit mag man in der Tat mit gutem Erfolg an solchen Prinzipien sich halten, und vielleicht ist keine Ansicht der Dinge so geeignet, den Aberglauben zu fördern, wie die, welche das blinde Anstaunen, das Mißtrauen und die Schwarzseherei der Menschen begünstigt.«[3] Die unheilige Allianz der Orthodoxie mit dem Skeptizismus und Atheismus zahlt sich für den Glauben auf die Dauer nicht aus.

Indessen vermag auch die Abwehr des radikalen Skeptizismus nicht alle Argumente von Philo–Hume zu entkräften, und Kant erkannte, daß es keine Rückkehr zu Leibniz gibt.

Philos Angriff nimmt die alte Frage des Epikur auf: »Will er (sc. Gott) Übel verhüten und kann nicht? Dann ist er unmächtig. Kann er und will nicht? Dann ist er übelwollend. Will er und kann er? Woher dann das Übel?«[4] Hume könnte einräumen, daß man, wenn der Glaube an eine gütige Vorsehung bereits *vorgegeben* wäre, vielleicht den Weltlauf damit vereinbaren könnte,

3. A. a. O. S. 126 f.
4. A. a. O. S. 109.

sofern man zugibt, daß wir das Ganze nicht durchschauen. Der Glaube an die Vorsehung ist durch den Weltlauf nicht völlig widerlegt, falls die gütige Vorsehung auf andere Weise feststeht. Aber HUME kann sich durchaus nicht vorstellen, daß jemand aufgrund des so jämmerlichen, ungerechten und leidvollen Weltlaufes die These einer gütigen Vorsehung erst aufstellen und begründen wollte. Denn diese Welt ist sehr verschieden von einer Welt, wie sie ein Mensch von einer sehr mächtigen, weisen und wohlwollenden Gottheit erwarten würde.

Als mögliche Lösung bietet sich HUME der Gedanke an, der auch bei VOLTAIRE auftaucht, daß das Glück der Menschen und der Geschöpfe überhaupt gar nicht der besondere Zweck der Schöpfung sei. Vielmehr ist der Grund aller Dinge dem Glück und Unglück der Geschöpfe gegenüber gleichgültig. Diese Deutung kommt freilich einem vorsichtig umschriebenen Atheismus recht nahe. »Es lassen sich vier Hypothesen mit Bezug auf die ersten Ursachen des Weltalls bilden: daß sie mit vollkommener Güte ausgestattet sind, daß sie vollkommenes Übelwollen haben, daß sie in sich gegensätzlich sind und sowohl Güte als Übelwollen enthalten, daß sie weder Güte noch Übelwollen besitzen. Gemischte Erscheinungen können niemals für die beiden ersten, ungemischten Prinzipien beweisen; dem dritten scheint die Gleichförmigkeit und Stetigkeit allgemeiner Gesetze entgegen zu sein; das vierte scheint daher weitaus am meisten wahrscheinlich.«[5]

HUME geht also in seinem Skeptizismus nicht so weit, daß er alle metaphysischen Hypothesen für gleichwertig erachten würde. So verwirft er entschieden die Lieblingsidee Pierre BAYLES, der mit einem Seitenblick auf die Manichäer das dualistische Prinzip für im Grunde einleuchtend ansieht. Der Widerstreit der Wirklichkeit, die Gutes und Böses, Lust und Elend so undurchschaubar mischt, kann nicht damit erklärt werden, daß wir zwei entgegengesetzte Grundprinzipien, ein wohlwollendes und ein übelwollendes annehmen. Wenigstens in diesem Punkt stimmt HUME mit LEIBNIZ überein. Die einheitliche Basis des Weltgeschehens, besonders von der NEWTONschen Mechanik aus, ist zu machtvoll, um einen ontologischen Dualismus aufkommen zu lassen, der den Sinndualismus begründen könnte. Abgesehen davon treten

5. A. a. O. S. 125.

auch Gut und Böse, Glück und Unglück nicht dermaßen reinlich geschieden auf. Im gleichen Menschen kreuzen sich die Motive, die Schicksale, die Wertungen. Die Ambivalenz der Wirklichkeit ist höchstens abstrakt, aber nie konkret in zwei Ursachen aufzuschlüsseln. So zieht HUME die Einheitlichkeit eines Weltgrundes vor, der gegen Glück und Unglück der Geschöpfe indifferent ist.
Diese kümmerliche und bittere Auskunft vermag niemanden zu befriedigen. HUME hat indessen den Vorteil, daß er als Skeptiker nicht auf einem positiven System zu beharren braucht, sondern sich darauf beschränken kann, die Schwächen der anderen Systeme aufzudecken. Er begnügt sich damit, seine eigenen Thesen als bloß wahrscheinliche Hypothesen zu deklarieren und damit im Unangreifbar-Vagen zu halten.
Die Entstehung der Religion erklärt er sich überhaupt letztlich nicht aus der Vernunft, sondern aus den menschlichen Affekten. Den empirischen Verlauf dieser Entwicklung stellt er in der »Naturgeschichte der Religion« (1757) dar. Darin beschreitet er den Weg der geschichtlichen Religionskritik und widerlegt die Utopie von der ursprünglichen natürlichen Religion. Der Anfang der Religion war vielmehr primitiv; der Polytheismus ist die natürlichste und ursprünglichste Religionsform. Der Monotheismus beruht auf der Steigerung des eigenen Gottes gegenüber den Göttern der anderen. Er bietet zwar Vorteile, macht aber intolerant. Weil der Polytheismus natürlicher ist, besteht auch in den monotheistischen Religionen immer wieder die Tendenz zum Rückfall durch Einschaltung von Mittelwesen. So oder so ist das Gebiet der Religion im Ganzen der Bereich eines fragwürdigen Aberglaubens, von dem man sich am besten durch kühle Skepsis distanziert.
Wie HUME, so wendet sich auch VOLTAIRE gegen die Behauptung einer durch einen weisen, gütigen Gott gelenkten harmonischen Welt. Er weicht zwar in mancher Hinsicht von HUME ab. Auch ist zu bedenken, daß er eine Entwicklung durchgemacht hat, die ihn aus einem von LOCKE und SHAFTESBURY Begeisterten zu einem Resignierten werden ließ, dem die Vernünftigkeit des Weltlaufs angesichts der unvernünftigen Leiden nicht mehr glaubwürdig war.
Das Bild VOLTAIRES schwankt in der Geschichte gerade im Hinblick auf sein Gottesverhältnis. Er ist der einzige Philosoph, der auf seinem Gut eine Kirche baute; er versah sie mit der Dedika-

tion: *Deo erexit Voltaire* – Für Gott errichtet hat sie Voltaire. Zwei Tage vor seinem Tode schrieb er in seinem Testament: »*Je meurs en adorant Dieu, en aimant mes amis, en ne haïssant pas mes ennemis, et en détestant la superstition.*«[6] Andererseits nannte ihn Dutoit den Sekretär der Hölle, der für eine Zeitlang auf die Erde gekommen sei, ehe er wieder in die Hölle zurückkehre[7].

Dieser Zwiespalt ist darauf zurückzuführen, daß Voltaire zwar Gott verehrte, aber die christliche Kirche mit allen Mitteln bekämpfte und keinen Wert darauf legte, den von ihm angebeteten Gott mit dem Gott der Kirche zu identifizieren. Aberglaube und Fanatismus sind die Hauptziele seiner wütenden Angriffe. Gilt dem Aberglauben sein bissiger, geistreicher Spott, so dem Fanatismus sein glühender, ehrlicher Zorn.

»Écrasez l'infâme!«[8] wird für ihn zu der mit Catonischer Hartnäckigkeit wiederholten Parole, nachdem er sich im Kampf gegen den Justizmord an dem Hugenotten Calas in Toulouse für Toleranz und Menschlichkeit engagiert hatte. Schon vorher stand der in einem Jesuiten-Kollegium Erzogene im Gegensatz zu der kirchlichen Religion. Der Priestergott ist ihm ein strafender, fanatischer Tyrann, einem Moloch ähnlicher als einem guten Vater. Darüber hinaus erscheinen ihm die kirchlichen Dogmen absurd, am widersinnigsten die Lehre von der Transsubstantiation, die aus Brot Gott macht, wie er höhnisch zu sagen pflegte. Einen Gott aus Brot mag er nicht anbeten. Auch das Dogma der Dreieinigkeit erregt seinen Spott.

Voltaires Bild des christlichen Gottes ist zweifellos verzerrt. Manche Züge, die er seinem eigenen Gott der Vernunft zuschreibt, hätte er bei gutem Willen auch beim Gott des Evangeliums finden können.

Er identifiziert seinen Gott der Vernunft nicht wie Leibniz mit

6. Zit. bei R. Pomeau, La Religion de Voltaire, Paris 1956, S. 448 (Die Übersetzungen der Zitate Voltaires stammen von mir): »Ich sterbe in der Anbetung Gottes, in der Liebe zu meinen Freunden, im Nichthassen meiner Feinde und in der Verabscheuung des Aberglaubens.«
7. A. a. O. S. 7.
8. Zermalmt die Infame! Die Formel taucht zum erstenmal schon während Voltaires Einsatz für Calas kurz vor dessen Hinrichtung in einem Brief an d'Alembert vom 25. Februar 1762 auf.

dem Gott Christi. Zur christlichen Tradition hat er nur ein polemisches Verhältnis. So sieht er sich zur Utopie genötigt, wenn er seinen abstrakten Gott der Vernunft konkretisieren will. Er idealisiert ebenso unkritisch die Religion der Wilden wie die der Chinesen, so wie er andererseits ohne Prüfung jede bösartige Aussage über das Christentum lebhaft aufgreift, wenn sie sich polemisch verwenden läßt.

VOLTAIRE führt aber diesen Kampf gegen die Kirche nicht wie der engere Kreis um die Enzyklopädie von einem materialistischen Atheismus, sondern von einem erst dezidierten, dann etwas resigniert-zurückhaltenden Theismus aus. Spott gegen die Kirche schlug bei ihm wohl in Spott gegen den für ihn absurden Gott des kirchlichen Dogmas, aber nie in Spott gegen Gott selbst um, den er verehrte.

VOLTAIRES Glaube an den Gott der Vernunft wird schon früh und später immer ausgeprägter durch zwei Probleme, die ihn nicht loslassen, bedrängt. Es sind die gleichen, die HUME bewegen, nämlich der Agnostizismus und die Frage nach der Vorsehung. Aber VOLTAIRE zieht andere Konsequenzen als HUME.

VOLTAIRE hält zunächst daran fest, daß die Vernunft in der Lage ist, die Schöpfung auf ein intelligentes Wesen zurückzuführen. Hier wurzelt sein Theismus im Gegensatz zu HUMES Skepsis. VOLTAIRE bestreitet aber die Fähigkeit der Vernunft, das Wesen dieses Schöpfers zu ergründen. Weder kann erschlossen werden, daß dieser Gott ein gütiger Gott ist, noch daß er gerecht ist, die Guten belohnt und die Bösen straft. Damit aber sind aus dem Programm der natürlichen Theologie, wie es seit HERBERT VON CHERBURY zum festen Bestand der Vernunftreligion gehörte, wesentliche Stücke herausgebrochen. Weiter kann nicht erwiesen werden, daß der Schöpfer ein Garant der menschlichen Willensfreiheit ist. VOLTAIRE neigt im Gegenteil immer mehr einem Determinismus zu, der mehr schicksalhafte, ja mechanistische als providentielle Züge trägt. Die Herrlichkeit der mathematischen Naturordnung, die erst zum Preise des Gottes der Natur beitrug, beginnt immer tiefere Schatten auf die spontane Freiheit des Lebendigen zu werfen und sie ins Maschinenhafte abzudrängen. VOLTAIRE findet aus diesem Dilemma der Aufklärung, die nach Freiheit rief und sich den unerbittlichen Gesetzen der Mechanik konfrontiert sah, noch keinen Ausweg.

Der Mensch kann wohl tun, was er will; aber kann er auch wollen, was er will? Das ist seine Frage an die Befürworter der Willensfreiheit.
Diese Doppelproblematik des Agnostizismus und der mechanistischen Determination ist besonders mißlich, wenn man die Religion wie VOLTAIRE ganz auf die Vernunft aufbauen will und die konkrete religiöse Tradition ebenso verschmäht wie den irrationalen Aufschwung des unmittelbaren Gefühls, der VOLTAIRES Antipoden ROUSSEAU wie eine Woge emportrug. Gelegentlich spürt VOLTAIRE diesen Mangel selbst und schreibt etwa in dem Fragment der »instruction pour le prince royale de...« (entworfen 1752, publiziert 1767): *»Toute la nature vous a démontré l'existence du Dieu suprême; c'est à votre cœur à sentir l'existence du Dieu juste.«*[9] Solche an PASCAL oder ROUSSEAU erinnernden Wendungen bleiben aber bei VOLTAIRE ganz am Rande.
Der gerechte und vorsehende Gott wird noch fragwürdiger im Angesicht des Leidens, das die Welt überdeckt. VOLTAIRE entwikkelt für die sinnlose Qual ungezählter Lebensschicksale eine ungemeine Sensibilität. Die Versuche von LEIBNIZ, den Weltlauf als vernünftig zu deklarieren und diese Welt als die beste aller möglichen Welten auszugeben, vermögen ihn überhaupt nicht zu überzeugen. Schon früh spricht für ihn das Leiden in der Welt gegen einen gütigen Gott. Er kann, ähnlich wie HUME, die Gleichgültigkeit des Weltgrundes gegenüber Glück und Unglück der Geschöpfe in drastischen Bildern darstellen. Die Menschen gleichen gefangenen Fischen, die noch munter im Wassertrog herumschwimmen und nicht merken, daß sie zur Fastenspeise bestimmt sind. Gott kümmert sich um das Glück der Menschen ebensowenig wie ein Kapitän um das Wohlergehen der Ratten im Schiffsbauch.
Das Erdbeben von Lissabon 1755 wird für VOLTAIRE zum Anlaß, die unverständliche Irrationalität des Leidens noch stärker gegen die Behauptung, das Weltgeschehen verlaufe vernünftig-harmonisch, geltend zu machen.
In einem Gedicht nach dem Erdbeben herrscht zunächst die Stimmung der Anklage gegen den ungerechten Gott vor:

9. »Die ganze Natur hat Ihnen die Existenz des *höchsten* Gottes bewiesen; es ist die Aufgabe Ihres Herzens, den *gerechten* Gott zu fühlen.« Zit. a. a. O. S. 279.

»Quel crime, quelle faute ont commis ces enfants
Sur le sein maternel écrasés et sanglants?«[10]

Es endet in der Resignation:

»Mortels, il faut souffrir,
Se soumettre, adorer, espérer et mourir.«[11]

Es ist VOLTAIRES Größe, daß er das irrationale Leiden in der Welt so ernst nimmt, daß er es sich versagt, das Unheil durch eine scheinbare Erklärung zu verharmlosen. Er läßt es in seiner ganzen anklagenden Wucht stehen. 1756 schreibt er in einem Brief an BERTRAND, in dem er sich mit dem Erdbeben auseinandersetzt, die eindeutigen Worte:

»Le mal est sur la terre, et c'est se moquer de moi que de dire que mille infortunes composent le bonheur ... Entre nous, mon cher monsieur, et Leibniz, et Shaftesbury, et Bolingbroke, et Pope n'ont songé qu' à avoir de l'esprit. Pour moi, je souffre et je le dis.«[12]

Diese Welt ist nicht die beste aller möglichen Welten. In dem Roman »Candide« erscheint der Philosoph PANGLOSS, der die Reihe der Mißgeschicke des Helden mit solchen beschönigenden Weltdeutungen im Stil von LEIBNIZ begleitet, als ein Ideologe, der an der Wirklichkeit zum Spott wird.

Der Vernunftglaube scheint unter solchen Schlägen fast zusammenbrechen zu müssen. Da tritt ein neuer Aspekt in den Vorder-

10. »Welch ein Verbrechen, welchen Fehler haben diese Kinder begangen, die auf dem Schoß der Mutter zerquetscht und blutig liegen?« Voltaire, Oeuvres complètes, Paris 1877 ff., Bd. IX, S. 470.

11. »Sterbliche, man muß leiden,
Sich unterwerfen, anbeten, hoffen und sterben.«
A. a. O. Bd. XXXVIII, S. 556; in der ersten Fassung fehlte bezeichnenderweise das »espérer«. Das »adorer« gewann durch die düstere Verbindung mit dem »soumettre« und dem »mourir« allein an Größe der Resignation.

12. »Das Übel ist (nun einmal) auf der Erde, und es heißt sich über mich lustig zu machen, wenn man sagt, daß tausend Unglücksfälle das Glück zusammensetzen. Unter uns gesagt, mein lieber Herr, sowohl Leibniz als Shartesbury als Bolingbroke als Pope haben an nichts anderes als daran gedacht, geistreich zu sein. Ich für mich, ich leide und spreche es aus.« A. a. O. Bd. XXXVIII, S. 557. Der Brief ist vom 28. Febr. 1756 datiert.

grund, der zwar bisher auch nicht ganz fehlte, aber nunmehr im Begriff ist, die Führung zu übernehmen. KANT wird ihn in die Mitte stellen, freilich mit ganz anderer Wucht, als VOLTAIRE es vermochte.

Wird der Zusammenhang von Weltlauf und Gerechtigkeit gelöst, so bleibt doch das innere moralische Bewußtsein bestehen, das Gerechtigkeit fordert. Mit den Worten KANTS gesprochen, wird Gott zum Postulat der praktischen Vernunft. In VOLTAIRES Formulierung bedeutet es den Rückzug aus der Metaphysik, die im Nichtwissen endet (le philosophe ignorant), auf das Feld der Moral. Er schreibt an FRIEDRICH DEN GROSSEN, schon lange bevor das Erdbeben von Lissabon die Bilanz endgültig bestätigt: *Je ramène toujours, autant que je peux, ma métaphysique à la morale. J'ai examiné sincèrement, et avec tout l'attention dont je suis capable, si je peux avoir quelques notions de l'âme humaine; et j'ai vu que le fruit de toutes mes recherches est l'ignorance.*«[13]

In der bisherigen Diskussion trafen wir drei Leitgedanken an, die den Gott der Vernunft begründeten: Einmal ist es die abstrakte logische Vernunft, die aus ihren Prinzipien einen Gott als einheitlichen und intelligenten Grund allen Seins ableitet und aus seinem notwendigen Begriff seine Existenz erschließt. Dieser Weg gipfelt im ontologischen Gottesbeweis. Zum zweiten fanden wir die naturwissenschaftliche Vernunft, die in den mathematischen Gesetzmäßigkeiten der Natur die Analogie zum eigenen mathematischen Vermögen empfand und den Weltschöpfer bewunderte, der einen derart komplizierten Mechanismus zu schaffen und in Ordnung und Funktion zu erhalten weiß. Zum dritten endlich versucht die humane Vernunft dem Weltgeschehen einen vernünftigen Sinn abzuringen und verfängt sich dabei im Dorngebüsch der Theodizee.

13. »Ich führe immer, soviel ich es vermag, meine Metaphysik auf die Moral zurück. Ich habe aufrichtig und mit aller Aufmerksamkeit, deren ich fähig bin, geprüft, ob ich irgendwelche Begriffe von der menschlichen Seele haben kann; und ich habe gesehen, daß die Frucht aller meiner Forschungen die Unwissenheit ist.« Briefwechsel Friedrichs des Großen mit Voltaire, 1. Teil, 1736–1740, Publikationen aus den K. Preußischen Staatsarchiven, Bd. 81, Leipzig 1908, S. 88. Auch in »Voltaires Correspondance«, ed. Th. Besterman, Genève 1954, Bd. VI, S. 226.

Aus dem Scheitern dieses dritten Weges der Vernunft erwächst, gleichsam als Rückzugsposition, aber mit dem Anspruch auf Vertiefung und Konzentration, das Argument der moralischen Vernunft. Wenn nämlich auch der Sinn des Weltgeschehens nicht vernünftig erhellbar ist, und die Gerechtigkeit Gottes sich nicht aus dem Weltlauf ablesen läßt, so ist dennoch nicht alles der Beliebigkeit preisgegeben. Wenn es auch keine moralische Weltordnung gibt, so existiert doch ein moralisches *Bewußtsein.* Neben der denkenden Vernunft findet sich, ebenso elementar und unauslöschlich, die moralische Vernunft. Nur aus ihr ist es überhaupt erklärlich, daß die Forderung entsteht, der Weltlauf sollte sich nach moralischen Prinzipien richten. Das Faktum des moralischen Bewußtseins ist nicht zu leugnen, wenn man auch die Moralität des Weltgeschehens in Zweifel ziehen kann. Kommt in dieser Stimme nicht Gottes Wille zum Ausdruck?

VOLTAIRE hat nie an der Vernunftgemäßheit der Forderung nach Menschlichkeit und Toleranz gezweifelt. Er vermochte es freilich nicht, diesen Gedanken in der Klarheit und Tiefe auszuführen, wie es später KANT getan hat. Es bleibt ein Unbehagen übrig, weil er gelegentlich die Grenze des Opportunismus streift und den Verdacht aufkommen läßt, der moralische Gott könnte letztlich auch pädagogisch gemeint sein, um das primitive Volk im Zaum zu halten, während der Philosoph sich die Skepsis vorbehält und aus sich heraus menschlich und tolerant ist.

VOLTAIRE ist sich zwar über die Fragwürdigkeit eines solchen Opportunismus durchaus im klaren. Die Ironie ist nicht zu verkennen, wenn er in dem Artikel »Enfer« des »Philosophischen Wörterbuches« den Calvinisten sagen läßt: *»Mon ami, je ne crois pas plus l'enfer éternel que vous; mais il est bon que votre servante, votre tailleur et même votre procureur, le croient.«*[14]

VOLTAIRE selbst geht nicht so weit. Aber sein berühmt-berüchtigter Ausspruch, man müßte Gott erfinden, wenn er nicht existierte, ist doch mehr als nur eine unerlaubt saloppe Formulierung des Postulates der praktischen Vernunft. Es schwingt etwas Frag-

14. »Mein Freund, ich glaube nicht mehr als Sie an die ewige Hölle; aber es ist gut, daß Ihre Dienstmagd, Ihr Schneider und selbst Ihr Bevollmächtigter daran glauben.« Voltaire, Dictionnaire Philosophique, ed. J. Benda, Paris 1967, S. 180.

würdiges mit, das in die Nähe des Als-Ob führt. Auch aus der KANTschen Philosophie ist später eine Philosophie des Als-Ob gemacht worden.

Wir dürfen aber bei aller Kritik nicht verkennen, daß für VOLTAIRE das Gerechtigkeitsstreben, die Menschlichkeit und die Toleranz echte Impulse sind.

Ebenso echt ist sein Bedürfnis nach der Gottesverehrung, das uns verbietet, VOLTAIRE in der Richtung eines heimlichen Atheismus auszulegen. Es ist für VOLTAIRES Frömmigkeit bezeichnend, daß er nicht bei der theoretischen Fragestellung bleibt, ob Gott existiere oder nicht, sondern von Anfang an sein Interesse auf das praktische Anliegen richtet, Gott zu verehren. Die Wendung zum Praktischen ist, etwa im Hinblick auf DESCARTES, bemerkenswert.

Adorer Dieu – diese zentrale Formel ist ein Ausdruck schlichter praktischer Vernunftfrömmigkeit und hat in VOLTAIRES Vokabular ein viel zu großes Gewicht, als daß man sie übersehen könnte. Bei aller Dürftigkeit der metaphysischen Aussagen über Gott durchzieht diese einfache Forderung das Leben Voltaires wie ein roter Faden. Gewiß hat er dieses Postulat auf sehr eigenwillige Weise verwirklicht, und durch seinen zwiespältigen Charakter erlangte es nicht jene Leuchtkraft, die etwa LESSING seinem Nathan zu verleihen vermochte.

Die Adoration kann, wie wir bei VOLTAIRES Reaktion auf das Erdbeben von Lissabon gesehen haben, durchaus mit der Resignation zusammengehen. Als echt religiöse Haltung führt aber die Adoration dazu, daß VOLTAIRE zu einem entscheidenden Ausdruck der Frömmigkeit, zum Gebet, eine positive Haltung findet. Das ist auffallend, wenn wir ihn mit KANT vergleichen, der als moralischer Charakter unvergleichlich tiefer als VOLTAIRE angelegt war, aber zum Gebet kaum ein Verhältnis fand. Die praktische Frömmigkeit KANTS als moralischer Vernunftglaube führt an dieser Stelle weniger weit als das doch oberflächlichere moralische Bewußtsein VOLTAIRES. Das scheint erstaunlich, ist aber ganz verständlich. Man darf nur nicht übersehen, daß, bei allem überbordenden Spott über den Aberglauben in jeder Form, in VOLTAIRE irgendwo ein unmittelbares Element der Frömmigkeit vorhanden ist, das sich ganz unabhängig von allen Vernunfterwägungen Raum schafft. Es ist dem Spötter ein irrationales Gefühl der Ehrfurcht nicht abzusprechen. Das wird übersehen, wenn man die christliche Kirche so sehr mit der Wahrheit Gottes identifiziert, daß die Lästerungen gegen die Kirche als Gotteslästerungen erscheinen[15].

VOLTAIRES Einstellung zum Gebet bleibt freilich nicht ohne sofortige polemische Abgrenzung gegen den Aberglauben, den die Priester – gemeint sind die christlichen Priester – verbreiten. Gebet ist für VOLTAIRE der schlichte Ausdruck der sich unterwerfenden, teils vertrauenden, teils resignierenden Adoration. Das populäre Bittgebet aber ist ein von den Priestern geschürter Aberglaube. In einem Dialog läßt VOLTAIRE einen Brahmanen auftreten, der den Jesuiten darüber belehrt, daß Beten nichts anderes bedeute als sich Unterwerfen. Im Artikel »Gott« des »Philosophischen Wörterbuches« erweist sich der wilde Skythe Dondindac – der idealisierte Vertreter der unreflektierten Naturreligion – dem christlichen Silbenstecher Logomachos als überlegen, wenn er dessen Frage nach dem Gebet, die charakteristischerweise lautet: »Was erbittest du von Ihm? *Que lui demandes-tu?*« mit der schlichten Antwort zurückweist: *»Il est juste d'adorer l'Être suprême, de qui nous tenons tout ... Je le remercie des biens dont je dois, et même des maux dans lesquelles il m'enprouve; mais je me garde bien de lui rien demander: il sait mieux que ce qu'il nous faut, et je craindrais d'ailleurs de demander du beau temps quand mon voisin demanderait de la pluie.«*[16]

So bleibt es letztlich bei der Verehrung, der Vernünftigkeit und

15. Er überschreitet freilich bei seinen Possen die Grenzen des guten Geschmacks oft auf eine kaum erträgliche Weise: So ließ er noch auf dem Sterbebette den Priester zu einer Zeremonie rufen, um dann die Kommunion mit den ironischen Worten zu verweigern, er speie ja immer noch Blut, und das wäre doch gefährlich; man müßte sich sehr in acht nehmen, daß sich nicht das Blut des lieben Gottes mit seinem vermische ... Nur sein Abscheu vor der Lehre der Transsubstantion öffnet in solcher Situation noch eine Pforte für ein kleines Stücklein Verständnis.

16. »Es ist gerecht, das höchste Wesen anzubeten, von dem wir alles haben ... Ich danke ihm für die Güter, derer ich bedarf, und selbst für die Übel, in denen er mich erprobt; aber ich hüte mich wohl, nichts von ihm zu verlangen: er weiß besser, wessen wir bedürfen, und ich würde überdies fürchten, gutes Wetter zu erbitten, wenn mein Nachbar Regen erbitten würde.« A. a. O. S. 168.

der toleranten Menschlichkeit. Das vorsehende oder gütige Wirken Gottes jedoch tritt ebenso in den Hintergrund wie ein angebliches furchterregendes Strafgericht.
VOLTAIRES Gott bleibt der Gott der Vernunft, aber er wird auf ganz wenige Striche reduziert, da es nicht gelingen kann, die Welt als Vernunft zu begreifen. Die Störung der Vernunftwelt durch die irrationale Realität von Leiden und Bosheit wird nicht integriert. Weder versucht VOLTAIRE, sie vernünftig zu bewältigen wie LEIBNIZ, noch sie durch ein dunkles Prinzip zu erklären wie BAYLE, noch die irrationale Dunkelheit in Gott selbst zu verlegen wie BÖHME. Er resigniert als der »*Philosophe ignorant*« und begnügt sich mit der schlicht-vernünftigen Haltung der Anbetung und der Zurückweisung des Aberglaubens.
Auf das knappste faßt er diese Quintessenz seines Vernunftglaubens im Artikel »*Nécessaire*« des Philosophischen Wörterbuches zusammen: »*Défiez-vous de toutes les inventions des charlatans, adorez Dieu, soyez honnête homme, et croyez que deux et deux font quattre.*«[17] Deutlicher kann man die Beschränkung auf den geraden Verstand und die Abweisung irrationaler und paradoxer Tiefen nicht aussprechen. Auch die polemische Spitze gegen die kirchliche Lehre von der Dreieinigkeit Gottes fehlt nicht, wenn VOLTAIRE fordert, man solle glauben, daß zwei und zwei vier sind, im Gegensatz zum Mysterium 3 = 1.
Etwas umfassender stellt VOLTAIRE sein Bekenntnis zum humanen Gott im Artikel »Religion« dar:
»*Après notre sainte religion, qui sans doute est la seule bonne, quelle serait la moins mauvaise? Ne serait-ce pas la plus simple? Ne serait-ce pas celle qui tendrait à rendre les hommes justes sans les rendre absurdes? Celle qui n'ordonnerait point de croire des choses impossibles, contradictoires, injurieuses à la Divinité et pernicieuses au gendre humain, et qui n'oserait point menacer des peines éternelles quiconque aurait le sens commun? Ne serait-ce point celle qui ne soutiendrait pas sa créance par des bourreaux et qui n'inonderait pas la terre de sang pour des sophismes inintelligibles? celle dans la-quelle une équivoque, un jeu de mots et*

17. »Mißtraut allen Erfindungen der Scharlatane, betet Gott an, seid ehrliche Menschen und glaubt, daß zwei und zwei vier gibt.« A. a. O. S. 331.

deux ou trois chartes supposées ne ferainet pas un souverain et un dieu d'un prétre souvent incestueux, homicide et empoisonneur? celle qui ne soumettrait pas les rois à ce prêtre? celle qui n'enseignerait que l'adoration d'un Dieu, la justice, la tolérance et l'humanité?«[18]

Dieser schlichte, mit etwas Skepsis versetzte Vernunftglaube wurde im Frankreich VOLTAIRES schon zu seinen Lebzeiten durch einen radikalen Atheismus auf der einen Seite, durch eine romantische Gefühlsreligion im Sinne ROUSSEAUS auf der anderen Seite überholt.

In Deutschland dagegen macht sich Immanuel KANT daran, die moralische Religion innerhalb der Grenzen der bloßen Vernunft so tief und umfassend zu begründen, daß sein Denken eine neue Epoche der Philosophiegeschichte überhaupt einleitet und die Probleme der dogmatischen wie der skeptischen Aufklärung weit hinter sich läßt.

18. »An zweiter Stelle nach unserer heiligen Religion, die zweifellos die einzig gute ist, welche wäre wohl die am wenigsten schlechte? Wäre es nicht die schlichteste? Wäre es nicht die, die darauf hinzielte, die Menschen gerecht zu machen ohne sie absurd zu machen? Die, die nicht geböte, unmögliche Sachen zu glauben, die für die Gottheit beleidigend und für das Menschengeschlecht verderblich sind, und die es nicht wagte, jeden Beliebigen, der einen gesunden Menschenverstand hat, mit ewiger Pein zu bedrohen? Wäre es nicht die, die ihren Glauben nicht mit Henkern unterstützte, und die nicht wegen unverständlicher Sophismen die Erde mit Blut überschwemmte? Die, in der ein zweideutiges Wort, ein Wortspiel und zwei oder drei erdichtete Urkunden nicht einen Herrscher und einen Gott aus einem Priester machten, der so oft ein Blutschänder, ein Mörder und ein Giftmischer ist? Die, die nicht die Könige diesem Priester unterwürfe? Die, die einzig die Anbetung eines Gottes, die Gerechtigkeit, die Toleranz und die Menschlichkeit lehren würde?« A. a. O. S. 366 f.

6. Der Gott der praktischen Vernunft

Immanuel Kant (1724–1804)

Die deutsche Aufklärung lebte in der Stimmung des Leibnizschen Optimismus. Christian Wolff, zwar von den Pietisten befehdet, brachte den Rationalismus mit »Vernünftige(n) Gedanken von Gott, der Welt und der Seele des Menschen, auch allen Dingen überhaupt« (1719, 5. Aufl. 1732) in ein geschlossenes Schulsystem. Die Popularphilosophie breitete den Vernunftglauben aus, und wie ein Strom, dessen Bett breiter wird, an Tiefe verliert, so verflachten auch die Gedanken über den Gott der Vernunft.

In dieser Atmosphäre wuchs Immanuel Kant auf. Neben der streng pietistischen Schulung, die in ihm ebenso tiefen Eindruck wie heftige Opposition hinterließ, formten ihn zunächst die Leibniz-Wolffsche Aufklärung und die Mechanik Newtons.

Der vorkritische Kant trägt deshalb zu unserer Frage kaum Neues bei. Die Erschütterung der naiven rationalen Metaphysik aber, an der Hume einen gewichtigen Anteil hat, zwang Kant zu einer neuen, tieferen Grundlegung aller Metaphysik überhaupt und damit auch allen Vernunftdenkens über Gott.

Kants Vernunftkritik bedeutet das Ende der naiven Metaphysik, gleichzeitig aber auch den Beginn eines neuen metaphysischen Aufschwungs. Auch der Gott der Vernunft geht nicht unverwandelt aus dieser kopernikanischen Wende hervor.

Kant ist der Überzeugung, daß es ihm gelungen sei, den Vernunftglauben neu und sicher zu begründen. Die Frage nach Gott blieb ihm ein zentrales Anliegen bei seinem unentwegten Suchen nach der wirklichen Neubegründung der Metaphysik. Noch in seinen Altersfragmenten ringt er ständig um den Gottesbegriff.

Zunächst aber mußten die trügerischen Stützen abgebrochen werden. Kants Philosophie ist deshalb gleichzeitig eine radikale

Zerstörung der bisherigen Gedanken über den Gott der Vernunft und eine Neubegründung des Vernunftglaubens.
Zuerst haben wir uns der *Kritik* am bisherigen Weg zum Gott der Vernunft zuzuwenden. Sie ist ebenso umfassend wie schonungslos. KANT untersucht in der »Kritik der reinen Vernunft« (1781, 2. Aufl. 1787) die Tragfähigkeit der Vernunft und deren Grenzen. Zu diesem Zweck analysiert er die Bedingungen des Erkennens überhaupt und die Rolle der Vernunft im Erkenntnisprozeß. Dazu dient ihm die transzendentale Methode, die er als transzendentale Ästhetik und transzendentale Logik entfaltet. Als transzendental gilt eine Größe, die außerhalb der Erfahrung, aber nicht außerhalb des Erkennens überhaupt ist. Das trifft für die Bedingungen der Erfahrung zu.
Ein Gegenstand der Erfahrung wird nur gebildet, das heißt ein Erkennen kommt nur zustande, wenn das Erkenntnisvermögen des Menschen einen synthetischen Akt vollzieht und so eine Vorstellung überhaupt gestaltet. Diese Vorstellungen, und damit alle Gegenstände der Erfahrung, sind an die Strukturen des Erkenntnisvermögens gebunden. Sie sind demnach nicht identisch mit dem »Ding an sich«. Die transzendentalen Strukturen des Erkenntnisvermögens selbst, die vor aller Erfahrung, also rein oder *a priori* da sind, können gefunden werden.
Dazu gehören im Bereich der Ästhetik, also der Anschauung, die Anschauungsformen. Die äußere Anschauungsform ist der Raum, die innere die Zeit. Beide gehören nicht dem »Ding an sich« an. Im Bereich der Logik bilden die Kategorien oder die reinen Verstandesbegriffe das transzendentale Gerüst. Die wichtigste Kategorie ist die Einheit. Ohne die Einheit oder die Identität des erkennenden Bewußtseins mit sich selbst in der »transzendentalen Apperzeption« ist schlechterdings kein Erkenntnisvorgang denkbar. Zu den wesentlichen Kategorien gehört auch die Kausalität. Damit ist HUMES Skeptizismus überwunden. Denn wenn die Kausalität transzendentalen Charakter hat, ist sie allgemeingültig und nicht bloß eine statistische Wahrscheinlichkeit. Freilich ist auch der naive Realismus überholt, der die Gegenstände der Erfahrung mit den Dingen an sich gleichsetzt. Auch der bloße Phänomenalismus und der Skeptizismus sind als unsachlich erwiesen, da innerhalb der Erfahrungswelt die Gegenstände real und nicht bloßer Schein sind.

Die transzendentalen Strukturen erlauben aber nur ein Erkennen im Bereich der Erfahrung. Sie liefern keine Erkenntnisse spekulativer Natur, wie es die vorkritische Metaphysik annehmen zu dürfen glaubte. Aus bloßen Begriffen aufgebaute Gedankengebilde (Noumena) sind bloße Luftschlösser, denen bei Widerspruchsfreiheit wohl Möglichkeit, aber nicht schon Wirklichkeit zukommt. Den Ausweis der Wirklichkeit besitzen nur die in der Erfahrung auftretenden Phänomena.
Die transzendentale Logik führt demnach nicht zu der von der Metaphysik erstrebten Transzendenz, sondern umgekehrt gerade zu der Erkenntnis, daß die spekulative Vernunft *nicht* die Fähigkeit besitzt, die Grenzen zu überschreiten und den Schritt ins Transzendente zu tun. Sie bleibt im Transzendentalen und ist für das Empirische zuständig. Damit ist die Frage nach Empirismus und Rationalismus beantwortet und die Diskussion um die eingeborenen Ideen, wie sie durch DESCARTES, LOCKE, LEIBNIZ und andere geführt wurde, beendet. Der reine Empirismus ist überholt, indem der wesentliche Anteil des transzendentalen Erkenntnisvermögens für das Zustandekommen eines Erfahrungsgegenstandes überhaupt aufgezeigt ist. Der menschliche Geist ist, auch abgesehen von aller Erfahrung, keine *tabula rasa,* sondern eine gegliederte Struktur. LEIBNIZ ist gegenüber LOCKE gerechtfertigt. Ebenso sind aber auch die eingeborenen Ideen des DESCARTES aufgehoben. Denn die transzendentalen Strukturen sind keine Erkenntnis*inhalte,* sondern Werkzeuge, um Inhalte zu erfahren. Die Vernunft verfügt über keine vorgegebenen Ideen, denen metaphysische Realität zukäme.
Von diesem erkenntnistheoretischen Ansatz aus vollzieht nun Kant im zweiten Teil der transzendentalen Logik, in der transzendentalen Dialektik, die vernichtende Kritik *aller* Theologie aus spekulativen Prinzipien der Vernunft überhaupt.
Der Begriff der Vernunft selbst erfährt dadurch eine Neufassung und Erweiterung. Die Vernunft wird genau vom Verstand abgehoben. War bisher der Gott der Vernunft weitgehend einfach der Gott des Verstandes, sogar nur des gesunden Menschenverstandes, so kann fortan diese Gleichsetzung nicht mehr bestehen.
KANT erklärt den Verstand als das Vermögen der *Regeln,* die Vernunft aber als das Vermögen der *Prinzipien.* Verstandesbegriffe werden auch *a priori* gedacht, aber lediglich für die Erfahrung.

Vernunftbegriffe jedoch gehen über die Erfahrung hinaus, weil sie das Ganze und seine Einheit ins Auge fassen, die niemals in der Erfahrung selbst gegeben sind. Während Verstandesbegriffe nur zum Verstehen der Wahrnehmung da sind, dienen die Vernunftbegriffe zum Begreifen. Indem sie das Unbedingte enthalten, greifen sie über die mögliche Erfahrung hinaus, schweben aber gerade deshalb gleichsam in der Luft der bloßen Möglichkeit. Während KANT die Verstandesbegriffe Kategorien nennt, bezeichnet er die reinen Vernunftbegriffe als *transzendentale Ideen.*

Im Gegensatz zu PLATON, für den die Ideen Realitäten, ja Urbilder der Erfahrungswirklichkeit selbst sind, gelten sie bei KANT als bloße Vernunftideen, denen »kein kongruierender Gegenstand in den Sinnen gegeben werden kann«[1]. Es sind aber nicht willkürliche, sondern notwendig gebildete Begriffe, indem die Natur der Vernunft nicht anders kann, als von einer Einheit, einer Totalität der Bedingungen auszugehen.

Es gibt grundsätzlich drei Klassen von Ideen. Die erste bezieht sich auf die absolute Einheit des denkenden Subjekts, hat also anthropologisch-psychologischen Inhalt: die Seele. Die zweite hat die Einheit der Reihe der Bedingungen der Erscheinung zum Gegenstand: die Welt. Die dritte jedoch denkt die absolute Einheit der Bedingungen aller Gegenstände des Denkens überhaupt: Gott.

Diese Dreiheit kreuzt sich mit der überlieferten aufklärerischen Dreiheit der großen Ideen. Diese Dreiheit nimmt KANT für die metaphysische Fragestellung auf und erklärt: »Die Metaphysik hat zum eigentlichen Zwecke ihrer Nachforschung nur drei Ideen: *Gott, Freiheit* und *Unsterblichkeit*[2].

Der Schritt von der transzendentalen Idee zum transzendentalen Ideal besteht gleichsam in der Individualisierung. So wird der Begriff der Bedingungen aller Möglichkeiten hypostasiert zum Begriff des Urwesens oder höchsten Wesens, also zu Gott. Gott ist demnach nicht einfach eine Idee der Vernunft, sondern ein Ideal der reinen Vernunft.

1. Die Werke Kants werden zitiert nach: Immanuel Kant, Werke, ed. E. Cassirer, Berlin 1912 ff. – Kritik der reinen Vernunft, Bd. III, S. 264.
2. A. a. O. S. 271.

Wenn die Vernunft das Ideal eines höchsten Wesens als transzendentales Ideal aufstellt, so ist sie dazu völlig im Recht. Sie muß sich nur darüber im klaren sein, daß damit überhaupt nichts im Hinblick auf eine reale Existenz dieses Wesens ausgemacht ist. Es ist eine bloße regulative Idee, falls ihr nicht von anderswoher Realität zufließt. Dieses »anderswo« könnte nur das Gegebensein in der Erfahrung sein; das trifft aber gerade für die Gottesidee nicht zu. Gott ist eben kein »Phänomen«. Die Vernunft drängt jedoch danach, dem höchsten Wesen auch die höchste Realität zuzusprechen. So vollzieht sie den Schritt zu den vernünftigen Gottesbeweisen. Die ganze bisherige Metaphysik hatte sich bemüht, solche Beweise zu finden und ihre Gültigkeit darzulegen.

Es ist nun aber das Kernstück der ganzen transzendentalen Dialektik Kants, die grundsätzliche *Unmöglichkeit* aller solchen Gottesbeweise aufzudecken. Es gibt im ganzen drei Arten von Gottesbeweisen: »Der erste Beweis ist der *physikotheologische*, der zweite der *kosmologische*, der dritte der *ontologische* Beweis. Mehr gibt es ihrer nicht, und mehr kann es auch nicht geben.«[3] Der wichtigste Schritt ist die Widerlegung des ontologischen Beweises, der im Grunde der eigentliche klassische Vernunftbeweis ist.

Kant führt aus: Der Begriff eines absolutnotwendigen Wesens ist ein reiner Vernunftbegriff, eine bloße Idee, deren objektive Realität dadurch, daß die Vernunft diese Idee braucht, noch nicht erwiesen ist. Die Behauptung ist falsch, daß zu diesem Begriff die Realität schon mitgehöre, weil es einen Widerspruch ausmache, das vollkommenste Wesen als nichtexistent zu denken, da es dann nicht das vollkommenste wäre, weil ein existierendes noch vollkommener wäre. Durch die Aufhebung der Existenz wird gar kein Widerspruch geschaffen, da nicht Prädikate an einem Subjekt ausgetauscht werden, sondern das Subjekt mitsamt allen seinen Prädikaten selbst aufgehoben wird. Im Satz »Gott ist nicht« liegt an sich nicht der mindeste Widerspruch. Der Grundfehler des Beweises liegt eben darin, die Existenz als ein Prädikat, als eine Eigenschaft des Begriffs anzunehmen, so daß man die

3. A. a. O. S. 409.

Existenz bereits einschmuggelt, wenn man erst nur die Möglichkeit eines widerspruchslosen Begriffs prüft. Der Satz »Dieses oder jenes Ding existiert« ist eben kein analytischer Satz, indem die Existenz bereits im Begriff mitgegeben ist, sondern ein *synthetischer*. Anders ist es nur, wenn der Gedanke das Ding selbst ist oder wenn die Realität des Dings bereits anderweitig vorausgesetzt ist; beides trifft für den Gottesbegriff nicht zu.

»Sein ist offenbar kein reales Prädikat.«[4] Im Satz »Gott ist allmächtig« ist »allmächtig« ein Prädikat. Im Satz »Gott ist« aber setze ich kein neues Prädikat, sondern das Subjekt Gott selbst mitsamt all seinen Prädikaten; ich setze den Gegenstand in Beziehung zu meinem Begriff. Das ist etwas ganz anderes. Mit dem Satz »Das Ding ist« füge ich keine neue Eigenschaft zu dem Dinge hinzu. »Hundert wirkliche Taler enthalten nicht das mindeste mehr, als hundert mögliche.«[5]

»Unser Begriff von einem Gegenstande mag also enthalten, was und wie viel er wolle, so müssen wir doch aus ihm herausgehen, um diesem die Existenz zu erteilen. Bei Gegenständen der Sinne geschieht dieses durch den Zusammenhang mit irgendeiner meiner Wahrnehmungen nach empirischen Gesetzen; aber für Objekte des reinen Denkens ist ganz und gar kein Mittel, ihr Dasein zu erkennen, weil es gänzlich a priori erkannt werden müßte, unser Bewußtsein aller Existenz aber ... gehöret ganz und gar zur Einheit der Erfahrung.«[6]

Der Begriff eines höchsten Wesens ist wohl eine nützliche Idee und enthält keinen Widerspruch, aber die Möglichkeit der Synthesis mit der Erfahrung, die Realität verleihen würde, fehlt.

»So hat der berühmte Leibniz bei weitem das nicht geleistet, wessen er sich schmeichelte, nämlich eines so erhabenen Wesens Möglichkeit a priori einsehen zu wollen. Es ist also an dem so berühmten ontologischen (cartesianischen) Beweise, vom Dasein eines höchsten Wesens, aus Begriffen, alle Mühe und Arbeit verloren, und ein Mensch möchte wohl eben so wenig aus bloßen Ideen an Einsichten reicher werden, als ein Kaufmann an Vermö-

4. A. a. O. S. 414.
5. Ebenda.
6. A. a. O. S. 415.

gen, wenn er, um seinen Zustand zu verbessern, seinem Kassenbestand einige Nullen anhängen wollte.«[7]

Mit diesen berühmten Worten schließt die Widerlegung, die *das Ende des Gottes der Vernunft aus spekulativen Prinzipien der reinen Vernunft* darstellt. Die rationale Metaphysik hat sich niemals wieder von den Schlägen, die ihr KANT hier versetzt hat, erholen können. Selbst HEGEL mit seiner Wiederaufnahme des ontologischen Gottesbeweises vermochte das an dieser Stelle verlorene Terrain nicht wieder auf längere Frist zu besetzen. Denn KANTS Nachweis, daß Existenz kein Prädikat eines Subjektes ist, sondern die synthetische Verknüpfung des Subjekts selbst samt allen seinen Prädikaten mit der Realität, ist schlagend und trifft den Kern des Beweises, der eben darin beruht, daß Existenz zum Gottes*begriff* selbst gehöre.

Gewiß hat KANTS Widerlegung auch eine Schwäche. Es macht einen Unterschied aus, hundert nichtexistente Taler oder einen nichtexistenten Gott zu denken. Wenn Gott nicht existiert, dann ist der Gottesbegriff überhaupt sinnlos, hingegen ist der Begriff des Talers noch lange nicht sinnlos, wenn hundert Taler nicht existieren; es können dafür zweihundert andere existieren. Der Grundgedanke des ontologischen Beweises, daß es nämlich nur dann sinnvoll ist, Gott zu denken, wenn man ihn als *existierend* denkt, ist nicht absurd. Aber, daß von diesem *Gedanken* noch ein weiter Sprung zur Existenz selbst ist, das hat KANT ein für allemal dargetan.

Mit der Widerlegung des ontologischen Beweises ist das kritische Geschäft KANTS eigentlich erfüllt, denn er vermag aufzuzeigen, daß sowohl im kosmologischen wie auch im physikotheologischen Beweise an entscheidender Stelle der ontologische Schluß mehr oder weniger verdeckt vorkommt. An dieser Stelle scheitern denn auch die beiden anderen klassischen Gottesbeweise.

Der kosmologische Beweis behält die Verknüpfung der absoluten Notwendigkeit mit der höchsten Wirklichkeit bei, geht aber nicht einfach vom Begriff, also einem Gedankending, aus, sondern von der Existenz eines Wirklichen. Damit scheint zunächst ein großer Vorteil gegeben, der die Schwäche des bloß auf Begriffen aufgebauten ontologischen Beweises aufhebt. So verfährt der kosmo-

7. A. a. O. S. 416.

logische Beweis nach einer Schlußart, die »nicht allein für den gemeinen, sondern auch für den spekulativen Verstand die meiste Überredung bei sich führt«[8].

Der Beweis lautet: »Wenn etwas existiert, so muß auch ein schlechterdings notwendiges Wesen existieren. Nun existiere zum mindesten, ich selbst: also existiert ein absolutnotwendiges Wesen.«[9] Denn alles Zufällige muß eine Ursache haben; ist diese zufällig, dann eine weitere, bis man bei einer notwendigen Ursache endet.

Der Vorteil dieses Beweises ist, daß er nicht rein *a priori* geführt wird, sondern bei der Erfahrung, also bei etwas, was bereits Wirklichkeit besitzt, anhebt.

Mit diesem Beweis bringt man aber nur »den größtmöglichen transzendentalen Schein«[10] zustande. Denn die Erfahrung führt nur einen einzigen Schritt weit, nämlich zum Dasein eines notwendigen Wesens überhaupt. Damit ist aber gar nichts gesagt, denn dieses Wesen ist gänzlich eigenschaftslos. Die Eigenschaften kann man ihm aus der Erfahrung nicht mitgeben, und damit ist die reine Vernunft wieder bei sich selbst. Sie vollzieht nun die Identifikation des notwendigen Wesens mit dem allerrealsten Wesen. »Real« bedeutet dabei: mit der Fülle des Konkreten ausgestattet. Das ist aber genau der Schritt des ontologischen Beweises. »Es ist also eigentlich nur der ontologische Beweis aus lauter Begriffen, der in dem sogenannten kosmologischen alle Beweiskraft enthält«[11], und die »angebliche Erfahrung ist ganz müßig«[12].

So ist der kosmologische Beweis noch schlechter als der ontologische, weil er zusätzlich die Täuschung in sich birgt, als ginge man auf anderem Wege vor, wo man sich im Grunde doch des ontologischen Argumentes bedient. Darüber hinaus findet KANT in ihm noch »ein ganzes Nest von dialektischen Anmaßungen verborgen«[13], das ihm diesen Beweis besonders negativ erscheinen läßt. So ist der Schluß vom Zufälligen auf eine Ursache nach

8. A. a. O. S. 417.
9. Ebenda.
10. A. a. O. S. 418.
11. A. a. O. S. 419.
12. Ebenda.
13. A. a. O. S. 420.

der Kritik der reinen Vernunft nur innerhalb der Erfahrungswelt gültig, nicht aber im transzendentalen Raum, da die Kategorie der Kausalität nur auf die Erfahrung bezogen werden kann. Das ist ein Fundamentalsatz der transzendentalen Analytik. Ebenso ist der Abbruch der unendlichen Reihe der Ursachen in einer ersten Ursache nicht zulässig. Ferner ist die Selbstbefriedigung der Vernunft falsch, die einfach die erste Bedingung wegschafft und dann tut, als hätte sie ihr Geschäft vollendet. Weiter ist die logische Möglichkeit eines Begriffes aller vereinigten Realität mit der transzendentalen verwechselt.

Wohl ist es erlaubt, hypothetisch ein höchstes Wesen als letzte Ursache anzunehmen, um der Vernunft die Einheit der Erklärungsgründe zu erleichtern. Aber zu behaupten, ein solches Wesen existiere *notwendig*, ist »dreiste Anmaßung«[14].

Der kosmologische Beweis erregt offenbar KANTS stärkste Antipathie. Es ist erstaunlich, wie aggressiv er an dieser Stelle argumentiert. Das hängt damit zusammen, daß er bei diesem Beweis die gefährlichsten Schliche der Vernunft entdeckt, die er durch seine transzendentale Erkenntnislehre überhaupt erst aufgewiesen hat. Gerade an diesem Punkte stehen wir ebenso vor der Unmöglichkeit, das Verlangen unseres Verstandes zu befriedigen, wie auch uns mit diesem Unvermögen abzufinden. Es ist offensichtlich KANT schwergefallen, an dieser Stelle in der letzten Nüchternheit der Wahrhaftigkeit zu verzichten, und die Grenzen der Vernunft zu respektieren, so daß er mit besonderem Affekt diejenigen tadelt, die vorgeben, sie hätten die Schwierigkeiten überwunden.

Für ihn ist deshalb die unbedingte Notwendigkeit, deren wir als letzten Träger aller Dinge bedürfen, der »wahre Abgrund«[15] für die Vernunft, und er fügt bei: »Man kann sich des Gedankens nicht erwehren, man kann ihn aber auch nicht ertragen: daß ein Wesen, welches wir uns auch als das höchste unter allen möglichen vorstellen, gleichsam zu sich selbst sage: Ich bin von Ewigkeit zu Ewigkeit, außer mir ist nichts, ohne das, was bloß durch meinen Willen etwas ist; aber *woher bin ich denn*? Hier sinkt alles unter uns.«[16]

14. A. a. O. S. 422.
15. Ebenda.
16. A. a. O. S. 422 f.

Dieses transzendentale Objekt bleibt für uns schlechthin unerforschlich, das transzendentale Ideal aber ist nicht unerforschlich, es hat seinen Sitz in der Vernunft. Und die beiden soll man nicht identifizieren.

Mit diesem ungemein wichtigen Satz deutet KANT ein Bewußtsein dafür an, daß Gott nicht in die Vernunft integriert und also nicht als bloße Vernunft dargestellt werden kann. Das Irrationale des realen Gottes kündigt sich an. Die bloße Gottesidee dagegen kann nicht mit der Realität gleichgesetzt werden. Das ist der tiefste Grund für das Scheitern des kosmologischen Beweises, ja der Vernunftbeweise überhaupt.

Es zeigt sich an dieser Stelle erneut die Schranke des Gottes der Vernunft. Der Ansatz beim Bewußtsein, der von DESCARTES her den Gott der Vernunft trägt, ist in der Transzendentalphilosophie noch ausschließlicher geworden. Die Erfahrungswelt ist noch stärker an das Bewußtsein überhaupt gebunden, nachdem sich seit der kopernikanischen Wende KANTS »der Gegenstand« nach der »Beschaffenheit unseres Anschauungsvermögens« richtet[17].

Der Gott der Vernunft hat deshalb immer stärker *idealen* Charakter. KANT hat dies eingesehen und beharrt darauf, daß der so gewonnene Gott, der als Ideal der Vernunft eben auch nicht unerforschlich sein kann, eine notwendige Konstruktion der Vernunft, aber gerade deshalb auch nur ein Grenzbegriff der Vernunft selbst sei. Die Identifikation dieser Vernunftidee mit dem *realen* allfälligen höchsten Wesen ist nicht durchführbar. Diese Identifikation, die das Kernstück der bisherigen vernünftigen Theologie war, ist dialektischer Schein, Blendwerk und bare Illusion.

Die Klarheit der Einsicht, daß aus dem transzendentalen Höhenweg der Vernunft nur die Vernunftidee selbst erreicht wird, daß aber so der Schritt in die Realität der transzendenten Welt nicht getan werden kann, führt KANT zu der Heftigkeit seiner Ausfälle gegen diejenigen, die diesen Tatbestand dialektisch zu überspielen versuchen, wodurch dasjenige, das »doch nur Idee sein kann, realisiert und hypostasiert wird«[18].

Die Idee des höchsten Wesen ist demnach schlicht ein regulatives

17. A. a. O. S. 18.
18. A. a. O. S. 424.

Prinzip der Vernunft, um die Welt als Einheit zu verstehen. Wer aus dem regulativen Prinzip ein konstitutives macht, begeht eine Unterschiebung.

Nach dieser Beweisführung hat der dritte Gottesbeweis, der physiko-theologische, keinerlei Chancen mehr. Er verdient zwar »jederzeit mit Achtung genannt zu werden«[19] und ist »der älteste, kläreste und der gemeinen Menschenvernunft am meisten angemessene«[20]. Er beruht auf folgendem Grundgedanken: In der Welt finden sich Ordnungen, die mit Weisheit nach bestimmter Absicht durchgeführt sind. Diese Ordnungen hängen den Dingen aber nur zufällig an, sie sind nicht von Natur in ihnen begründet, da die Mannigfaltigkeit der Ordnungen sonst nicht zu einer einheitlichen Harmonie zusammenstimmen würde. Also sind sie durch ein vernünftiges, anordnendes Prinzip, nach zugrundeliegenden Ideen, angelegt. Es existiert demnach eine erhabene und weise Ursache, die nicht bloß alles naturhaft hervorgebracht hat (gegen HUMES Hypothese), sondern die Welt durch Intelligenz und Freiheit geschaffen hat. Diese Ursache ist eine einheitliche (gegen BAYLES Hypothese) wegen der Einheit der wechselseitigen Beziehungen der Teile der Welt.

Indessen führt die Analogie mit dem schaffenden Menschen nur zu einem Weltbaumeister, nicht zu einem Weltschöpfer; man kann so auch nur eine sehr große, aber keine absolute Vollkommenheit postulieren.

Um zu seinem Ziel zu kommen, braucht der physikotheologische Beweis deshalb noch eine Unterstützung, indem aus der Zufälligkeit der Welt selbst, der die Ordnung eingepflanzt ist, das schlechthin notwendige Wesen postuliert wird. Das heißt aber nichts anderes, als daß man unvermerkt in transzendentale Begriffe übergeht, in die Bahn des kosmologischen und damit des ontologischen Beweises einmündet und an der gleichen Klippe wie die beiden ersten Beweise scheitert.

Deshalb ist der physikotheologische Beweis wohl nützlich und empfehlenswert, bringt es aber keineswegs zu jener Gewißheit, die für einen Beweis unerläßlich ist.

So endet die Untersuchung dort, wo sie enden *mußte:* Bei der

19. A. a. O. S. 429.
20. Ebenda.

grundsätzlichen, schonungslosen Kritik *aller* Theologie aus spekulativen Grundsätzen der Vernunft überhaupt.
In seinem vernichtenden Globalurteil hält KANT fest: »Ich behaupte nun, daß alle Versuche eines bloß spekulativen Gebrauchs der Vernunft in Ansehung der Theologie gänzlich fruchtlos und ihrer inneren Beschaffenheit nach null und nichtig sind; daß aber die Prinzipien ihres Naturgebrauchs ganz und gar auf keine Theologie führen, folglich, wenn man nicht moralische Gesetze zum Grunde legt, oder zum Leitfaden braucht, es überall keine Theologie der Vernunft geben könne. Denn alle synthetischen Grundsätze des Verstandes sind von immanentem Gebrauch; zu der Erkenntnis eines höchsten Wesens aber wird ein transzendenter Gebrauch derselben erfordert, wozu unser Verstand gar nicht ausgerüstet ist.«[21]
Damit scheint das Ende aller Vernunfttheologie überhaupt gegeben. Das ist jedoch nicht KANTS Absicht, denn er läßt einen Weg offen, indem er eine Vernunfttheologie, die das moralische Gesetz zugrunde legt, von dem Verdikt ausnimmt. In der Tat ist diese Konzentration auf die praktische Vernunft – man könnte es auch Rückzug nennen – der Weg, auf dem KANT den Gott der Vernunft neu und sicher begründen zu können hofft.
Welcher Art ist die Kraft der praktischen Vernunft, daß sie leisten soll, was der reinen theoretischen Vernunft versagt bleibt? Sie liegt in der Würde des moralischen Prinzips, das das oberste Interesse der Vernunft überhaupt ist und deshalb den Primat besitzt. Hat also die praktische Vernunft ursprüngliche Prinzipien a priori, deren Voraussetzungen theoretische Sätze wären, die die spekulative Vernunft von sich aus nicht erreichen kann, dann hat die theoretische Vernunft diese Sätze zu akzeptieren. Sie dienen freilich nicht der Erweiterung der spekulativen Vernunft selbst, sondern sind nur im Hinblick auf den praktischen Gebrauch als Realität anzunehmen; sie bleiben in ihrer Position als bloße Voraussetzungen der feststehenden Prinzipien der praktischen Vernunft.
Genau diese Situation besteht nun nach KANT für die transzendentale Idee der Freiheit als Voraussetzung und Bedingung der sittlichen Verantwortung überhaupt, darüber hinaus aber auch

21. A. a. O. S. 436 f.

für die beiden anderen transzendentalen Idee »Gott« und »Unsterblichkeit«. Diese Ideen sind nicht direkt in der reinen praktischen Vernunft gegeben, sind aber Voraussetzung ihrer Prinzipien.

Inhalt der reinen praktischen Vernunft ist lediglich das sittliche Prinzip der Pflicht selbst, das Phänomen des Sollens, in dem Gut und Böse unterschieden werden. Als kategorischer Imperativ hat dieses Phänomen eine ganz andere Dimension als alle Neigungen und alles Verlangen nach Wohlergehen. Nur dies Prinzip der Pflicht allein ist eigentlich moralisch, alle anderen Imperative sind nur solche der Nützlichkeit oder Klugheit. Es sind hypothetische, von fremden Zwecken abhängige, nicht kategorische, in sich selbst gegründete Imperative.

Entscheidend für die ganze Grundhaltung KANTS ist nun die These, daß alle sittlichen Begriffe »völlig a priori in der Vernunft ihren Sitz und Ursprung haben«[22] und daß »in dieser Reinigkeit des Ursprungs eben ihre Würde liege, um uns zu obersten praktischen Prinzipien zu dienen«[23].

Die Würde des Sittengesetzes besteht für sich und ist vorerst von der Hypothese eines Weltenschöpfers und Herzenskündigers ganz unabhängig. Dieses moralische Gesetz als transzendentale Grundstruktur des Menschseins und seiner Würde überhaupt ist das Unbezweifeltste, was es gibt. Es ist von apodiktischer Gewißheit, steht für sich selbst fest und ist ein Faktum der Vernunft, das keiner Bestätigung *a posteriori* durch die Erfahrung bedarf. An dieser Unbedingtheit der Voraussetzung hängt alles. Sie ist ebenso gewiß wie die apriorischen Strukturen der Mathematik oder wie das cartesianische »*cogito sum*«.

Die Gewißheit des Ausgangspunktes wird freilich mit einer grundsätzlichen Einengung erkauft. Wieder geht der Weg ganz nach innen, ins Bewußtsein. Das Moralische ist lediglich ein Sollen, ohne daß etwas darüber ausgesagt ist, wieweit das äußere Geschehen von diesem Prinzip mitbestimmt wird. Indem das Moralische als rein in der Vernunft *a priori* liegend erfaßt wird, leistet KANT auf den Gedanken einer moralischen Weltordnung Verzicht. Die Bedeutung dieses Rückzuges wird besonders manifest,

22. Grundlegung zur Metaphysik der Sitten, Bd. IV, S. 268.
23. A. a. O. S. 268 f.

wenn wir ihn mit dem Anspruch vergleichen, den LEIBNIZ oder HEGEL an die moralische Vernunftgemäßheit des Weltlaufs gestellt haben. Dem Sollen entspricht bei KANT keine Weltordnung, die die Herrschaft des Guten in der Sinnenwelt mit der Kraft eines Naturgesetzes garantierte. Die Verknüpfung des Guten mit dem Wirklichen, die bei KANT als das Problem der Übereinstimmung von Würdigkeit und Glückseligkeit auftritt, erfolgt bei ihm über den Gedanken des höchsten Gutes und der Unsterblichkeit. Es ist ein unausweichlicher Rückzug gleichsam aus der Welt in den Himmel. In dem Aufsatz über das Mißlingen aller philosophischen Versuche in der Theodizee geht er sogar so weit, daß er die Übereinstimmung des Schicksals der Menschen mit einer göttlichen Gerechtigkeit nach den Begriffen, die wir uns von ihr machen, in einer künftigen Welt so wenig wie hier erwartet.

Das Sittengesetz ist jedenfalls nicht aus einer erfahrbaren Ordnung dieser Welt abzuleiten. Es ist für KANT in seiner Erhabenheit gerade der unbedingte Künder einer *anderen*, höheren Welt. Das Innewerden der »Pflicht« ist die entscheidende numinose Erfahrung KANTS, und es schwingt so viel Tiefes mit, wenn er davon redet, daß man sich fragen kann, wieweit das alles noch unter den kühlen Begriff der praktischen Vernunft zu subsumieren ist. Untergründig ist ein irrationaler Enthusiasmus, den man KANT nicht absprechen sollte, mitbeteiligt. Die mathematische Ordnung des Kosmos (der »bestirnte Himmel über mir«[24]) stimmt KANT wohl auch zu Gefühlen der Erhabenheit. Trotzdem hat er dem physikotheologischen Gottesbeweis nicht die eigentliche Kraft zugebilligt. Die Erfahrung des moralischen Gesetzes in seinem Innern greift tiefer. Damit wird diese Sinnenwelt zweitrangig. Der Mensch erlebt sich als Bürger einer anderen Welt, die durch den Vernunftcharakter des Sittengesetzes geprägt ist.

Dadurch wird KANTS Gott der Vernunft von der Theodizeefrage entlastet, die nach KANT unlösbar ist[25].

Das alles wird deutlich, wenn wir uns jenes Hymnus an die Pflicht erinnern, der an zentralster Stelle der Kritik der prakti-

24. Kritik der praktischen Vernunft, Bd. V, S. 174.
25. Vgl. Über das Mißlingen aller philosophischen Versuche in der Theodizee, Bd. VI, S. 119 ff.

schen Vernunft steht. Gerade, nachdem KANT gegen die moralische Schwärmerei der Stoiker polemisiert und »nüchterner, aber weiser Disziplin der Sitten« das Wort geredet hat, ruft er aus: »*Pflicht* du erhabener großer Name – ... welches ist der deiner würdige Ursprung, und wo findet man die Wurzel deiner edlen Abkunft, welche alle Verwandtschaften mit Neigungen, stolz ausschlägt, und von welcher Wurzel abzustammen die unnachlaßliche Bedingung desjenigen Werts ist, den sich Menschen allein selbst geben können?
Es kann nichts Minderes sein, als was Menschen über sich selbst (als einen Teil der Sinnenwelt) erhebt, was ihn an eine Ordnung der Dinge knüpft, die nur der Verstand denken kann, und die zugleich die ganze Sinnenwelt, mit ihr das empirisch-bestimmbare Dasein des Menschen in der Zeit und das Ganze aller Zwecke (welches allein solchen unbedingten praktischen Gesetzen, als das moralische, angemessen ist) unter sich hat. Es ist nichts anderes als die *Persönlichkeit,* d. h. die Freiheit und Unabhängigkeit von dem Mechanism der ganzen Natur.«[26]

Mit dem Stichwort der Pflicht ist demnach unauflöslich die Freiheit verknüpft. Damit ist der Überstieg vom konkret im Menschen auftretenden, das menschliche Wesen konstituierenden Sollen zu einer der transzendentalen Ideen geschaffen. Denn die Freiheit, deren Möglichkeit, aber nicht Wirklichkeit durch die spekulative Vernunft *a priori* dargetan werden konnte, ist die Bedingung des moralischen Gesetzes, von dessen apriorischen Realität wir unbedingt wissen. So ist das moralische Gesetz die *ratio cognoscendi* der Freiheit, die Freiheit aber die *ratio essendi* des moralischen Gesetzes.

Die gesetzgebende Norm der Maximen als alleiniger zureichender Bestimmungsgrund des Willens kann nämlich nur durch die Vernunft vorgestellt werden und ist kein Gegenstand der Sinne. Ein so geprägter Wille ist anderen Bestimmungsgründen unterworfen als der Naturkausalität, die der Sinnenwelt angehört. Diese Art Unabhängigkeit nennt KANT Freiheit im strengsten, transzendentalen Sinne. Als Unabhängigkeit ist es Freiheit im negativen Sinne, als Autonomie der reinen praktischen Vernunft aber Freiheit im positiven Sinne. Das moralische Gesetz ist dem-

26. Kritik der praktischen Vernunft, S. 95.

nach seinem Wesen nach gar nichts anderes als die Autonomie der praktischen Vernunft selbst.
Damit ist freilich nur die Idee der *Freiheit* begründet. Die Realität der Idee *Gott*, auf die wir ausgehen, ist jedoch nicht direkt Bedingung des moralischen Gesetzes. Das Sittengesetz ist nicht religiös. KANT muß deshalb einen Umweg einschlagen, um auch die Idee »Gott« als real aus dem Sittengesetz hervorgehen zu lassen. Dazu dient der Begriff des höchsten Gutes. Das höchste Gut ist die Einheit von Tugend und Glückseligkeit, und zwar unter der Führung der Tugend, die das oberste Gut ist. Das heißt, daß der Mensch die Tugend erstreben soll, auch wenn die Glückseligkeit nicht daraus folgt, sondern nur die Würdigkeit.
Tugend und Glückseligkeit sind nicht identisch. Ihre Verknüpfung ist vielmehr fraglich und findet nicht von selbst innerhalb der Sinnenwelt statt. Die Verknüpfung ist aber *a priori* notwendig, da es die Pflicht des freien Willens ist, das höchste Gut hervorzubringen. Die Möglichkeit muß deshalb *a priori* gegeben sein; das höchste Gut ist demnach nur in der intelligiblen Welt realisierbar.
Daraus folgt für KANT, daß die transzendentalen Ideen Gott und Unsterblichkeit als Bedingung der Möglichkeit des höchsten Gutes Realitäten sind.
Vollkommenheit nämlich ist nur bei einem ins Unendliche fortschreitenden Existieren denkbar; damit ist die Unsterblichkeit begründet. Die Glückseligkeit jedoch, die nicht direkt mit der Tugend verknüpft ist, bedarf noch einer äußeren Ursache. Nur Gott, der Garant der Vereinigung von Tugend und Glückseligkeit, kann eine solche Ursache sein. Damit ist die Existenz Gottes als notwendig postuliert. Zudem geht daraus hervor, daß Gott moralische Gesinnung und Intelligenz als Fähigkeit, Gesetze vorzustellen, besitzt.
Da das Streben nach dem höchsten Gute Pflicht ist, ist es eine subjektive moralische Notwendigkeit, die Existenz Gottes vorauszusetzen. Die bloße Hypothese der theoretischen Vernunft wird damit im Zusammenhang mit dieser praktischen Forderung Glaube, und zwar reiner Vernunftglaube, da die reine Vernunft allein die Quelle ist, aus der er entspringt. Für die spekulative Vernunft ist damit nichts gewonnen. Durch die Tatsache, daß die Ideen durch die praktische Vernunft als existierend dargetan sind,

ergibt sich keine neue Erkenntnis, durch die das Feld der theoretischen Vernunft erweitert würde. Dennoch ist der Weg der spekulativen Vernunft nunmehr als sinnvoll und positiv ausgewiesen. Er hatte die Denkmöglichkeit der Ideen aufgezeigt. Und indem er bewies, daß von der spekulativen Vernunft her keine Möglichkeit besteht, den Streit zu entscheiden, ist ebenso erwiesen, daß es unmöglich ist, die Nichtexistenz Gottes durch die Vernunft darzutun. Der spekulative Atheismus ist endgültig überwunden. Der Glaube, der auf das unerschütterliche Fundament des moralischen Gesetzes gebaut ist, kann nicht mehr in Frage gestellt werden. Das ist der Sinn von KANTS Ausspruch, er müsse das Wissen beseitigen, um für den Glauben Platz zu schaffen. Der Glaube, den er meint, ist nicht der Kirchenglaube, sondern der reine Vernunftglaube. Das beseitigte Wissen jedoch ist bloß das spekulative Scheinwissen. So kann er die Umwege der Vernunft geradezu als »wohltätigste Verirrung«[27] preisen. Es ist gleichsam die säkularisierte *»felix culpa«* AUGUSTINS.

Es ist erstaunlich, zu sehen, welche Überzeugungskraft KANT dieser Argumentation, die über das höchste Gut zu Gott führt, zugebilligt hat. Der Überstieg scheint doch teilweise recht künstlich und ungemein schwach abgestützt zu sein. Wenn man bedenkt, wie KANT den ontologischen, den physikotheologischen und speziell den kosmologischen Gottesbeweis bis in die letzten Schlupfwinkel hinein nach Schwächen abgesucht hat, dann fragt man sich, was geschähe, wenn man auch seinen Beweis mit denselben Maßstäben messen wollte.

Die Verknüpfung der Tugend mit der Glückseligkeit geht keineswegs so notwendig aus dem kategorischen Imperativ hervor wie die Freiheit. Wenn das Sittengesetz so autonom ist, dann ist durchaus eine Welt denkbar, in der die Einheit von Tugend und Glückseligkeit nicht erreicht wird, um so mehr als KANT darauf verzichtet, diese Einheit in der Sinnenwelt festzustellen. Der Schluß über die Zufälligkeit der Verknüpfung auf eine außenstehende Ursache ist derselbe, wie er von KANT beim physikotheologischen Beweis kritisiert worden ist. Nur die Freiheit selbst ist als unabdingbare Voraussetzung des Sollens einleuchtend zu machen.

27. A. a. O. S. 117.

Man könnte sich denken, daß vom Sollen aus, das eine in uns offenbar werdende höhere Ordnung des Seins darstellt, direkter auf ein höchstes Wesen geschlossen werden könnte, das hinter dem Sollen steht, gerade weil das Sollen bei Kant von numinoser Erhabenheit ist. KANT selbst geht gelegentlich solchen Gedanken nach, wenn er die »ursprüngliche moralische Anlage in uns überhaupt« in ihrer Unbegreiflichkeit als eine »göttliche Abkunft verkündigende(n) Anlage«[28] versteht, die auf das Gemüt bis zur Begeisterung wirken muß.

Wenn aber auch der Umweg über das höchste Gut problematisch ist und nicht zu überzeugen vermag, so hat KANT doch auch gute Gründe, nicht nur vom Faktum des Sittengesetzes aus direkt auf die Existenz Gottes zu schließen. Es würde sich nämlich dann die Frage stellen, ob Gott überhaupt etwas anderes sei als ein reiner Grenzbegriff, als das Woher des Sittengesetzes. Dann wäre er nur noch die Stimme des Sittengesetzes in uns selbst, die Autonomie der sittlichen Gesetzgebung, und vom tiefsten Ich nicht mehr zu unterscheiden. Mit solchen Möglichkeiten hat KANT bis in die Fragmente des Nachlasses hinein gerungen, ohne das Problem ganz zu bewältigen.

Eine solche Theologie der Vernunft, die direkt auf eine Theologie des Als-Ob zusteuert, war jedoch nicht KANTS eigentliche Absicht. Gott ist der Sache nach mehr als das regulative Prinzip der spekulativen und die innerste Stimme der praktischen Vernunft. Für ihn hat Gott objektive Realität, auch wenn diese nicht theoretisch demonstrierbar ist. Gerade das höchste Gut läßt ihn als etwas erscheinen, was die bloße Stimme des Sittengesetzes übersteigt.

In all diesen Gedankengängen hat KANT den Gott der Vernunft rein aus dem Vernunftdenken heraus entwickelt. Er hat ihn nicht mit dem Gott der christlichen Überlieferung in Beziehung gesetzt. Diesen wichtigen Schritt seiner Theologie der Vernunft vollzieht er in der »Religion innerhalb der Grenzen der bloßen Vernunft« (1793).

Er geht anders vor als DESCARTES, der die Vernunftaussagen unpolemisch neben die Dogmen der überlieferten Kirchenlehre stellt und diese als geoffenbarte Wahrheit kühl respektiert; anders als

28. Religion innerhalb der Grenzen der bloßen Vernunft, Bd. VI, S. 190.

Bayle, der Vernunft und Glaube einander gegenüberstellt, sich aber dem Glauben unterwirft; anders als Voltaire, der den Gott der Vernunft dem Gott des Christentums polemisch entgegensetzt; anders als Leibniz, der den Gott der Vernunft mit dem Gott des Evangeliums zu identifizieren sucht.

Kant interpretiert die christliche Religion streng nach dem Kanon des reinen praktischen Vernunftglaubens und scheidet alles als Aberglauben und Afterdienst aus, was ihm nicht entspricht. Er leitet damit eine Reform der Kirche und der Theologie selbst ein. Leibniz hatte wohl abstrakt auch postuliert, Widervernünftiges wäre aus der Kirchenlehre als nicht geoffenbart auszuscheiden; konkret hat er dieses Kriterium aber kaum angewandt, um spezielle Dogmen zu beseitigen. Nicht einmal die seinen Tendenzen zuwiderlaufende Auffassung, die Mehrzahl der Menschen müßte ewige Höllenstrafen erdulden, hat er eindeutig abgelehnt.

Kant dagegen interpretiert das Evangelium unter scharfer Kritik am Pfaffentum[29]. Nur was im Raume des moralischen Vernunftglaubens Platz hat, entgeht dem Urteil, es sei Aberglaube. Die Religion konzentriert sich demnach auf den Kampf zwischen dem guten und dem bösen Prinzip, welcher den Sinn der Weltgeschichte ausmacht. Das Böse ist dabei durchaus als aktiver, böser Wille genommen und nicht bloß als fehlendes Gutes verharmlost.

Mit dieser Grundbestimmung nimmt Kant ein dualistisches, apokalyptisches Element aus der christlichen Überlieferung auf, das Leibniz gerade aus seiner harmonischen Welt verdrängt hatte. Kant ist denn auch realistisch genug, um in der Erkenntnis, daß »die Welt im Argen liege«[30] die »heroische Meinung«[31], alles ginge vom Schlechteren zum Besseren, zurückzuweisen.

Ganz besonders sieht er den Menschen nicht auf dem begeisterten Wege zur Erringung des höchsten Gutes. Vielmehr ist der Mensch radikal böse. Das heißt, es hat in ihm eine unbegreifliche Verkehrung in der Hierarchie der Maximen stattgefunden, indem die Pflicht nicht mehr den obersten Rang einnimmt. Der Mensch hat einen Hang zum Bösen. Das Böse ist keineswegs bloß eine Bestimmung der Sinnlichkeit, sondern vielmehr des Willens, indem

29. A. a. O. S. 325 ff.
30. A. a. O. S. 157.
31. A. a. O. S. 158.

der Mensch andere Maximen als diejenige der Pflicht in seinen Willen als oberste Bestimmungskräfte aufnimmt.
Diese Fehlentscheidung ist in der Schicht des Intelligiblen, außerhalb der Sinnenwelt, gefallen. So erscheint der Mensch als von Natur böse.
Diese Aufnahme der christlichen Erbsündenlehre und des christlichen Menschenbildes in den Vernunftglauben hat KANT den Tadel GOETHES eingetragen. Er entspricht jedoch einfach der realistischen Weltbetrachtung KANTS.
Von höchster Bedeutung ist nunmehr, daß KANT, in einer entmythologisierenden Interpretation des Sündenfallgedankens, die *Unerklärbarkeit* dieser Sache hervorhebt. »Der Vernunftursprung aber dieser Verstimmung unserer Willkür in Ansehung der Art, subordinierte Triebfedern zu oberst in ihre Maximen aufzunehmen, d. i. des Hanges zum Bösen, bleibt uns unerforschlich.«[32]
Die ursprüngliche Anlage des Menschen muß eine Anlage zum Guten sein. Es ist gar kein begreiflicher Grund vorhanden, woher das moralische Böse zuerst in uns gekommen sein könnte.
Wir haben schon wiederholt darauf hingewiesen, daß KANT die Verwirklichung des höchsten Gutes in einem Jenseits der Sinnenwelt sieht und den Gott der Vernunft, der alles in Harmonie ordnet, in eben diesem Jenseits tätig denkt. Dieser Rückzug ist im Grunde eine Preisgabe der konkreten Wirklichkeit. Die Wucht, mit der KANT nunmehr das Unbegreifliche des faktischen Hanges zum Bösen hervorhebt, verstärkt diesen Eindruck. Die Verlegung des Ursprungs des Bösen aber ins Intelligible selbst vertieft die Problematik ungemein. KANT sieht sich an dieser Stelle einem *Einbruch des Irrationalen* gegenüber, der nicht durch die Vernunft zu bewältigen ist. SCHELLING wird später an eben diesem Abgrund die Wende seiner Philosophie erleben.
Die widervernünftige Wirklichkeit steht gegen den Gott der bloßen Vernunft auf. Es ist KANTS Größe, daß er es nicht versucht, das Unheimliche dieser Situation zu beschönigen, indem er doch irgendwie diesen »Sündenfall« durch die Vernunft erklärt und damit rechtfertigt, so daß er als besondere Weisheit des Schöpfers erscheint. Weder die durch LEIBNIZ wiederaufgenommene Idee AUGUSTINS von der »*felix culpa*« noch HEGELS Versuch, die

32. A. a. O. S. 183.

Notwendigkeit des Negativen durch die Vernunft ganz zu durchleuchten, erreichen die nüchterne Tiefe KANTS, der die unheimliche Unbegreiflichkeit anerkennt.
Der moralische Vernunftglaube begnügt sich freilich nicht damit, die Verderbnis zu konstatieren und zu resignieren. Er ruft die Gegenkräfte auf, um das, was nicht zu erklären ist, praktisch zu überwinden. Das Erlösungswerk Christi wird durch KANT in der Weise interpretiert, daß eine Gott wohlgefällige Menschheit, ein »Sohn Gottes«[33] entsteht, wenn die Umkehrung in der Hierarchie der Maximen gelingt. KANT vermag zwar nicht rational anzugeben, wie das zu geschehen vermöchte. Er ist aber der Ansicht, daß es möglich sein müsse, wenn auch das Umgekehrte, ebenso Unbegreifliche möglich war. Die »*Revolution* in der Gesinnung im Menschen«[34], durch die der neue Mensch entsteht, ist notwendig, also möglich. »Denn, wenn das moralische Gesetz gebietet, wir *sollen* jetzt bessere Menschen sein: so folgt unumgänglich, wir müssen es auch können.«[35]
Die christliche Heilsgeschichte wird so im Rahmen der Vernunft moralisch existentialisiert. Keineswegs aber ist es eine Individualisierung im pietistischen Sinne. Im Mittelpunkt des Zieles der Weltgeschichte steht vielmehr die Gemeinschaft der Menschen unter bloßen Tugendgesetzen, mit anderen Worten: die Gründung eines Reiches Gottes auf Erden. Wir können eine gewisse Spannung dieses Ziels, in dem die christliche Eschatologie in die geschichtliche Zeitlichkeit hineingenommen wird, mit den Ausführungen in der »Kritik der praktischen Vernunft« bemerken. Dort war das Ziel des höchsten Gutes ganz in das Jenseits verlegt.
Abgesehen von dieser Differenz aber ist es ein außerordentlich bedeutsamer Schritt KANTS, daß er die Stiftung des Reiches Gottes, im Sinne des Vernunftglaubens interpretiert, dermaßen zum Zentrum der konkreten Religionsphilosophie gemacht hat.
Er hat damit Strukturen des evangelischen Christentums, die lange im Hintergrunde gestanden hatten, neu und wirksam in den Mittelpunkt gerückt. Er geht damit weit über das Reich der Geister hinaus, das schon LEIBNIZ ins Auge gefaßt hatte. Wenn auch

33. A. a. O. S. 201 f.
34. A. a. O. S. 187.
35. A. a. O. S. 191.

KANTS Rationalismus in der protestantischen Theologie und Kirche nicht direkt durchdrang, sondern im Zuge der romantischen Erweckung und Restauration, die alles Aufklärerische austilgte, zurückgedrängt wurde, so haben doch Grundstrukturen dieses Denkens vorab in der zweiten Hälfte des 19. Jahrhunderts die Kirche und Theologie entscheidend beeinflußt. Der eine Name Albrecht RITSCHL sei für viele andere erwähnt. Auch das Reich Gottes wird bei KANT ganz im Rahmen des Moralischen gesehen. Alles Numinose, Wunderhafte und Überschwengliche ist daraus entfernt. KANTS Religionslehre hat durch diese strenge Reduktion an Hand des Kanons der praktischen Vernunft nicht den Reichtum an Substanz wie diejenige von LEIBNIZ oder von HEGEL. Durch die interpretierende Aufnahme der christlichen Tradition ist sie aber auch nicht so dürftig wie die Sätze VOLTAIRES. Sie ist jedoch durch die moralische Engführung außerordentlich karg und nüchtern. Gerade durch die Auseinandersetzung mit der christlichen Tradition, verbunden mit der strengsten Vernunftselektion, vermag KANT zu zeigen, welche Substanz eine Religion der bloßen Vernunft im äußersten Falle zu erlangen vermag.

KANTS Bedeutung für die Suche nach einem Gott der Vernunft kann gar nicht überschätzt werden. In nüchterner Wahrhaftigkeit steht er an der Grenze des Reiches der Spekulation Wache, damit nicht eine sich selbst überschätzende Vernunft sich scheinbare Kompetenzen anmaße, die nur täuschen. Gleichzeitig wehrt er die Skepsis ab und weist auf, daß die Vernunft als Ganzes so unfähig nicht ist, wie Skeptiker und Orthodoxe in unheiliger Allianz es haben wollen. Von da aus wirkt KANT wie eine Widerlegung der Dialoge HUMES. Endlich zeigt KANT auf, wie nicht nur die Schönheit und die mathematischen Strukturen Anlaß geben, die Erhabenheit Gottes zu verehren, sondern ebenso die spezifisch menschliche Struktur des Wissens um Gut und Böse.

Freilich hat KANTS Denken auch seine Grenzen. Er geht, wie DESCARTES, einseitig vom Bewußtsein aus und hat deshalb die größten Schwierigkeiten, von der höchsten Idealität zur Realität zu gelangen. Diese Idealität ist zudem so ganz von der Vernunft durchstrukturiert, daß das Nichtvernünftige der Wirklichkeit in den Hintergrund tritt. Es ist KANT hoch anzurechnen, daß er sich dem Problem des Bösen dann so realistisch gestellt hat und den Versuch unterlassen hat, es in die Vernunft hinein zu integrieren.

Damit aber bleibt es praktisch auch irgendwie außerhalb des Vernunftgottes KANTS. Sein Gott der praktischen Vernunft ist der Garant der Vereinigung des Sollens mit der Glückseligkeit. Er ist gleichsam nur im Sollen präsent. Das Böse hat eine seltsam zwielichtig-selbständige Existenz. Die Abgründigkeit seines Verhältnisses zu Gott ist nicht bewältigt; der Schatten Jakob BÖHMES ist nicht überwunden.

Es ist selbst KANT nicht gelungen, Gott auf Vernünftigkeit zu reduzieren, ohne Teile der Wirklichkeit abzuspalten. Es konnte nicht gelingen.

KANTS Glaube ist herb und hell zugleich. Es fehlt ihm das Grämliche des Pedanten, das man ihm gelegentlich zuschreiben wollte. Er ist mannhaft und aufrichtig, nüchtern und ohne Furcht. Bezeichnend ist seine Bemerkung zur Kritik SCHILLERS: »Frägt man nun, welcherlei ist die *ästhetische* Beschaffenheit, gleichsam das *Temperament der Tugend*, mutig, mithin *fröhlich*, oder ängstlichgebeugt und niedergeschlagen? so ist kaum eine Antwort nötig. Die letztere sklavische Gemütsstimmung kann nie ohne einen verborgenen *Hass* des Gesetzes stattfinden, und das fröhliche Herz in *Befolgung* seiner Pflicht – ... ist ein Zeichen der Echtheit tugendhafter Gesinnung.«[36]

Hinter KANT kann ein Denken über Gott nicht zurück. Es wird freilich nicht bei ihm stehenbleiben.

36. A. a. O. S. 162.

7. Der Gott der absoluten Vernunft

Georg Wilhelm Friedrich Hegel (1770–1831)

Es ist erstaunlich, wie der deutsche Idealismus nach Kant – teilweise durch Kant, teilweise gegen Kant – die Frage nach dem Gott der Vernunft aufgrund eines erweiterten Begriffes der Vernunft, die nunmehr dialektisch auch die Gegensätze in sich zu umfassen vermochte, neu aufzunehmen verstand. Die Warnungen Kants scheinen wie vergessen; so erreicht erst der deutsche Idealismus den Höhepunkt der Vernunftspekulation. Hegels Gott der absoluten Vernunft überbietet nicht nur Kant, sondern selbst Leibniz an Kühnheit und Konsequenz.

Die Erweiterung und die Vertiefung des Vernunftbegriffes haben jedoch zur Folge, daß im Idealismus ein anderer Begriff die Führung übernimmt, der erst durch den Idealismus das unverwechselbare Gepräge erhalten hat, so alt er an sich auch ist. Es ist der Begriff des *Geistes*, der durch den Idealismus derart mit neuer Substanz gefüllt wird, daß er in den anderen europäischen Sprachen kaum ein Äquivalent gefunden hat.

Das idealistische Denken über Gott muß darum gesondert dargestellt werden. Die Idealisten empfinden selbst den weiten Abstand dem Verstandesgott der Aufklärung gegenüber; ihr Gott erscheint als der *Gott des lebendigen Geistes.*

An einem Punkte indessen ist die Kontinuität deutlicher als der Gegensatz. Aufbauend auf die Aufklärung schreiten die Idealisten im unbedingten Verfechten der *Autonomie* des vernunftgemäßen Erkennens weiter. In die Heteronomie der Autorität führt kein Weg zurück. Nur was innerlich ergriffen werden kann, ist als Wahrheit übernehmbar.

Die Komponente der Vernunft bleibt deshalb, wenn auch bei verändertem Vernunftbegriff, zentral. Nur diese eine Linie haben wir an dieser Stelle auszuziehen. Wir könnten sie auch bei Fichte aufzeigen, wählen aber HEGEL, indem gerade bei HEGEL der Gott der absoluten Vernunft die Vollendung dessen ist, was seit DESCARTES erstrebt worden war. Das Gesamtdenken HEGELS über Gott ist erst im Zusammenhang mit dem idealistischen Gott des lebendigen Geistes zu würdigen. An dieser Stelle kommt einzig der Teilaspekt des Gottes der absoluten Vernunft zur Sprache.

Für HEGEL bedeutet das »höchste, absolute Gebot«[1] der christlichen Religion, »Ihr sollt Gott erkennen«[2], den Auftrag an die Vernunft, an die Philosophie, die Fragen der Religion zu durchdenken. Religion und Philosophie fallen deshalb in eins zusammen, und die Philosophie ist »in der Tat selbst Gottesdienst, ist Religion«[3]. Denn »der Gegenstand der Religion wie der Philosophie ist *die ewige Wahrheit* in ihrer Objektivität selbst, Gott und nichts als Gott und die Explikation Gottes. Die Philosophie ist nicht Weisheit der Welt, sondern Erkenntnis des *Nichtweltlichen*, nicht Erkenntnis der äußerlichen Masse, des empirischen Daseins und Lebens, sondern Erkenntnis dessen, was ewig ist, was Gott ist, und was aus seiner Natur fließt.«[4]

HEGEL traut deshalb der Vernunft die Fähigkeit zu, den Grund der Welt im Innersten zu durchdringen. Diese Überbietung KANTS ist nur deshalb möglich, weil nach HEGELS Auffassung der Grund der Welt, Gott, selbst letztlich Vernunft oder noch besser Geist ist. Es gilt, das bloß Substanzhafte, Fremde zu durchstoßen, bis man zum Geheimnis der Identität gelangt und den Geist findet.

Ein solches Unternehmen ist nur dann erfolgversprechend, wenn die menschliche Vernunft nicht bloß subjektiv ist, sondern effektiv das Instrument der Wahrheitsfindung schlechthin darstellt und letztlich in Analogie zum göttlichen Geist, zur göttlichen Vernunft selbst steht.

Gleichzeitig ist diese Geiststruktur das tiefste Geheimnis Gottes; dieser ist *wesentlich* Geist, Vernunft. Die unerschütterliche Voraussetzung HEGELS ist, daß »es nicht *zweierlei Vernunft* und *zweierlei Geist* geben kann, nicht eine göttliche Vernunft und ei-

1. Die Werke Hegels werden zitiert nach: G. W. F. Hegel, »Sämtliche Werke«, Jubiläumsausgabe, ed. H. Glockner, Stuttgart 1964 ff. – Vorlesungen über die Philosophie der Religion I, Bd. 15, S. 53.
2. Ebenda.
3. A. a. O. S. 37.
4. Ebenda.

ne menschliche, nicht einen göttlichen Geist und einen menschlichen, die *schlechthin verschieden* wären. Die menschliche Vernunft, das Bewußtsein seines Wesens, ist Vernunft überhaupt, das Göttliche im Menschen; und der Geist, insofern er Geist Gottes ist, ist nicht ein Geist jenseits der Sterne, jenseits der Welt, sondern Gott ist gegenwärtig, allgegenwärtig und als Geist in allen Geistern.«[5]

Während KANT die »göttliche Abkunft«[6] des Menschen in seiner moralischen Struktur verankert sah, also exklusiv in seiner praktischen Vernunft, ist für HEGEL auch die erkennende Vernunft in gleicher Weise von göttlicher Art. Es versteht sich, daß daraus die gegensätzlichsten Konsequenzen folgen, so daß HEGEL der gotterkennenden Kraft der spekulativen Vernunft weit mehr zutraut, als KANT es jemals hätte verantworten können. Denn »sie, die Vernunft, ist selbst die Sache, der Geist, der göttliche Geist«[7].

Gott ist kein »unendliches Gespenst«, das »fern von uns ist«[8]. Vielmehr kann man sagen, »daß Gott die Welt als *Vernunft* regiert«[9]. Damit ist der entscheidende Anspruch erhoben.

Denn die Weltwirklichkeit ist der eigentliche Probierstein für den Gedanken, daß unsere Vernunft die Vernunft Gottes als des Weltgrundes und des Weltenlenkers im tiefsten zu durchdringen vermöge.

HEGEL glaubt dieses Unternehmen durchführen zu können, weil seine dialektische Vernunft nicht, wie der Verstand, vor jedem Widerspruch und jedem Gegensatz nur die Möglichkeit des *sic et non*, der polarisierenden Trennung hat, in der einer der Gegensätze vernichtet wird.

Es ist gerade das Wesen der dialektischen Vernunft, die Gegensätze zu versöhnen, das heißt durch ein tieferes Eindringen in das Wesen der Sache in der Substanz das Subjekt, in dem Anderssein der Entfremdung das Eine, in der Entgegensetzung die Identität zu finden, kurz die Identität des Identischen und des Nichtiden-

5. A. a. O. S. 50.
6. I. Kant, Religion innerhalb der Grenzen der bloßen Vernunft, Werke Bd. VI, S. 190.
7. G. W. F. Hegel, a. a. O. S. 50.
8. A. a. O. S. 53.
9. A. a. O. S. 50.

tischen aufzudecken. Damit bekommt auch das *Negative*, als die Entäußerung und Entfremdung des einfach Gesetzten, seinen Anteil am Prozeß der Entwicklung. Dieser bleibt nicht bei der abstrakten Entgegensetzung stehen, sondern schreitet bis zur endlichen Versöhnung weiter. Diese Versöhnung ist freilich erst das Ende eines mühsamen Prozesses und kann nicht gleichsam im Sprung oder prinzipiell vorweggenommen werden; dann würde sie leer und abstrakt und damit letztlich unwahr bleiben.
Ebenso ist der Vorgang des Erkennens eine ständige Vermittlung, die aus der Unmittelbarkeit des Anfangs zur immer tiefer erfaßten Wahrheit voranschreitet. In derselben Weise gelingt es auch, die dumpfe Notwendigkeit des Substanzhaften in der Freiheit des Subjekts aufzuhellen, so daß der Gang des Weltprozesses gleichzeitig das immer klarere Zusichselbstkommen des Geistes in seinem Selbstbewußtsein wie auch die immer mächtigere Entfaltung der Freiheit ist. Die Weltgeschichte als Kern des gesamten Weltprozesses wird darum ihrem Sinne nach der Gang der Freiheit durch die Welt.
Dieser gewaltige Weltentwurf, der alles Negative integriert, ermöglicht es HEGEL in weit umfassenderem Maße als LEIBNIZ, die Vernünftigkeit Gottes und seiner Weltregierung mit der faktischen Dunkelheit und Fragwürdigkeit des Weltgeschehens zu verbinden. Das Ganze ist als ein lebendiger Prozeß aufgefaßt, der erst *als Ganzes* seinen Sinn enthüllt. Das einzelne aber ist als Moment eingeordnet und erhält seine Bedeutung letztlich vom Ganzen aus, denn »das Wahre ist das Ganze«[10].
Es gilt nun, diese Thesen nicht nur abstrakt aufzustellen, sondern am konkreten Weltlauf zu bewähren und damit im Grunde eine *dynamische Theodizee* durchzuführen. Da HEGEL weniger an der Natur und ihrer mathematischen Gesetzmäßigkeit als am menschlichen Geist und seiner Verwirklichung in der Weltgeschichte interessiert ist, konzentriert sich alles auf die Frage, inwieweit die *Geschichte* als vernünftig erkannt werden kann. Es ist HEGELS Größe, daß er diese fast unlösbare Aufgabe mit dem Mut der letzten Konsequenz an die Hand genommen hat. *Hier* die Vernunft zu finden ist weit mühsamer, als sich mit den mathematischen Naturgesetzen zu begnügen, aber auch als die Ver-

10. Phänomenologie des Geistes, Bd. 2, S. 24.

nunft lediglich am transzendentalen Ideal zu bewähren und zu postulieren, daß der gerechte Zustand als Einheit von Tugend und Glückseligkeit, als höchstes Gut, der intelligiblen Welt angehöre, da in der Sinnenwelt kein solcher Zusammenhang aufweisbar sei.

Die Philosophie der Geschichte ist deshalb der wahre Gerichtshof, vor dem entschieden wird, ob Gott als Gott der absoluten Vernunft erkannt werden kann.

Hegel geht freilich nicht so vor, daß er die Vernünftigkeit der Geschichte aus ihrer Entwicklung empirisch ableitet. Wenn er das zu tun vermöchte, so wäre es die stärkste und erwünschteste Stütze seines großartigen Gedankenganges. Er wählt aber den umgekehrten Weg und tritt bereits mit der *Voraussetzung* an die Geschichte heran, daß in ihr die Vernunft walte. Es ist die einzige Voraussetzung, die er macht; sie ist freilich entscheidend genug. Er glaubt indessen, daß er die Berechtigung dazu aus seiner Logik erwiesen hat.

Er setzt fest: »Der einzige Gedanke, den die Philosophie mitbringt, ist aber der einfache Gedanke der *Vernunft*, daß die Vernunft die Welt beherrsche, daß es also auch in der Weltgeschichte vernünftig zugegangen sei. Diese Überzeugung ist eine *Voraussetzung* in Ansehung der Geschichte als solcher überhaupt.«[11]

Was für die Geschichte Voraussetzung ist, ist es nicht für die Philosophie selbst. Für diese ist es mehr als Voraussetzung, es ist die spekulative Grunderkenntnis, daß die Vernunft die Substanz, die Macht und der Stoff aller Wirklichkeit sei.

Freilich meint Hegel ebenfalls, es habe »sich also erst aus der Betrachtung der Weltgeschichte selbst zu ergeben, daß es vernünftig in ihr zugegangen sei, daß sie der vernünftige, notwendige Gang des Weltgeistes gewesen, des Geistes, dessen Natur zwar immer eine und dieselbe ist, der aber in dem Weltdasein diese seine eine Natur expliziert. Dies muß, wie gesagt, das Ergebnis der Geschichte sein«[12]. Das ist aber gleichsam eine unechte Induktion, wie es schon das »muß« verrät. Die Vernünftigkeit der Weltgeschichte ist die Voraussetzung, nach der die Geschichte bereits interpretiert wird, und diese Voraussetzung entspricht,

11. Vorlesungen über die Philosophie der Geschichte, Bd. 11, S. 34 f.
12. A. a. O. S. 36.

in religiöser Form ausgedrückt, dem Glauben an die Vorsehung Gottes. Dieser Zusammenhang ist von entscheidender Bedeutung. Indem die Vernunft die begriffene Vorsehung ist, entscheidet sich an der Vernünftigkeit der Geschichte auch der Vorsehungsglaube.

HEGEL bestreitet dabei die Vernünftigkeit der Naturordnung nicht, sondern läßt sie gleichsam als vorausgesetzt hinter sich. Früher hatte man Gottes Vernunft aus den Naturordnungen abgeleitet; jetzt ruft HEGEL aus: »Es muß endlich an der Zeit sein, auch diese reiche Produktion der schöpferischen Vernunft zu begreifen, welche die Weltgeschichte ist!«[13]

Es ist also letztlich doch ein dogmatischer und nicht ein induktiver Anfang gesetzt. Doch entzieht sich HEGEL der Aufgabe nicht, an der Fülle der konkreten Geschichte diesen Ansatz zu bewähren und sich in Frage stellen zu lassen, ob er der Geschichte Gewalt antut.

Die entscheidende Schwierigkeit ist: Kann *alle* scheinbare Unvernunft der Geschichte als negatives, aber notwendiges Moment der Gesamtentwicklung verstanden werden? Fügt sich so die Weltgeschichte zu einem sinnreichen Ganzen? Gelingt es, aufzuzeigen, daß die Unvernunft, ja daß das *Böse* im *Dienst* der göttlichen Vernunft stehen? Von der tiefer pflügenden dialektischen Vernunft aus erscheint eine Theodizee wieder möglich; KANTS Einwände fallen als abstrakt-dualistisch dahin, und HEGEL macht sich daran, die Identität des Identischen und Nichtidentischen, also die Integration des zunächst als unvernünftig Erscheinenden in die letzte Absicht des vernünftigen Geistes zu vollziehen.

Er gibt sich durchaus darüber Rechenschaft, daß die Vernunft keineswegs die treibende Motivkraft der Geschichte ist. Es brauchte nicht Karl MARX, um dies zu entdecken; HEGEL ist Realist genug dafür. In der gewaltigen Durchpflügung der Wirklichkeit, die Frucht bringen soll, erscheinen nun aber diese widerstrebenden Kräfte als gleichsam in Dienst genommen, unter die Zwecke des Pflügers eingespannt, der die widerspenstigen Gespanne zwingt, ihre Kraft einzusetzen, damit für die Saat eine tiefe, gerade Furche entstehe.

Dies leistet HEGELS großartiger und tiefsinniger Gedanke von der

13. A. a. O. S. 42.

List der Vernunft: »Nicht die allgemeine Idee ist es, welche sich in Gegensatz und Kampf, welche sich in Gefahr begibt; sie hält sich unangegriffen und unbeschädigt im Hintergrund. Das ist die *List der Vernunft* zu nennen, daß sie die Leidenschaften für sich wirken läßt ... Die Idee bezahlt den Tribut des Daseins und der Vergänglichkeit nicht aus sich, sondern aus den Leidenschaften der Individuen.«[14]

LEIBNIZ hatte es abgelehnt, daß Gott das Böse wollen könne, um das Gute hervorzubringen. Die Vernunft HEGELS dagegen benutzt zum mindesten das Böse für den guten Zweck. Wäre er nicht auch direkt erreichbar? Warum ist es nötig, daß die Vernunft listig ist? Das führt weiter zur Frage, ob die Vernunft die Leidenschaften, die aus sich selbst sind, nur in ihrem Effekt ausnützt. oder sie sogar antreibt. Das zweite ist eigentlich unvorstellbar. Dann muß man aber weiter fragen: Welchen Ursprung haben die Leidenschaften, wenn sie keinen Vernunftursprung haben? HEGEL könnte darauf verweisen, daß die Vernunft immer das Vermittelte und das Vermittelnde, nicht aber das Unmittelbare ist; er könnte diesen Einwand abfangen.

Man muß sich freilich hüten, das Negative bei HEGEL schlicht mit dem Bösen zu identifizieren. Das Verhältnis ist doppelsinniger. Die Negation ist die Entäußerung, das Anderssein des Eigenen, das sich Heraussetzen, aber nicht einfach die Destruktion. So ist die Welt als die Entäußerung Gottes das Andere Gottes. Es geht aber leicht das Negative in das Böse über, da die Bewältigung des Negativen sich nicht leicht und harmonisch vollzieht, sondern große Mühsal erfordert.

Der Weltprozeß ist die unausgesetzte, hartnäckige Arbeit am Negativen, und diese Arbeit ist nicht bloß die Arbeit am Begriff, sondern auch eine sehr reale Arbeit. Damit ist das Böse im Negativen enthalten; das zeigt auch HEGELS Deutung des Sündenfalles als eines für die Entwicklung notwendigen Geschehens.

Es ist HEGEL zuzubilligen, daß er mit dieser dialektisch-dynamischen Schau weitaus tiefsinniger als LEIBNIZ das Negative in einem letzten vernünftigen Sinn aufzuheben vermag. Die Entscheidungsfrage aber bleibt: Gelingt es ganz, gelingt es immer? Schafft Mephisto mit seinem bösen Wollen *stets* das Gute?

14. A. a. O. S. 63.

Eine unvoreingenommene Betrachtung der Geschichte lehrt das Gegenteil. Selbst wenn man bereit wäre, den Untergang des Einzelnen im Interesse des Ganzen als vernünftig zu akzeptieren, erweisen sich keineswegs alle Untergänge und Zerstörungen in der Geschichte als letztlich heilvoll. Jakob BURCKHARDTS Analysen in der berühmten Abhandlung über Glück und Unglück in der Weltgeschichte scheinen weit realistischer zu sein. Es kommt doch zuletzt zum Ausdruck, daß HEGEL seine Vernunft nicht durchgehend *in* der Geschichte gefunden, sondern dogmatisch *an* die Geschichte herangetragen hat. So kommt er konkret nicht ohne Gewaltakte aus. Die Wirklichkeit fügt sich dem System nicht so willig, wie sie es der Theorie nach tun müßte. HEGEL geht aber in der Konsequenz seiner Weltdeutung aus der absoluten Vernunft Gottes noch weiter als nur bis zur geschichtsphilosophischen These von der List der Vernunft.

Er wagt es, den letzten, folgerichtigen Schritt zu tun, um an ihm die Wahrheit seines Vernunftglaubens zu bewähren. Er vollzieht diesen Schritt in dem berühmten Satz in der Vorrede zu seiner Rechtsphilosophie:

> »Was vernünftig ist, das ist wirklich;
> und was wirklich ist, das ist vernünftig.«[15]

Diese Behauptung ist sofort von allen Seiten her als unmöglich angegriffen worden, obgleich sie nur der durchaus folgerichtige Schlußstein der HEGELschen Geschichtsdeutung ist. HEGEL weist denn auch sogleich darauf hin, daß diese Aussage nichts anderes sei als die philosophische Formulierung des religiösen Glaubens an die Vorsehung Gottes. Damit hat er völlig recht. Mit diesem Satze steht nicht nur der Gott der Vernunft auf dem Spiel, sondern auch der schlechthin Vorsehende. Wie zentral, wie entscheidend diese Aussage ist, unterstreicht HEGEL zudem mit dem Ausruf: »*Hic* Rhodus, *hic* saltus.«[16]

Man hat HEGEL um dieses Satzes willen auch noch einen anderen Vorwurf gemacht, der aber von der Denkweise HEGELS aus ein Mißverständnis darstellt. Man hat aus diesem Satz gefolgert, HEGEL verherrliche unbesehen alles Bestehende in einem konservativen Sinne. Das Wirkliche, also das Bestehende sei demnach

15. Grundlinien der Philosophie des Rechts, Bd. 7, S. 33.
16. A. a. O. S. 35.

das Kriterium für das Vernunftgemäße. Das Gegenteil ist der Fall. Für Hegel ist das Vernünftige das Kriterium für das Wirkliche. Das Vernünftige steht fest, an ihm ist zu messen, was Wirklichkeitsrang beanspruchen darf. Nicht alles, was existiert, ist auch wirklich. Das Unvernünftige existiert zwar auch, aber es ist nicht wirklich, sondern nichtig, im Letzten unwesentlich. Es kommt nur auf das Vernünftige an, das den Strom der Geschichte ausmacht. Dem übrigen ist keinerlei Beachtung zu schenken.
Das geht bereits aus der Gesamtkonzeption Hegels hervor. Hegels Philosophie ist nicht statisch sondern dynamisch, und die Geschichte ist ein Entwicklungsprozeß, in dem sich das Vernünftige unter steter evolutionärer Veränderung durchsetzt. Die Geschichte ist der *Gang* Gottes durch die Welt, nicht ein Stehen oder Verweilen Gottes. Hegels Geschichtsbild ist das gerade Gegenteil des statischen und konservativen Ordogedankens. Freilich ist auch das Bestehende schon durch Vernunft geworden. Deshalb denkt Hegel nicht wie später Marx revolutionär, weil nicht alles Bestehende verkehrt ist. Es besteht daher die Gefahr des konservativen Mißverständnisses. Da das Bestehende etwas Handfestes ist, kann man versucht sein, es zum Kriterium des Vernünftigen zu machen. Denn was ist das Vernünftige, an dem das Bestehende auf seine Würdigkeit hin, als Wirkliches anerkannt zu werden, geprüft werden soll?
In der Schwierigkeit der Gleichsetzung von Vernünftigem und Wirklichem, die das Wirkliche variabel machen will, liegt im Verborgenen das Eingeständnis, daß Vernunft und Realität doch nicht so ganz harmonieren, wie sie es dem System nach tun müßten.
Hegel gibt denn auch noch eine andere Formulierung, die der Dialektik des Tatbestandes besser gerecht wird und die Mißverständnisse vermeidet, die das kühne Wort von Vernunft und Wirklichkeit hervorzurufen geeignet war.
Wie eine Interpretation des Satzes von der Identität des Vernünftigen und Wirklichen liest sich die Aussage Hegels in derselben Vorrede zur Rechtsphilosophie: »Die Vernunft« ist »die Rose im Kreuz der Gegenwart«.[17] Hegel spielt damit auf das Wappen

17. Ebenda.

Luthers an, das ein Kreuz und eine Rose zeigt. Die Deutung Luthers selbst hatte gelautet:

»Des Christen Herz auf Rosen geht
Wenns mitten unterm Kreuze steht.«

Luthers Rosen sind Gottes Gnade, die der Christ im Glauben ergreift und auch unter dem Kreuz festhält. Für Hegel aber ist es die Vernunft Gottes, an die er auch unter der Dunkelheit der Gegenwart glaubt. Die Veränderung der Perspektive ist aufschlußreich. Nie würde Luther von der Vernunft Gottes sprechen, wie Hegel es tut. Die Gnade Gottes ist vielmehr ein durch und durch irrationales Geschehen. Die Umprägung, die Gott durch die zu seinem Zentrum gemachte Vernunftstruktur in der Neuzeit erhalten hat, erweist sich gerade an dieser Uminterpretation der Lutherrose besonders anschaulich.

Für beide, für Luther wie für Hegel, bleibt das Kreuz. Für Luther ist es der Ausdruck für den Zorn Gottes und ebenso für das Leiden, das infolge der Sünde über der Welt liegt. Was aber bedeutet es für Hegel? Es ist zweifellos auch der Ausdruck für das Negative. Die Anknüpfung an die Lutherrose macht deutlich, daß im Bestehenden das Negative, das nicht einfach das Vernünftig-Wirkliche ist, mit enthalten ist. Das Bestehende, also die Gegenwart, wird von Hegel keineswegs verherrlicht. Das Kreuz der Gegenwart ist ein tiefer Ausdruck für das Leiden am Bösen und am Elend der Gegenwart. Die Vernunft aber, als die Rose, ist der Trost im Kreuz. Dieses Wort vom Kreuz der Gegenwart hindert uns, Hegels Vernunftglauben als oberflächliche und harmlose Harmonie zu verstehen.

Was ist es aber mit der Unvernunft des Kreuzes? Bleibt sie stehen als das Irrationale, Unverstehbare, Uneinsichtige, Unaufhellbare, das macht, daß Gott nicht *nur* Vernunft, nicht absolute Vernunft ist, oder besteht der Trost der Vernunft gerade darin, daß das Kreuz letztlich durch die Vernunft verstehbar und deutbar wird?

Dies eben ist Hegels Überzeugung. Und da muß sich die Frage erheben, ob damit nicht doch die Tiefe des Bösen und des Leidens nicht nur ihren Stachel verliert, sondern auch ihren letzten Ernst. Wird das Negative nicht doch zuletzt ungerechtfertigterweise gerechtfertigt, ist diese Theodizee, die die tiefste ist, die jemals aufgestellt wurde, nicht doch erschlichen? Wo ist die Rose der Vernunft nicht nur im Erdbeben von Lissabon, das die Aufklärungszeit erschütterte, sondern auch in der menschlichen Geschichte, in Auschwitz oder den Lagern Stalins? Ist nicht doch KANTS Nüchternheit, der jede Theodizee ablehnt und der die völlige Unbegreiflichkeit des Bösen von der Vernunft aus feststellt, wahrer?

Bei der Entscheidung dieser Fragen wird das subjektive Ermessen nicht ausgeschaltet werden können. Aber die Gewalttätigkeit, ohne die HEGEL in seiner Geschichtsinterpretation doch teilweise nicht auskommt, spricht nicht für die Durchführbarkeit des Unternehmens. Sosehr HEGELS System, das den Gott der Vernunft absolut ernst nimmt, der unbestrittene Höhepunkt dieser Weise des Denkens bleibt, indem HEGEL das Negative dynamisch zu bewältigen sucht und den Mut zur letzten Konsequenz hat, müssen wir urteilen: An der irrationalen Tiefe des Bösen und des Leidens scheitern die vernünftigen Erklärungsversuche und scheitert deshalb das gewaltige Unternehmen der Vernunft, Gott schlechthin als Vernunft zu erfassen.

8. Rückblick

Der Gott der Vernunft – bei den Idealisten zum Gott des lebendigen Geistes vertieft – ist für das neuzeitliche Ringen um Gott wohl die charakteristischste Zielvorstellung. Der Gott der Natur war zwar nicht zu beseitigen, aber er trug nicht nur etwas Archaisches an sich, sondern in der ganzen Irrationalität des Realen auch etwas für die Vernunft im Letzten Unvertrautes. Der Gott des Gefühls wiederum schien zu subjektiv und zu ungreifbar zu sein. Wenn auch die Frömmigkeit aus der Quelle des Unmittelbar-Emotionalen entspringt, so drängte doch die Philosophie danach, den Wasserlauf durch die Strenge der Vernunft zu kanalisieren. Die neuzeitliche Philosophie setzt auf das reflektierende Selbstbewußtsein und sucht deshalb mit besonderer Intensität nach dem Gott der Vernunft.

Drei Ergebnisse dieses großen Unternehmens können schon an dieser Stelle festgehalten werden.

Ein *erstes*, nicht mehr rückgängig zu machendes Resultat ist die *Eroberung der Autonomie* gegen alle Heteronomie unreflektierter Autorität der Tradition, die der Vernunft mit dem Anspruch der Offenbarung entgegentritt. Dazu gehört die Anerkennung der – wenn auch keineswegs unbegrenzten – *Fähigkeit* der Vernunft überhaupt gegen alle dogmatischen Diskriminierungen, die die Legitimität der Vernunftkritik mit dem Argument bekämpfen, die Vernunft sei durch den Sündenfall grundsätzlich verderbt und verdunkelt.

Im Anfang versucht die Ratio noch, sich ihren Spielraum durch die Theorie von den zwei Wahrheiten zu erkämpfen. Immer mehr aber wird deutlich, daß als Wahrheit nur das bejaht werden kann, was eine Zustimmung aus dem Innersten des Menschen heraus zu erlangen vermag, was also überzeugt. Das schlechthin Ver-

nunftwidrige stellt keine Erkenntnis dar. Es kann nicht den Anspruch auf Wahrheit erheben, denn zur Wahrheit gehört auch, daß sie ergriffen wird – begriffen wird. Von der Lehre der zwei Wahrheiten, deren eine einfach hingenommen wird, schreitet die Vernunft zur Kritik an der Autorität weiter.
Wenn es auch anmaßend ist, mit HEGEL einfach zu sagen, die Vernunft Gottes und die des Menschen seien wesentlich *eine* Vernunft, so ist doch im Laufe der Auseinandersetzungen deutlich geworden, daß ein allfälliges Abweichen der Vernunft Gottes von der menschlichen Vernunft zu keiner Erweiterung der menschlichen Erkenntnis führt, da wir im Begreifen auf unsere menschliche Vernunft angewiesen sind. Der Versuch, Widervernünftiges als höhere Offenbarung auszugeben, erweist sich als theologischer Kunstgriff. Denn im Augenblick, wo solche Offenbarung sich menschlich vernehmbar äußert, befindet sie sich im Raume menschlicher Sprache und menschlicher Denkgesetze. An diesem Punkt kann man jedenfalls nicht hinter KANT zurück. Wenn Gottes Logik von der unsrigen auch noch so weit entfernt sein mag, so kann man diese Logik für Aussagen im Bereich unseres Bewußtseins nicht in Anspruch nehmen. Vernunftwidrige Inhalte unterliegen daher dem Verdacht, nicht höhere Offenbarung, sondern nur schlechtes Denken zu sein.
Nur in fruchtlosen Schwächeanfällen könnte die Kirche versuchen, diese Einsicht umzustürzen, die sich in der Aufklärung durchgesetzt und im Idealismus befestigt hat.
Das *zweite* fundamentale Ergebnis ist das *Wahrnehmen der Grenzen der Vernunft*. Die menschliche Vernunft ist fähig, aber nicht zu allem fähig; sie ist mächtig, aber nicht allmächtig. Trotz *Hegel* ist auf die besonnene Stimme *Kants* zu hören, der gezeigt hat, daß die Vernunft, sobald sie das Feld der Erfahrung verläßt und spekulativ mit sich selbst allein ist, auch nur noch sich selbst begegnet. *Kants* Bestimmung des transzendentalen Ideals als bloßer regulativer Idee ist der vollkommene Ausdruck für diesen Sachverhalt. Auf dieser Himmelsleiter wird nicht der reale Gott gefunden, sondern lediglich eine Gottesidee.
Dieses Ergebnis widerspricht der Autonomie nicht. Wenn der Offenbarungsgedanke eine positive Funktion haben soll, indem er auf einen *begegnenden* Gott und nicht auf einen Gott als bloßes Objekt hinweist, dann kann dieser begegnende Gott eben nur in-

nerhalb der Erkenntnismöglichkeiten des Menschen erfahren werden. Eine Mitteilung göttlicher Geheimnisse in menschlicher Sprache, aber auf übernatürlichem Weg ist eine Chimäre mythologischer Phantasie.

Das *dritte* Resultat endlich ist weder bestätigend noch begrenzend, sondern negativ. Es ist *die Einsicht in die irrationalen Tiefen der Realität,* vor allem des Bösen und des Leidens. Diese Wirklichkeiten können nicht ohne Gewalt in die Vernunft integriert werden. Es bleibt ein undurchdringlicher irrationaler und unbegreiflicher Rest, wenn wir den Gott der Realität und nicht nur den der Idealität suchen. Nur der Gott der Idealität ist der reine Gott der Vernunft, damit aber eben auch nicht mehr als das bloße transzendentale Ideal.

Die Philosophie des Gottes der Vernunft trifft immer wieder auf diesen nicht zu bewältigenden Block. Sie stößt sich daran wund, weil sie es sich nicht zugeben kann, daß es unvernünftige Wirklichkeit gibt. Sie vermag mit Hilfe der Dialektik die Dunkelheit eine Strecke weit zu durchdringen. Aber sie kann sie nicht beseitigen. Sie fällt sonst in den Selbstwiderspruch, das Böse als gut, das Unglück als Glück und die Finsternis als Licht ausgeben zu müssen. Sie ist deshalb genötigt, auf ein System zu verzichten, das Gott als absolute Vernunft deutet.

Die Philosophie, die bei der Realität und nicht beim Bewußtsein beginnt und deshalb zunächst den Gott der Natur ins Blickfeld bekommt, ist eher geneigt, die Dunkelheit anzuerkennen.

Damit zeigt es sich, daß der Gott der Vernunft nicht die universale, sondern lediglich eine partielle Lösung der Frage nach dem letzten Grund und Sinn des Seins darstellt.

Dritter Teil
Der Gott des Gefühls

1. Das Gefühl als Ort der Gottesbegegnung

Die Gottesbeziehung des Menschen erwächst nicht aus der Spekulation. Die Vernunft ist nicht die elementare Quelle der Frömmigkeit; nicht nur in der geschichtlichen, sondern auch in der individuell-seelischen Entwicklung reichen die Wurzeln der Frömmigkeit in andere Tiefen. In den emotionalen Schichten des menschlichen Wesens ereignet sich das unmittelbare Betroffensein vom Überweltlichen. Rudolf OTTO, der diesen Sachverhalt klassisch analysiert hat, spricht »von einer numinosen Gemütsgestimmtheit«[1]. Er bezeichnet diese Gestimmtheit näher als »Kreaturgefühl«[2], als »Gefühl des *mysterium tremendum,* des schauervollen Geheimnisses«[3] und gleichzeitig als das »Fascinans des numen«[4], das als das Mysterium nicht nur das Wunderbare, sondern ebenso das »Wundervolle«[5] ist. Das Gefühl des Überweltlichen wird präzis in der »Kategorie des *Heiligen*«[6] erfaßt.
Religion beruht darum primär auf dem Erleben, das die emotionalen Schichten bewegt. »Religion ist erlebnishafte Begegnung mit dem Heiligen und antwortendes Handeln des vom Heiligen bestimmten Menschen.«[7]
Selbst so radikale Vertreter einer imperialistischen Vernunft wie HEGEL räumen ein, daß am Anfang der Religion nicht die Reflexion der Vernunft, sondern das Unmittelbare stehe.
Angesichts dieser Tatsache mag es erstaunen, daß trotzdem der

1. R. Otto, Das Heilige, 28. Aufl. München 1947, S. 6 f.
2. A. a. O. S. 10.
3. A. a. O. S. 12.
4. A. a. O. S. 39.
5. Ebenda.
6. A. a. O. S. 5.
7. G. Mensching, Die Religion, Stuttgart 1959, S. 18 f.

Versuch, Gott mit Hilfe der Vernunft zu erfassen, weit häufiger unternommen wurde. Nur wenige haben das Gefühl als die eigentliche Erkenntnisquelle für die Wahrheit der religiösen Gehalte in den Mittelpunkt gerückt.

Der Grund dafür liegt in der Schwierigkeit, das *Gefühl* als *Erkenntnis*instrument aufzufassen. Erkennen erscheint primär als Geschäft des Verstandes und der Vernunft; das Fühlen hat andere Funktionen. Es mag Inhalte beisteuern, kann sie aber kaum selbst erkenntnismäßig verarbeiten. Nicht nur das Verhältnis des Gefühls zur Reflexion, sondern zum Bewußtsein überhaupt ist schwierig zu bestimmen.

Es fehlt dem Gefühl zudem die kritische Distanz zu sich selbst und damit die Kriterien, etwas anderes als die Echtheit oder Unechtheit, die Intensität oder Schwäche einer Gefühlsbewegung selbst zu unterscheiden. Der Schritt von der subjektiven Echtheit zur objektiven Wahrheit bietet dem Gefühl allein ungemeine Schwierigkeiten.

Es bedarf dazu gerade des Heraustretens aus der Gefühlsunmittelbarkeit in die Mittelbarkeit der Reflexion. Damit aber ist der Schritt in den Raum der Vernunft vollzogen. Die Stärke des Gefühls liegt jedoch gerade im Unmittelbaren. Wird dieses eingebüßt, so verfliegt das Lebendig-Zwingende.

Andererseits läuft die Vernunft jederzeit Gefahr, in leere und tote Spekulation zu verfallen, wenn der Denkbewegung nicht die lebendige Bewegung entspricht. Frömmigkeit ist unmittelbar lebendige Gottesbeziehung und nicht abstrakte Vorstellung eines überweltlichen Objekts.

Vor diesem Dilemma stellt sich sogleich die Frage, ob die Alternative »Vernunft oder Gefühl« überhaupt richtig sei. Es spricht nicht nur die Totalität des religiösen Beziehungsaktes dagegen, die den ganzen Menschen meint und keine Dimension in der Isolierung läßt. Es zeigt sich bei der Durchführung der Alternative auch eine Vieldeutigkeit des Gefühlsbegriffes überhaupt. Das Gefühl kann als der Inbegriff aller lebendig-emotionalen Kräfte verstanden werden. Es kann sich dem annähern, was als »Existenz« bezeichnet worden ist, und damit den zentralen Ort einnehmen, an dem ich Ich Selbst bin. SCHLEIERMACHER verwendet den Gefühlsbegriff gleichwertig mit dem des unmittelbaren Selbstbewußtseins, hebt ihn also auf die Ebene des Bewußtseins und sieht im Gefühl die Identität von Wissen und Wollen. Gefühl ist aber andererseits auch der Ausdruck für jenen sehr speziellen seelischen Ort, an dem die Empfindsamkeit zu Hause ist. Der Weg vom Sentiment zur Sentimentalität ist außerordentlich kurz. Die gefühlsbetonten Frömmigkeitsweisen zeigen gerne eine Entwicklung in eben diese Richtung, besonders, wenn sich das Gewicht, das dem Gefühlsaffekt gegeben wird, mit einem Mißtrauen gegen das Denken paart, das durch Zweifel stören könnte. Der klassische Höhepunkt solcher Entwicklung ist wohl im Pietismus und speziell in der Herrnhuter Brüdergemeinde erreicht worden. Nicht zufällig ist der überragendste Vertreter des Gottes des Gefühls, SCHLEIERMACHER, in der Herrnhuter Gemeinde großgeworden und hat sich dann aus ihr gelöst.

Das Gefühl als Instrument der Erkenntnis unterliegt weiter dem Einwand, es sei zu subjektiv. Ein Gefühl ist immer *mein* Gefühl und damit gerade nicht das des anderen. Es ist nicht allgemeingültig und nicht verbindlich übertragbar. Wohl ist auch die Vernunft keineswegs so objektiv, allgemein und geschichtslos, wie es noch die Aufklärung annehmen zu dürfen glaubte. Die Bedingungen des Vernunfterkennens sind heute schärfer durchleuchtet, so daß eine Relativität auch des Vernunfterkennens am Tage liegt. Die Einsicht in die geschichtliche Bedingtheit auch der Vernunft war eine der bestürzendsten Entdeckungen der Neuzeit.

Dennoch besitzt die Vernunft einen viel höheren Grad an Objektivität und allgemeiner Überzeugungskraft. Ein beweiskräftiger Schluß gilt über das Subjekt des Schließenden hinaus; wer sich ihm widersetzt, isoliert sich selbst. Ein Gefühl dagegen ist in keiner Weise allgemeinverbindlich. Es ist auch nicht in der Art übertragbar, daß es intellektuell verallgemeinernd vermittelt wird; es ist lediglich weckbar, wenn es gelingt, die seelische Resonanz zu erzeugen.

Das Subjektive des Gefühls streift gelegentlich an das Willkürliche. Ein Gefühl schlägt unvermittelt um oder trägt stetsfort die Ambivalenz in sich. Die Polarität zwischen Bewußtsein und Unbewußtem trägt entscheidend zu diesem Phänomen bei. Ein Gefühl ist zudem oft von sachfremden Stimmungen abhängig. Das Gefühl sagt über den Träger des Gefühls mehr aus als über das gefühlsmäßig intendierte Objekt. Das ungeheure Problem der Projektionen des Gefühls kann nicht übersehen werden. Andererseits

vermag das Gefühl oft unmittelbar Wesentliches zu erfassen, während der bloße Verstand vor verschlossenen Türen bleibt.
Die subjektive Unverbindlichkeit der Gefühle hat die Vertreter des Gefühls oft dazu geführt, für die Grundgefühle eine ähnliche menschliche Allgemeinheit, Einheitlichkeit und Geschichtslosigkeit in Anspruch zu nehmen wie für die Kategorien des Verstandes. ROUSSEAU mit seinem Verweis auf die Natur, SCHLEIERMACHER mit der transzendentalen Verankerung des Gefühls als des unmittelbaren Selbstbewußtseins sind dafür klassische Repräsentanten.
Gefühl und Vernunft treffen sich an der Stelle, da die unverbindliche Fülle ästhetisch-frommer Gefühle in das verbindliche Handeln übergeht. Das sittliche Gefühl, das ROUSSEAU als die innere Stimme oder das Gewissen bezeichnet, wird von KANT in der praktischen Vernunft gefunden, wo das Sollen als moralisches Gefühl *a priori* dem transzendentalen Bereich der Vernunft zugeschrieben wird. Durch einen solchen Übergang wird verstehbar, wie der gefühlsbetonte ROUSSEAU einen so immensen Einfluß auf den so ganz anders gearteten, vernunftbestimmten KANT auszuüben vermochte.
Trotz all der so naheliegenden Einwände gegen das Gefühl als Hauptinstrument zur Erkenntnis Gottes hat es je und je Denker gegeben, die ihm den bleibenden Vorrang vor der Vernunft zusprachen. Sie bedienen sich dabei selbstverständlich auch der Reflexion; ohne sie würde das Gefühl sprachlos bleiben, denn das Wort ist eine Schöpfung der Vernunft. Sie spielen auch nicht immer radikal das Gefühl gegen das Denken, das Leben gegen den Geist aus, behaupten aber die Priorität des Gefühls gegen jede Spekulation. Beachtenswert ist dabei, daß die Vernunft die Tendenz hat, Gott als vernünftig verstehen zu wollen, während es durchaus nicht zu den Grundformen des im Gefühl erfahrenen Gottes gehört, selbst gefühlvoll sein zu müssen. SCHLEIERMACHER beispielsweise, der Gott als Tätigkeit versteht, weist alle anthropopathischen Elemente aus seinem Gottesverständnis weg, so daß er sogar der Rede von Gottes Barmherzigkeit distanziert gegenübersteht. Er läßt sie nur für den praktischen, aber nicht für den wissenschaftlich strikten Gebrauch gelten, da im Ausdruck »barmherzig« etwas Affektives, der Seite des Erleidens, nicht des Handelns Zugehöriges mitschwingt. Während also der Gott der

Vernunft *eo ipso* ein vernünftiger Gott sein soll, ist der Gott des Gefühls keineswegs ein gefühlvoller Gott.

Die Denker des Gottes des Gefühls gehen eher abseits der großen Heerstraße, besonders im Zeitalter zwischen Descartes und Kant. Sie erweisen sich aber als wirksame und eindrückliche Korrektive einem Vernunftglauben gegenüber, der über seiner Vernünftigkeit die unmittelbare Lebendigkeit einzubüßen droht.

Die Subjektivität des Gefühls führt freilich dazu, daß der Punkt des unmittelbaren Erlebens ganz gegensätzlich sein kann. PASCALS Gott des Gefühls ist in den Strom der christlichen Tradition eingebettet, ROUSSEAUS Gefühl dagegen stellt sich gerade dieser Tradition entgegen und findet in der natürlichen Religion den angemessenen Ausdruck des emanzipierten Gotteserlebens. SCHLEIERMACHER wiederum entdeckt erst im romantischen Gefühl, dann in einer dichten Synthese von Pietismus, Aufklärung, Romantik und Idealismus das fromme Gefühl, in dem sich ihm moderne und christliche Elemente verschmelzen.

2. Der Gott des christlichen Gefühls

Blaise Pascal (1623–1662)

Pascal ist uns als Polemiker gegen den Gott der Philosophen, speziell den Gott der cartesianischen Vernunft, begegnet. Er hat dabei nicht nur auf übernatürliche Überlegenheit der christlichen Offenbarung, sondern ebenso auf das *Gefühl* verwiesen, das der eigentliche Ort sei, an dem Gott wahrgenommen werde.
Der entscheidende Satz lautet: »*C'est le coeur qui sent Dieu, et non la raison. Voilà ce que c'est que la foi, Dieu sensible au coeur, non à la raison.*«[1] Daß nicht die Vernunft, sondern das Gefühl fühlt, ist eigentlich eine Tautologie. Das nicht ausgesprochene, sondern vorausgesetzte Entscheidende aber liegt in der These, daß Gott eben *gefühlt* werden müsse, daß es nicht genüge, ihn zu *denken*.
Mit dem Verweis auf das Herz als den wahren Sitz der Gottesbeziehung nimmt Pascal eine alte christliche Tradition auf. Schon in der alttestamentlichen Frömmigkeit ist der Glaube damit umschrieben, daß ein Mensch Gott sein Herz ungeteilt zuwendet. Gott von ganzem Herzen zu lieben aber ist für Jesus das höchste Gebot, wenn er auch, um den ganzen Menschen zu erfassen, neben das Herz noch die ganze Psyche, die ganze Kraft und – die ganze »Dianoia«, also das bewußte Denken, stellt[2].
Wenn jedoch das »Herz« Gott wahrnimmt, was bedeutet denn

1. Die Werke Pascals werden zitiert nach: B. Pascal, Pensées et Opuscules, ed. L. Brunschwicg, Paris o. J. Die Übersetzungen sind an die deutsche Ausgabe von W. Rüttenauer, Leipzig Sammlung Dieterich Nr. 7, angelehnt. – S. 458. Vgl. oben S. 112: Es ist das Herz, das Gott fühlt, und nicht die Vernunft. Das ist der Glaube, Gott dem Herzen fühlbar, nicht der Vernunft.
2. Mk. 12,19.

eigentlich die Metapher »Herz«? Sie kann ebenso volkstümlich sentimental wie zentral existential ausgelegt werden. Im zweiten Falle wäre das »Herz« nicht ein bestimmter, abgegrenzter Raum einer irrationalen Emotionalität im Gegensatz zum reflektierten Bewußtsein. Es entspricht dann dem integrierenden Zentrum des Selbst, dem Konzentrationspunkt der Persönlichkeit überhaupt. Sobald dann aber das »Herz« polemisch *gegen* die Vernunft ausgespielt wird, kommt es in die Gefahr, seine zentrale Stelle als Repräsentant des Selbst einzubüßen. Bei PASCAL besteht nun die grundlegende Schwierigkeit darin, daß das »Herz« nicht in eingeschränkt-sentimentalem Sinn verstanden werden darf, sondern die Tiefe des Ganzheitlichen besitzt, aber dann doch gegen die Vernunft eingesetzt wird. Andererseits will er gerade keine bloß irrationale Religiosität vertreten, sondern betreibt die Apologetik mit allen ihm zur Verfügung stehenden Mitteln eines scharfsinnigen Verstandes. Das bringt in seine Argumentationen etwas Irritierendes, Ambivalentes hinein.

Die innere Spannung wird dadurch verschärft, daß sich über das Gegensatzpaar *coeur/raison* das andere *grâce/nature* schiebt, wobei die übernatürliche Offenbarung nicht einfach mit dem *coeur* gleichgesetzt werden kann und auch das *coeur* nicht unbedingt das Organ ist, das im Gegensatz zum Verstand die Offenbarung wahrzunehmen vermöchte.

PASCAL kommt in die Schwierigkeit, daß das natürliche Gefühl seinem christlichen Gott zunächst ebenso zwiespältig gegenübersteht wie der Verstand. Neben dem Satz vom Herzen, das Gott spürt, steht deshalb unvermittelt der andere: »*La foi est un don de Dieu*«[3]. Er sucht zwar die Stoßrichtung zu parallelisieren, indem er beifügt »*ne croyez pas que nous disions que c'est un don de raisonnement*«[4]. Eindeutig ist die Abweisung der Vernunft, ungelöst aber ist das Verhältnis des natürlichen Gefühls zur übernatürlichen Gnade. Letztlich ist der Gegensatz Gnade/Natur der entscheidende, indessen hält PASCAL das *coeur* für fähiger, Einbruchsstelle der Gnade zu werden, als die *raison*. Die Schwierigkeiten, in die PASCALS Argumentation an eben dieser Stelle gerät,

3. B. Pascal, a. a. O. S. 459: Der Glaube ist eine Gabe Gottes.
4. Ebenda: Glauben Sie nicht, daß wir sagen würden, er sei eine Gabe des Vernunftgebrauchs.

verschärfen sich dadurch, daß er nicht mehr im Mittelalter lebt, das den Gegensatz Gnade/Natur systematisieren konnte. Schon hat das Zeitalter begonnen, das der Natur einen ganz anderen, positiveren Stellenwert zubilligte, die Natur an die erste Stelle setzte und sie zum Kriterium für die Gültigkeit eines Offenbarungsanspruches machte. PASCAL klagt denn auch in einem Brief, daß die Zeit *»veut que nous jugions de la grâce par la nature«*[5]. Letztlich ist deshalb die Gewißheit des Glaubens doch nicht im natürlichen Gefühl verankert, sosehr dieses und nicht der Verstand die Quelle der unmittelbaren Evidenz ist. Das Dilemma PASCALS kommt außerordentlich klar in dem folgenden Fragment zum Ausdruck: *»Et c'est pourquoi ceux à qui Dieu a donné la religion par sentiment du coeur sont bien heureux et bien légitimement persuadés. Mais ceux qui ne l'ont pas, nous ne pouvons la (leur) donner que par raisonnement, en attendant que Dieu la leur donne par sentiment de coeur, sans quoi la foi n'est qu'humaine, et inutile pour le salut.«*[6] Dieses Argument ist außergewöhnlich aufschlußreich und macht nicht nur von vergeblichen Versuch, die beiden Ebenen Gnade/Natur und Herz/Vernunft zusammenzufassen, deutlich. Im Hinweis darauf, daß man natürlicherweise nicht auf das Gefühl, sondern nur auf den Verstand Einfluß nehmen kann, begründet es die rationalen apologetischen Bemühungen PASCALS und entwertet sie gleichzeitig, indem das so zu Erreichende doch ohne die Gnade Gottes nur menschlich bleibt und keinen Heilswert besitzt.

So wird PASCAL gezwungen, angesichts der Stärke des Gefühls als potentieller Einbruchstelle der Gnade, seiner Schwäche als natürlichem Gefühl, der Schwäche der Vernunft in ihrer Unfähigkeit, Heil zu stiften, und ihrer Stärke, allgemein überzeugend zu sein, das gegenseitige Verhältnis nach den verschiedensten Richtungen hin aufzufächern. Dabei kommen tiefe Einsichten zutage, die aber

5. A. a. O. S. 213: Die Zeit will, daß wir über die Gnade vermittelst der Natur urteilen.
6. A. a. O. S. 460: Deshalb sind die, denen Gott die Religion durch das Gefühl des Herzens geschenkt hat, sehr glücklich und durchaus rechtmäßig überzeugt. Aber denen, die sie nicht haben, können wir sie nur durch Vernunftschlüsse übermitteln, in der Erwartung, daß Gott sie ihnen durch das Gefühl des Herzens schenke, ohne das der Glaube bloß menschlich ist und unnütz im Hinblick auf das Heil.

nicht die innere Widersprüchlichkeit des Gesamtanliegens zu überdecken vermögen.

Unser Interesse konzentriert sich an dieser Stelle auf die Frage: Welche Funktion kommt dem *Gefühl* im Hinblick auf Gott zu? Was leistet es für das Erkennen?

Pascal wagt es, die Vorordnung des Herzens vor der Vernunft als universalen erkenntnistheoretischen Satz zu formulieren. Er dient dazu, die autonome, zweifelnde und selbstgewisse Vernunft zu demütigen – das wichtigste Anliegen Pascals gegen Descartes – und gleichzeitig die unmittelbare Glaubensgewißheit des Herzens gegenüber den Zweifeln der Vernunft zu rechtfertigen. Während Descartes, der den grundsätzlichen Zweifel durch das Denken überwinden will, die Kriterien der Evidenz im Klaren und Deutlichen findet, weist Pascal darauf hin, daß die eigentliche Evidenz die Evidenz des Herzens ist, in dem die unmittelbare Gewißheit ruht. Aus der Evidenz des Herzens erst fließen die obersten Prinzipien des Erkennens überhaupt, so daß die Vernunft vom Herzen abhängig ist und die Zweifel der Vernunft die evidenten Voraussetzungen des Erkennens nicht erreichen.

Auf die Grunderkenntnis des Herzens und des Instinkts muß sich der Verstand auch in so rein weltlichen Dingen wie Raumbewußtsein und Arithmetik stützen. »*Les principes se sentent*«[7], stellt Pascal lapidar gegen Descartes fest. Er geht sogar so weit, zu sagen: »*Le coeur sent qu'il y a trois dimensions dans l'espace*«[8]. Er verlegt also ins Gefühl, was Kant als die transzendentalen Anschauungsformen der reinen Vernunft analysiert hat.

So erkennen wir Wahrheit nicht nur durch die Vernunft, sondern noch mehr durch das Herz, das unmittelbar über die obersten Prinzipien der Evidenz verfügt.

Die Vernunft kann deshalb die evidenten Erkenntnisse des Herzens nicht erschüttern. Darauf kommt es Pascal im Grunde an. Gewiß hat auch die Vernunft ihre Selbständigkeit. Sie vollzieht die Schlüsse, die das Herz nicht überprüfen kann. Ebenso lächerlich aber wäre es, wenn die Vernunft die obersten Prinzipien des Herzens überprüfen wollte. Für die Vernunft ist gemäß der cartesianischen Analyse, die Pascal nicht bestreitet, der Zweifel die

7. A. a. O. S. 459: Die Prinzipien werden gefühlt.
8. Ebenda: Das Herz fühlt, daß es drei Dimensionen im Raume gibt.

Grundstruktur des Erkennens; für das Herz aber ist es die Gewißheit (*certitude*). Damit ist die unmittelbare Gewißheit des Herzens allen Verunsicherungen durch den Verstandeszweifel grundsätzlich entrückt.

Von dieser allgemeinen Erkenntnistheorie aus vollzieht nun Pascal den Schritt zur Religion. Indem er sie im *coeur* verwurzelt, entzieht er sie den Erschütterungen durch die skeptisch-zweifelnde Vernunft. Die Vernunft besitzt keinerlei *legitime* Möglichkeit mehr, den Glauben anzugreifen.

Certitude ist nicht nur ein allgemein erkenntnistheoretisches Prinzip des Herzens, sondern auch der Grundort des Glaubens, wie das Mémorial eindrücklich bezeugt: »*Certitude, Certitude, joie, paix*«[9]. Die Schwierigkeit bleibt indessen, daß das *natürliche* Gefühl nicht an sich diese *certitude* Gottes besitzt. An dieser Stelle schiebt Pascal die andere Ebene Gnade/Natur ein und läßt Gott die *certitude* des Glaubens in das Herz senken, das daraufhin evident gewiß ist. Dies geschieht aber nicht allen Menschen; das alte Rätsel der selektiven Gnade taucht auf. Damit ist es Pascal versagt, die Anwesenheit Gottes im Gefühl als allgemein menschlich in Anspruch zu nehmen, wie es Rousseau mit seinem natürlichen, Schleiermacher mit seinem frommen Gefühl vermögen.

Es liegt nun aber Pascal daran, die Gnade nicht als etwas Absurdes einzuführen, sondern sie sowohl mit der Raison wie mit dem natürlichen Gefühl zu vermitteln. Die Gnade übersteigt zwar die Natur, fügt sie aber in sich ein. Deshalb ist die Resonanz, die das Gefühl dem Einbruch der Gnade geben kann, ein nicht unwichtiges Element in der Rezeption der Offenbarung. Offenbarung und Erfahrung stimmen eine Strecke weit zusammen.

Das natürliche Gefühl allein vermag nichts Wesentliches oder Selbständiges über Gott auszusagen. Die allgemein zugängliche menschlich-natürliche Erfahrung, sei sie nun mehr durch das Gefühl oder mehr durch die Vernunft modifiziert, betrifft primär die menschliche Situation selbst, die als eine offene gekennzeichnet wird. Ohne die Antwort der Offenbarung in Christus führen die natürlichen Erkenntnisse lediglich in ein ungelöstes Dilemma. Erst im Lichte der Offenbarung klären und lösen sich die Fragen.

9. A. a. O. S. 142: Gewißheit, Gewißheit, Freude, Friede.

Entscheidend ist die Antinomie von Größe und Elend des Menschen. Beides ist der natürlichen Erfahrung zugänglich, und so kann auch die Vernunft an diese Erfahrung appellieren. Die natürliche Erkenntnis wird aber die Paradoxie von Größe und Elend nicht umgreifen können, sondern sie verstrickt sich in die Einseitigkeit der Extreme. Entweder entartet sie zum Hochmut, indem sie nur die Größe des Menschen wahrnimmt, oder zum Nihilismus, indem sie bloß das Elend des Menschen beklagt. Die Vernunft ist dabei dem natürlichen Gefühl unterlegen. Es allein steigt in die Tiefe des unglücklichen Bewußtseins. Denn es ist letztlich doch das *Gefühl* des Unglücks, das am unmittelbarsten anspricht und ein illusionäres Menschenbild verunmöglicht.

So wird im natürlichen Gefühl der Boden für die christliche Religion vorbereitet, aber ohne die Inspiration gelangt der Glaube nicht zum Leben.

Das Gefühl trägt deshalb für die Gotteserkenntnis selbst doch nicht ganz so viel bei, wie man ursprünglich erwarten könnte. Es leistet aber an entscheidender Stelle etwas anderes. Die Gottesbeziehung, mag sie auch durch übernatürliche Gnade erst ins Herz gesenkt sein, *lebt* im Gefühl. Zu PASCALS existentieller Glaubenshaltung gehört auch die Einsicht, daß Frömmigkeit gerade nicht im bloßen Gotteserkennen besteht. Erkennen wird als etwas aufgefaßt, was auf den Intellekt beschränkt ist.

Der Glaube besteht nicht so sehr in der Gotteserkenntnis als in der bestimmten Art und Weise der Gottesbeziehung. Diese aber ist durch das Maß der Gottesliebe gekennzeichnet. Gott verehren, und nicht nur verehren, sondern lieben ist das Wesen des Glaubens. Damit stellt sich PASCAL in völligen Gegensatz zu DESCARTES, dem Gottesbeweis und Gotteserkenntnis im Mittelpunkt stehen.

PASCAL ruft aus: »*Qu'il y a loin de la connaissance de Dieu à l'aimer!*«[10]

Lieben aber ist ganz ausschließlich die Funktion des Herzens, das liebt und haßt. So wenig entsteht die Liebe aus der Erkenntnis, daß vielmehr die Liebe der Erkenntnis vorangeht. Gott zu lieben ist erst die Ermöglichung dazu, ihn wahrhaft zu erkennen.

10. A. a. O. S. 459: Wie weit ist es doch von der Erkenntnis Gottes bis dahin, ihn zu lieben!

Nur wer Gott liebt, erkennt ihn wirklich. Ein solches Erkennen ist Erkennen in anderer Dimension als jenes intellektuelle Erkennen, von dem Pascal beklagt, daß es von der Liebe noch weit entfernt sei.

Die Synthese von Liebe und Erkennen ist bereits im Neuen Testament vorbereitet[11]. Durchdacht ist sie bei Augustin, auf den sich Pascal denn auch bezieht: *Non intratur in veritatem, nisi per charitatem*[12].

Liebe entsteht nicht aus Beweisen des Verstandes, sondern aus der andersartigen Ordnung des Herzens. Durch dieses Glaubensverständnis wird der Verstand doppelt, von der Gnade wie vom Gefühl her, seiner Kompetenzen im Hinblick auf die Religion beraubt.

Der Glaube lebt in der existentiellen Herzenszuwendung, die sich in Lieben und Hassen ausdrückt. Darüber hinaus aber Neues über das Wesen Gottes zu erschließen ist das Gefühl nicht in der Lage. Wenn wir Pascal nach seinem Gott fragen, dann ist eigentlich immer der Gott der christlichen Tradition vorausgesetzt. Das Gefühl korrigiert dieses Gottesbild nirgendwo; die Autorität der Offenbarung in Christus ist unangetastet. Christus bringt die Gotteserkenntnis. Ein Gott des natürlichen Gefühls, wie ihn später Rousseau verkündigt, fällt für Pascal unter das Gericht: Gott ohne Christus. Ein Gott ohne Christus führt nach Pascal unweigerlich entweder zum Deismus oder zum Atheismus.

Was Pascal über Gott auszusagen hat, reduziert sich daher letztlich auf die Abgrenzung des christlichen Gottes gegen alle anderen Götter. Das Gefühl hat keine selbständige Rolle, sondern dient nur dazu, durch seine Evidenz die Verkündigung des Christentums zu verifizieren, indem in diesem das Gefühl des Elendes des Menschen mit der Größe des Menschen durch die Barmherzigkeit Gottes in Christus vermittelt wird. Das Elend kann autonom gefühlt werden. Die Wohltat der Barmherzigkeit ist übernatürliche Gnade, die, im Gefühl erlebt, die menschliche Situation heilt und dem Gefühl evident wird.

Am klarsten spricht sich Pascal darüber in folgendem Fragment

11. Vgl. 1. Kor. 13.
12. B. Pascal, a. a. O. S. 185: Man geht nicht in die Wahrheit ein außer durch die Liebe.

aus: »*Le Dieu des Chrétiens ne consiste pas en un Dieu simplement auteur des vérités géométriques et de l'ordre des éléments; c'est la part des païens et des épicuriens. Il ne consiste pas seulement en un Dieu qui exerce sa providence sur la vie et sur les biens de l'homme, pour donner une heuereuse suite d'années à ceux qui l'adorent; c'est la portion des Juifs. Mais le Dieu d'Abraham, le Dieu d'Isaac, le Dieu de Jacob, le Dieu des Chrétiens, est un Dieu d'amour et de consolation, c'est un Dieu qui remplit l'âme et le coeur de ceux qu'il possède, c'est un Dieu qui leur fait sentir interieurement leur misère, et sa miséricorde infinie; qui s'unit au fond de leur âme; qui la remplit d'humilité, de joie, de confiance, d'amour; qui les rend incapables d'autre fin que de lui-même.*«[13]

Es ist deutlich, wie die emotionalen Grundstrukturen der Gottesgemeinschaft durch dogmatisch intolerante Ideologien überlagert werden, um den Gott der Christen als einzig gültigen hervorzuheben. Besonders paradox erscheint in diesem Fragment die antisemitische Polemik unter gleichzeitiger Berufung ausgerechnet auf den Gott Abrahams, Isaaks und Jakobs. Tiefe und Zwiespalt des PASCALschen Denkens kommen in diesem Fragment zugleich ungemein scharf zum Ausdruck.

In der Art und Weise, wie PASCAL das Gefühl zum apologetischen Vorspann des supranaturalen Glaubens gemacht hat, mußte er scheitern. Indem er aber das Herz als religiöses Erkenntnisprinzip auch philosophisch verankerte, wies er auf ein fundamentales

13. A. a. O. S. 581: Der Gott der Christen besteht nicht darin, bloß ein Gott zu sein, der der Urheber der geometrischen Wahrheiten und der Ordnung der Elemente wäre: das ist das Teil der Heiden und der Epikuräer. Er besteht auch nicht nur darin, ein Gott zu sein, der seine Vorsehung über das Leben und die Güter des Menschen walten läßt, um denen, die ihn anbeten, eine glückliche Folge von Jahren zu schenken; das ist der Anteil der Juden. Aber der Gott Abrahams, der Gott Isaaks, der Gott Jakobs, der Gott der Christen, ist ein Gott der Liebe und der Tröstung; er ist ein Gott, der die Seele und das Herz derer erfüllt, die Er besitzt; Er ist ein Gott, der sie in ihrem Inneren ihr Elend und Seine unendliche Barmherzigkeit fühlen läßt; der sich mit ihrem Seelengrund vereint; der die Seele mit Demut erfüllt, mit Freude, mit Vertrauen, mit Liebe; der sie unfähig macht, ein anderes Ziel zu erstreben als ihn selbst.

Faktum hin, das später, aus der apologetischen Verklammerung gelöst, bei Rousseau, Schleiermacher und über diese hinaus seine Bedeutsamkeit erst richtig entfalten konnte. Von dieser Entwicklung aus wird Pascals Denken in seiner Tiefe und seiner Begrenzung erst völlig erhellt. Von der Position des Descartes aus jedoch bleiben die Antinomien unauflösbar. So wie die Vernunft bei Descartes, so wird sich dies Gefühl bei Rousseau aus der Vormundschaft der übernatürlichen Tradition lösen und aufdecken, was es wirklich vermag und wo seine Grenzen liegen.

3. Der Gott des natürlichen Gefühls

Jean-Jacques Rousseau (1712–1778)

Das Gefühl als Grundlage der Gotteserkenntnis steht bei Rousseau in einem ganz anderen Kontext als bei Pascal, so daß die beiden wie durch Welten getrennt scheinen.

Es ist dabei unverkennbar, daß für Pascal die Frage nach Gott, und zwar nach dem Gott Jesu Christi, immer ausschließlicher zum zentralen Anliegen seines Lebens wurde, während Rousseaus Denken nur zum Teil durch die religiösen Fragen bewegt war. Rousseau hat primär politisch und kulturkritisch gewirkt. Durch seinen *»contrat social«*[1], der ein demokratisches Ideal, aber in totalitärer Form ohne Toleranz für die andersdenkenden Minderheiten, vertrat, bereitete er die Französische Revolution vor. Durch seinen »Emile«[2] stellte er die Pädagogik auf eine neue Grundlage, auf der Pestalozzi weiterbaute. Durch den Hinweis auf die verderbliche Wirkung der gesellschaftlichen Kultur und die Verklärung des Natürlichen gab er der Aufklärung eine entscheidende Wendung. Durch die allgemeine Betonung des Gefühls ebnete er den Boden für die Romantik und vermittelte durch den sentimentalen Roman »La nouvelle Héloïse«[3] dem empfindsamen Zeitalter unerschöpfliche Anregungen.

Das Ringen um Gott ist ihm wohl wesentlich. Die Tragödie der eigenen Existenz und die schmerzhafte Erfahrung der inneren Zerrissenheit ließen es nicht zu, daß die Frage nach Gott eine neutrale, spekulative Angelegenheit blieb. Aber die Frömmigkeit füllt nicht das ganze Interesse seiner Existenz aus. So sind denn auch seine religiös wirksamen Gedanken nicht in eigenen Werken

1. 1754 geschrieben, aber erst 1762 gedruckt.
2. Gleichzeitig mit dem »contrat social« erschienen.
3. 1761. Der Erfolg des Werkes war enorm.

entwickelt, sondern werden in Büchern mit anderer Thematik erörtert. ROUSSEAUS einflußreichste Aussagen über Gott und die Religion finden sich in einem breiten eingeschobenen Bericht im 4. Buch des Erziehungsromans »Emile«. Es ist das berühmte »Glaubensbekenntnis des Savoyischen Vikars«. Dieses Bekenntnis ist ein geschlossener Traktat, ursprünglich auch selbständig entworfen, aber charakteristischerweise doch eben nur im Rahmen des Romans publiziert. Das mag ein Stück weit eine Vorsichtsmaßnahme gewesen sein. Die wütenden Angriffe, die ROUSSEAU um dieses Bekenntnisses willen von katholischer wie von protestantischer Seite her zu erdulden hatte, beleuchten die allgemeine Situation zur Genüge. Außer diesem Bekenntnis enthalten auch schon die Konfessionen der sterbenden Julie in der »Nouvelle Héloïse« Ansätze, die sich freilich in ihrer Bedeutung nicht mit dem Glaubensbekenntnis des Vikars messen können. Das Thema aber ist schon angeschlagen: *»L'Être éternel ne se voit ni ne s'entend; il se fait sentir; il ne parle ni aux yeux ni aux oreilles, mais au coeur.«*[4]

Wir werden unsere Darstellung auf das Glaubensbekenntnis des Savoyischen Vikars konzentrieren.

Um ROUSSEAUS Ansatz beim natürlichen Gefühl zu verstehen, ist er vorerst gegen PASCAL abzugrenzen, ebenso aber auch gegen den Ansatz bei der Natur und bei der Vernunft. Diese beiden bestimmen die aufklärerische Mentalität, und ROUSSEAU ist in einem Teil seines Wesens auch der radikale Aufklärer und nur zum andern Teil der prophetische Überwinder der Aufklärung. So spielen bei ihm Natur und Vernunft durchaus eine große Rolle, aber sie sind im Hinblick auf das Gefühl modifiziert.

ROUSSEAU unterscheidet sich von PASCAL dadurch, daß bei diesem das Gefühl die christlichen Grundthesen bestätigt und zu einem Instrument wird, um die Kritik der Vernunft unschädlich zu machen, nicht aber die Autorität der Offenbarung einzudämmen. Das Gefühl wird im apologetischen Interesse eingesetzt. Es steht ebenso gegen den Skeptizismus wie gegen den Gott der Philoso-

4. La nouvelle Héloïse, ed. D. Mornet, Paris 1925, Bd. IV, S. 317: Das ewige Wesen kann weder gesehen noch gehört werden; es läßt sich fühlen; es spricht nicht zu den Augen noch zu den Ohren, wohl aber zum Herzen.

phen, gegen Atheismus und Deismus für den wunderbaren Gott Jesu Christi. Die Vernunft wird konkret aufgefordert, sich zu unterwerfen.

Wie ganz anders bei ROUSSEAU! Wenn er den Satz von der Unterwerfung der Vernunft aufgreift, dann erhält dieser eine ganz entgegengesetzte Tendenz: »*Ils ont bon me crier: Soumets ta raison; autant m'en peutdire celui qui me trompe: il me faut des raisons pour soumettre ma raison.*«[5] Die Unterwerfung wird hypothetisch; Rousseau unterwirft sich der angeblichen Offenbarung gerade nicht. In dem fingierten Dialog zwischen dem Inspirierten und dem Denker oder, wie es im Entwurf noch hieß, zwischen dem Missionar, Propheten oder Apostel und dem Theisten oder Menschen bringt er dies scharf zum Ausdruck. Der Denker wendet ein: »*Homme de Dieu, vous ne seriez pas non plus le premier fourbe qui donne son arrogance pour preuve de sa mission ... Il n'y a rien de plus incontestable que les principes de la raison, et l'on ne peut autoriser une absurdité sur le témoignage des hommes.*« Der Inspirierte aber bricht in den Ruf aus: »*O coeur endurci! La grâce ne vous parle point.*«[6]

Das Gefühl steht wohl mit PASCAL gegen den Skeptizismus und letztlich für die Religion (des Herzens) gegen eine bloß raisonnierende Philosophie, aber ebenso entschieden gegen PASCAL, gegen die kirchliche Überlieferung für eine ganz dem Spontanen entsprechende *natürliche Religion*. Die durch HERBERT VON CHERBURY postulierte natürliche Religion ist eigentlich in ROUSSEAU zur Vollendung gelangt, weit mehr als in VOLTAIRE, dessen ab-

5. Emile wird zitiert nach: Emile ou l'Education, Paris 1941, 2 Bde. Die deutsche Übersetzung wird zitiert nach: Emile oder über die Erziehung, ed. Martin Rang, übersetzt von Eleonore Sckommodau, Stuttgart 1963. Die Seitenzahlen in Klammern beziehen sich auf die deutsche Übersetzung. Bd. II, S. 55 (S. 607): »Sie mögen schreien: Unterwirf deine Vernunft; dasselbe könnte mir jemand sagen, der mich betrügt – ich brauche Gründe, um meine Vernunft zu unterwerfen.«
6. A. a. O. II, S. 60.62 (S. 613.615): »Du Gottesmann wärest auch nicht der erste Betrüger, der seinen Dünkel als Beweis seiner Sendung ausgibt ... Es gibt nichts Unanfechtbareres als die Grundsätze der Vernunft, und auf das Zeugnis der Menschen hin läßt sich keine Absurdität rechtfertigen«, »O verhärtetes Herz! die Gnade spricht nicht zu dir.«

strakter Theismus im Gegensatz zu Rousseaus Lebensfülle recht blutleer anmutet.

Die natürliche Religion Rousseaus ist indessen nicht mit einer pantheisierenden Religion der Natur zu verwechseln. Die Natur ist nicht primär Gegenstand religiöser Verehrung, sondern die Natürlichkeit bildet den Lebensraum der Religion, die den Schöpfer und Weltregierer anbetet.

Rousseaus Verhältnis zur Natur ist nicht pantheistisch, aber es ist unmittelbar-gefühlvoll, im Gegensatz zu dem rationalen Ordnungs- und Nützlichkeitsdenken der deutschen Aufklärung und der ontologischen Identifizierung von Natur, Vernunft und Sittlichkeit bei den Stoikern. Ausdruck dafür sind nicht nur die späten »Rêveries«[7], sondern auch die Briefe an Malesherbes, die Naturerlebnisse von numinoser Dichte und Intensität schildern: »Da verlor sich der Geist in dieser Unermeßlichkeit, ich philosophierte nicht, ich fühlte mich mit einer Art von Wollust von der Wucht dieses Alls umfangen ... Ich glaube, wenn sich mir alle Geheimnisse der Natur enthüllt hätten, ich hätte mich in keiner so wonnigen Stimmung gefühlt, wie in dieser berückenden Ekstase, der sich mein Geist rückhaltlos hingab und die mich immer wieder zu dem begeisterten Ausruf hinriß: O großes Wesen! O großes Wesen!, ohne daß ich mehr hätte sagen oder denken können.«[8]

Natur und Vernunft spielen deshalb durchaus eine positive Rolle in der Frömmgkeit Rousseaus, sie bleiben aber unter der Führung des Gefühls, so daß Rousseaus Gott weder ein cartesianischer Vernunftgott noch ein spinozistischer Gott der Natur und Substanz ist. Rousseaus Gefühl ist zudem nicht auf das Naturerlebnis eingeschränkt, sondern schlägt ebensosehr nach innen.

Die Vernunft widerlegt, im Gegensatz zu Pascal, die heteronome Autorität, aber sie kommt nicht gegen die elementare Kraft des unmittelbaren Gefühls auf, das stärker als alle von der Vernunft vorbringbaren skeptischen Zweifel ist. So kann Rousseau gegen die Materialisten, die die menschliche Freiheit leugnen, argumen-

7. Postum 1782.
8. Brief an Herrn von Malesherbes vom 26. 1. 1762. Zit. in: K. Leese, Recht und Grenze der natürlichen Religion, Zürich 1954, S. 219.

tieren: »*On a beau me disputer cela, je le sens, et ce sentiment qui me parle est plus fort que la raison qui le combat.*«[9]
Sofern der Verstand nur in einem flachen Materialismus im Stil der radikalen französischen Aufklärung endet, stellt sich das Gefühl sogar eher auf die Seite der überlieferten positiven Religionen, deren Substanz doch der Leere und Öde des Materialismus überlegen ist.
Im letzten Grunde aber steht für Rousseau das Natürliche dem Wahren am nächsten. Das Natürliche ist auch nichts Zersetzendes oder Skeptisches, sondern etwas Gesundes. Der fast romantische Naturbegriff Rousseaus enthält zwar eine ganze Reihe von Unklarheiten. Die vereinfachende Gleichsetzung von natürlich und gut verdeckt die tiefe Problematik der Natur selbst. Der Zwiespalt des menschlichen Wesens, der für Rousseau eine so große und bedrängende Rolle spielt, ist schlecht mit der These vermittelt, daß der Mensch zwar von Natur gut, aber durch die Zivilisation verdorben sei. Auf so einfache Weise kann man die Natur nicht entlasten, schon die Beschränkung des Zwiespalts auf den Menschen ist fragwürdig.
Bei aller Verklärung der Natur wird diese jedoch niemals zu Gott selbst, sondern bleibt Hinweis auf den Schöpfer, und zwar weniger durch Nützlichkeitsargumente als durch den unmittelbaren Gefühlseindruck. Das Gewicht, das damit der Natur zugebilligt wird, führt indes dazu, daß die Religion als natürliche Religion allgemein-zeitlos wird und die geschichtliche Dimension weitgehend einbüßt. Das Geschichtlich-Positive an den konkreten Religionen erscheint demnach als etwas bloß Zufälliges, Geographisches. Es ist das trennende Element und gleichzeitig die Quelle der Entartungen.
Die natürliche Religion bleibt nicht auf allgemeine fromme Stimmungen beschränkt. Rousseau unternimmt es, von seinen Grundgefühlen aus eine umfassende Gesamtkonzeption einer natürlichen Religion des Herzens auszuführen. Das Bekenntnis des Savoyischen Vikars macht denn auch, bei aller Unausgeglichenheit

9. Emile, Bd. II, S. 29 (S. 572): »Man mag es mir abstreiten, soviel man will (sc. die spontane menschliche Aktivität), ich fühle es, und das Gefühl, das zu mir spricht, ist stärker als die Vernunft, die dagegen ankämpft.«

im einzelnen, den Eindruck eines geschlossenen Wurfes. Es ist aus einem Guß.

Im ersten Teil enthält es die Entfaltung der natürlichen Religion der skeptisch-materialistischen Vernunft gegenüber, im zweiten die Abgrenzung gegen die kirchliche Tradition.

Der Leitsatz: »*de me livrer au sentiment plus qu'à la raison*«[10] scheint ihm dabei »*confirme par la raison même*«[11]. ROUSSEAU kann nicht verstehen, wie man guten Glaubens prinzipieller Skeptiker sein kann, da das elementare Gefühl gegen die Skepsis spricht.

Im Gegensatz zu einem mechanistischen Materialismus geht er von der Anschauung des Lebendigen aus und formuliert als ersten Glaubensartikel seines Bekenntnisses: »*Je crois donc qu' une volonté meut l'univers et anime la nature.*«[12] Mit diesem Satz nimmt er gleichsam die Überwindung Spinozas durch den Idealismus vorweg. Wenn auch erst FICHTE diesen Grundgedanken allseitig erkenntnistheoretisch fundiert und ausgebaut hat, so ist doch nicht zu verkennen, daß ROUSSEAU das Entscheidende der Sache nach bereits formulierte. Die Linie zu FICHTE ist freilich nicht ungebrochen, weil dazwischen der Übergang zum transzendentalen Standpunkt liegt, der den Realismus ebenso ablehnt wie den Mechanismus überwindet. ROUSSEAUS Einsatz bedeutet aber jedenfalls gerade für die Aufklärungszeit mit ihrer Tendenz zum Mechanismus oder substanzhaften Pantheismus einen bedeutsamen Impuls.

Indem die bewegte Materie auf einen Willen zurückgeht, ist darüber hinaus zu sagen: »*la matière mue selon de certaines lois me montre une intelligence*«[13].

Das wird zum zweiten Glaubenssatz. Wille deutet auf Freiheit. Der Ursprung jeglicher Handlung liegt im Willen eines freien Wesens. Das gilt nicht nur von dem Beweger des Universums,

10. A. a. O. Bd. II, S. 16 (S. 566): sich »dem Gefühl mehr als dem Verstand zu überlassen.«
11. Ebenda: »von der Vernunft selbst bestätigt.«
12. A. a. O. Bd. II, S. 19 (S. 560): »Ich glaube also, daß ein Wille das Universum bewegt und die Natur belebt.«
13. A. a. O. Bd. II, S. 21 (S. 562): »die nach gewissen Gesetzen bewegte Materie weist auf eine Intelligenz.«

sondern von jedem wirklich handelnden Wesen. *»L'homme est donc libre dans ses actions, et, comme tel, animé d'une substance immatérielle.«*[14]

Diese Aussage formuliert der dritte Glaubensartikel des Vikars, der ROUSSEAUS Auffassungen repräsentiert. Deutlich tritt uns in diesem Satz, der das Mechanistische der Aufklärung überwindet, das noch Voridealistische entgegen, das im unkritischen Gebrauch des Begriffs »Substanz« liegt. Die tätige Lebendigkeit des Weltgrundes wie des menschlichen Willens kann erst durchdacht werden, wenn mit FICHTE der Substanzbegriff erschüttert wird.

Das höchste Wesen, das lebendiger Wille und Intelligenz ist, wird nicht spekulativ gefunden oder bewiesen; es ist unmittelbar dem Gefühl gegenwärtig und erlebbar. Die Kraft der Argumentation ROUSSEAUS beruht gerade auf dem Hinweis auf das unmittelbar Anschauliche und Erfahrbare, das setzt freilich ein Gemüt voraus, das ebenso empfindet. Für ROUSSEAU ist diese Empfindung natürlich; sie kann für den Menschen an jedem beliebigen Ort der Schöpfung aufbrechen. Auf die Frage, *wo* denn der Mensch das aktive, höchste Wesen *existieren sehen* (!) könne, antwortet ROUSSEAU: *»Non seulement dans les cieux qui roulent, dans l'astre qui nous éclaire; non seulement dans moi-même, mais dans la brebis qui pait, dans l'oiseau qui vole, dans la pierre qui tombe, dans la feuille qu' emporte le vent.«*[15]

Die Wahl der Beispiele verdeutlicht die Universalität dieses Erlebnisses der Lebendigkeit der Schöpfung – bis hin zum Stein. Eine solche Haltung ist nur da möglich, wo die Natur als harmonisch erlebt wird. Es gehört zu den Eigentümlichkeiten von ROUSSEAUS Denken, daß er die Erfahrung der Disharmonie auf das menschliche Wesen selbst konzentriert und das Universum davon ausnimmt. Nicht mit Sophismen scheint er die Harmonie des Ganzen gegen die Erfahrung verteidigen zu müssen, sondern er glaubt umgekehrt, daß Sophismen angehäuft werden müßten, *»pour mé-*

14. A. a. O. Bd. II, S. 30 (S. 574): »Der Mensch ist also frei in seinen Handlungen und als solcher von einer immateriellen Substanz belebt.«
15. A. a. O. Bd. II, S. 21 (S. 563): »Nicht nur im Wandel der Gestirne, im Leuchten der Sterne; nicht nur in mir selbst, sondern im weidenden Schaf, im fliegenden Vogel, im fallenden Stein, im Blatt, das der Wind davonträgt.«

connaître l'harmonie des êtres et l'admirable concours de chaque pièce pour la conservation des autres«[16].
Das unwillkürliche Gefühl bestätigt jederzeit die Harmonie der Natur. Ein derart mühsames Unternehmen wie die Theodizee von LEIBNIZ erscheint in dieser Perspektive als überflüssig.
So glaubt ROUSSEAU an den weisen und gütigen Willen des Weltenlenkers, nicht weil er ihn beweist oder erkennt, sondern weil er ihn, was stärker ist, fühlt.
Das fromme Gefühl ist keine bloße Theorie. Es wird sogleich zur Praxis, indem es im Herzen Andacht und Anbetung hervorruft. Elementar ist das Gefühl der Dankbarkeit und des Segens für die wohltätige Gottheit. Gott ist also keineswegs Lückenbüßer, sondern gerade in der Fülle des Seins und seiner Gaben gegenwärtig. Wie stark die Gefühlsbezogenheit der Frömmigkeit ist, geht aus der Aussage hervor, daß ROUSSEAU von den Wohltaten der Gottheit »gerührt« ist[17]. Diese Anbetung braucht niemand anzuordnen. Der Kultus dieser Gottheit *»m'est dicté par la nature elle-même«*[18]. Dieses harmonische Idyll wird nun freilich wie durch einen Blitz zerstört, wenn der Mensch den Blick auf sich selbst richtet und die unendliche innere Zerissenheit bedenkt, an der er leidet. Für ROUSSEAU ist diese Erfahrung fundamental, und es könnte sein, daß sein harmonisches Naturverständnis sich gerade als Gegengewicht gegen sein Selbstverständnis herausgebildet hat, indem er in der Natur wohltätige Linderung für die eigene Zerrissenheit fand. Wenn freilich der Mensch selbst ein solch zwiespältiges Wesen ist, dann ist schwer einzusehen, wie die Natur, die ihn doch hervorgebracht hat, so ganz harmonisch sein soll. Man müßte schon den Naturbegriff so sehr einschränken, daß er den Menschen nicht mehr mit umspannte. Es ist ja aber nicht der Sinn der ROUSSEAUschen Natürlichkeit, die Natur gegen den Geist auszuspielen, sondern gegen die Unnatur. Im übrigen hatte ROUSSEAU der Natur gerade den Willen und die Lebendigkeit zurückgegeben, die ihr von den Materialisten geraubt worden war.

16. A. a. O. Bd. II, S. 22 (S. 563): um die unmittelbar erlebbare »Harmonie der Wesen und das bewundernswerte Zusammenwirken jeden Teils zur Erhaltung der anderen leugnen« zu können.
17. A. a. O. Bd. II, S. 26 (S. 569).
18. Ebenda: »wird mir durch die Natur selbst diktiert«.

Während das Verhältnis der menschlichen Zerrissenheit zur harmonischen Natur ungelöst bleibt und auch durch den Hinweis auf die zivilisatorische Verderbtheit nicht überzeugend zu vermitteln ist, bietet dieser menschliche Zwiespalt ROUSSEAU die Gelegenheit, das Theodizeeproblem auf einfache Weise zu lösen. Alles Übel wird auf den Menschen und seine Freiheit zum Guten und Bösen zurückgeführt. Gott als Schöpfer der Natur und die Natur selbst sind damit entlastet. Die Natur wird der Übel wegen fälschlicherweise angeklagt, da diese Übel gerade durch Vergewaltigung und Mißbrauch der Natur entstanden sind. Im Zeitalter der Umweltzerstörung und ihrer Gefahren für das menschliche und auch außermenschliche Leben haben wir für dieses Argument vermehrtes Verständnis; für die Erklärung allen Übels in der Welt reicht aber diese einfache These dennoch keineswegs aus.

Gott erscheint, von solchen Fragen entlastet, gerade in seiner Allmacht als der Gute, der nicht zerstören kann, ohne sich selbst zu schädigen. ROUSSEAU schließt: »*Celui qui peut tout ne peut vouloir que ce qui est bien*«[19], und er ruft aus: »*Homme, ne cherche plus l'auteur du mal; cet auteur, c'est toi-même, il n'existe point d'autre mal que celui que tu fais ou que tu souffres, et l' un et l'autre te vient de toi.*«[20]

Das bedeutet nun aber nicht, daß Gerechtigkeit und Glück im Leben parallel laufen. Sei gerecht, und du wirst glücklich sein! Eine solche Maxime wird vom Leben nicht bestätigt. Daraus kann die bittere Auflehnung gegen den Schöpfer erwachsen. Sie klagt diesen an, den Menschen getäuscht zu haben. Gerade die Diskrepanz aber zwischen dem, was eigentlich von einem gerechten und gütigen Gott zu erwarten wäre, und dem wirklichen Geschehen wird für ROUSSEAU nun nicht Anlaß zu solchem anklagenden Zweifel. Sie ist ihm umgekehrt Beweismittel für die Unsterblichkeit der Seele. Die Seele war bereits als immaterielle Sub-

19. A. a. O. Bd. II, S. 32 (S. 577): »Wer alles vermag, kann nur das Gute wollen«.

20. A. a. O. Bd. II, S. 32 (S. 576): »O Mensch, suche nicht mehr nach dem Urheber des Übels; dieser Urheber bist du selbst. Es gibt kein anderes Übel als das, was du tust oder erleidest, und beides kommt von dir selbst.«

stanz definiert. Das Postulat der ausgleichenden Gerechtigkeit begründet darüber hinaus die Fortdauer nach dem Tode. Ein zwar nicht unbedingt ewiges, aber doch sehr langes Fortleben ist auf solche Weise erwiesen. Zum gleichen Ergebnis führt die Erkenntnis, daß ich auf dieser Erde, gebunden an meine Schwäche, gar nicht wirklich zum Leben gelange. Wiederum ist das Gefühl die entscheidende Instanz, die solches lehrt: »*Hélas! je le sens trop par mes vices, l'homme ne vit qu' à moitié durant sa vie, et la vie de l'âme ne commence qu'a la mort du corps.*«[21]

Der innere Zwiespalt des Menschen gründet letztlich im Gegensatz von Gut und Böse. Damit erst ist der entscheidende Punkt erreicht, der ROUSSEAUS Frömmigkeit von einer bloßen harmonischen Naturschwärmerei trennt. Im Grunde wird die Menschlichkeit des Menschen durch sein sittliches Bewußtsein konstituiert, das für ROUSSEAU im *Gewissen* erscheint. Bei ROUSSEAU gewinnt das Gewissen jene unbedingte Position, die es im deutschen Idealismus, vor allem bei KANT und FICHTE behauptet und noch ausbaut. Für ROUSSEAU ist es aber von ausschlaggebender Bedeutung, daß die im Gewissen erscheinenden Grundprinzipien des Handelns »*au fond de mon coeur écrites par la nature en caractères ineffaçables*« zu finden sind[22]. Wieder tritt die Natur an die entscheidende Stelle, und indem sie das Gewissen begründet, bestätigt sie ihr Gutsein.

Er bemerkt die Spannung nicht, die in sein Denken hineinkommt, wenn er daneben das Gewissen als himmlische Stimme versteht, wie sein ekstatischer Ausruf bekräftigt: »*Conscience! conscience! instinct divin, immortelle et céleste voix.*«[23]

Der Unterschied zwischen Gott und der Natur ist für ROUSSEAU natürlich nicht von jener Schärfe, wie der Gegensatz Gnade/Natur für PASCAL. Immerhin ist die Doppelaussage bemerkenswert. Das Gewissen ist unfehlbar und hebt den Menschen über das Tier hinaus, während sogar die Vernunft fehlbar ist.

21. A. a. O. Bd. II, S. 34 (S. 579): »Ach! ich fühle es nur zu sehr durch meine Laster – der Mensch lebt sein Leben nur halb, und das Leben der Seele beginnt erst mit dem Tode des Leibes.«
22. A. a. O. Bd. II, S. 38 (S. 585): »im Grunde meines Herzens in unauslöschlichen Lettern.«
23. A. a. O. Bd. II, S. 45 (S. 593): »Gewissen! Gewissen! göttlicher Instinkt, unsterbliche und himmlische Stimme.«

Rousseaus so gefühlbetontes, instinkthaftes Gewissen hat in sich noch eine weitere Problematik. Einmal ist es als göttliche Stimme, durch die Natur unauslöschlich in die Herzen geschrieben, der Art nach allgemeingültig, zum andern aber doch betont subjektiv. Gerade an dieser Stelle zeigt sich die Bedeutung der Emanzipation des Rousseauschen Gefühls von der es ins Allgemeine einbettenden Tradition. Es ist etwas anderes als die Stimme des allgemeinen Gesetzes. Montaigne, neben ihm auch John Locke, hatten das Gewissen für gesellschaftlich determiniert erklärt. Es ist ihnen das anerzogene allgemeine Über-Ich des Gesetzes. Rousseau bestreitet diese Deutung vehement. Das Gewissen ist vielmehr eingeboren, durch die Natur ins Herz gesenkt. Insofern ist es absolut. Es ist dadurch aber auch allgemein, denn: *»vous trouverez partout les mêmes idées de justice et de l'honnêteté ... partout les mêmes notions du bien et du mal«*[24], mögen sie auch von verschiedenen gesellschaftlichen Sitten und religiösen Lehren überdeckt sein. Das *principium individuationis* wird wiederum im Geschichtlichen, nicht im Individuell-Naturhaften gefunden.

Das Gewissen ist als der absolute Punkt sogar zuverlässiger als die Vernunft. Diese kann uns trügen, *»mais la conscience ne trompe jamais«*[25].

Sobald als Definition des Gewissens jedoch der Satz erscheint: *»Tout ce que sens être bien est bien, tout ce que je sens être mal est mal«*[26], schlägt das Absolute, das Naturhaft-Allgemeine ins Subjektive um. Die persönliche Empfindung wird plötzlich zum legitimen *principium individuationis*. Es ist eine schlechthin utopische Behauptung, daß jedermann das gleiche empfinde und gar das gleiche als gut empfinde. Indem das Gewissen, im Sinne von Rousseau berechtigt, als *»voix intérieure«*[27] der gesellschaftlichen Sitte entgegentritt, ist es nicht nur Anwalt des noch allgemeineren, natürlichen Guten gegenüber dem historisch Gewordenen,

24. A. a. O. Bd. II, S. 42 (S. 589): »Ihr findet überall die gleichen Ideen der Gerechtigkeit und der Rechtschaffenheit ... überall die gleichen Begriffe von Gut und Böse«.
25. A. a. O. Bd. II, S. 39 (S. 585): »Aber das Gewissen täuscht nie«.
26. A. a. O. Bd. II, S. 38 (S. 585): »Alles, was ich als gut empfinde, ist gut, alles, was ich als böse empfinde, ist böse«.
27. A. a. O. Bd. II, S. 39 (S. 585): »Innere Stimme«.

sondern ebensosehr Vertreter der subjektiven Invidiualität gegenüber dem Allgemeinen. Diese beiden Tendenzen streiten gegeneinander. Das wird bloß durch ROUSSEAUS einschichtigen Naturbegriff überdeckt.

In der neueren Psychologie hat man gerade auf den Unterschied zwischen dem Gewissen als Stimme des Allgemeinen und der »inneren Stimme« aufmerksam gemacht. Erich NEUMANN führt dazu aus: »Das Gewissen als Repräsentant des kollektiven Über-Ich ist ein von außen kommender heteronomer Einfluß, ganz gleich, ob dieser Einfluß bewußtseinsfördernd ist oder nicht. Der äußeren Autorität des Über-Ich, die den Charakter der Gegebenheit, des Feststehenden, des Gesetzten und der starren Tradition hat, stellt sich die ›Stimme‹ als Bestimmendes und als Bestimmung gegenüber, als Ausdruck der inneren Offenbarung, des Neuen und werdend sich Entfaltenden, dessen, was zu kommen hat. Immer und unausweichlich hat die Stimme ›Sohn‹-Charakter gegenüber dem ›Vater‹-Charakter des Gesetzes.«[28] Das eingeborene und gleichzeitig allgemeine Gewissen ROUSSEAUS ist von da aus kaum haltbar. Soweit er gegen MONTAIGNE und LOCKE recht behält, betrifft es die innere Stimme, die ebenso wie Empfindung und Gefühl an der Variation des Individuellen teilhat.

Nun läuft die ganze Tendenz ROUSSEAUS, wie auch seine politischen Schriften zeigen, nicht auf einen anarchischen Individualismus hinaus, obgleich er selbst innerhalb und außerhalb der Gesellschaft einen sehr eigenen Weg gegangen ist. Er ist gerade tief davon überzeugt, daß das Gefühl, speziell das durch die Natur eingepflanzte Grundgefühl des Gewissens, die wahre Einheitlichkeit des Menschengeschlechts ausmache. Nicht einmal die Vernunft besitzt nach seiner Auffassung einen so hohen Grad an geschichtsloser Allgemeinheit wie diese unfehlbare göttliche Stimme im Menschen.

Deshalb ist für ihn auch das Problem der Einheit der Religion durch dieses Phänomen gelöst. Die Verschiedenheit der Kulte und Religionen beruht auf den Offenbarungsansprüchen der positiven Religionen, genau so wie die verschiedenen gesellschaftlichen Sitten auf den geschichtlich gewachsenen Zivilisationen.

28. E. Neumann, Tiefenpsychologie und neue Ethik, 3. Aufl. München 1973, S. 123.

ROUSSEAU nennt diese Ansprüche, die die Menschheit im Streit zerteilen, geradezu *»la fantaisie des révélations«*[29].
Demgegenüber stellt er fest, daß es auf der Erde immer nur eine einzige Religion gegeben hätte, wenn man auf das gehört hätte, was Gott dem Menschenherzen sagt. *»Le cérémonial de la religion«*[30] ist nicht mit der Religion selbst zu verwechseln. ROUSSEAUS eigentliche Meinung kommt in dem Ausruf zum Ausdruck: *»Le culte que Dieu demande est celui du coeur; et celui-là, quand il est sincére, est toujours uniforme.«*[31]
Das ist die wahre Auslegung des Wortes Christi im Johannesevangelium, daß wir Gott im Geist und in der Wahrheit anbeten sollten. Dieser gleichzeitig ganz individuelle wie allgemein-einheitliche Gottesdienst des Herzens ist der Inbegriff der natürlichen Religion. Wie man demgegenüber noch das Bedürfnis nach einer positiven, institutionellen und angeblich geoffenbarten Sonderreligion haben kann, ist ROUSSEAU schlechterdings unbegreiflich.
Die Glaubenssätze der positiven Religionen scheinen Gott eher zu erniedrigen als zu erhöhen. An die Stelle der erhabenen Geheimnisse setzen sie absurde, sich widersprechende Lehren, die weder die Vernunft noch das Gefühl befriedigen. Darüber hinaus aber machen die positiven Religionen die Menschen intolerant und grausam. ROUSSEAU wiederholt diesen Vorwurf, den bereits BAYLE, VOLTAIRE und viele andere erhoben hatten. Die Geschichte, nicht zuletzt die Geschichte Frankreichs der eben vergangenen Jahrzehnte, lieferte für diese Anklage das makabre Anschauungsmaterial.
In solcher Kritik der Offenbarungsreligionen geht ROUSSEAU ein Stück weit mit seinem großen Widersacher VOLTAIRE zusammen. Speziell die Ablehnung des Fanatismus ist den beiden Antagonisten gemeinsam. Ähnlich steht es mit der Ablehnung der Wunder als Beglaubigung der Offenbarungslehren. An diesem Punkt stimmt ROUSSEAU mit der allgemeinen Aufklärungskritik überein. Was ist das für ein Gott, der seine Lehren mit Wundern be-

29. Emile, Bd. II, S. 53 (S. 604): »der Wahn der Offenbarungen«.
30. Ebenda: »das Zeremoniell der Religion«.
31. Ebenda: »Der Gottesdienst, den Gott will, ist der des Herzens, und wenn dieser aufrichtig ist, ist er auch immer einheitlich.«

glaubigen muß, die ihrerseits der Beglaubigung bedürfen, statt unmittelbar beweiskräftig zu sein? Ist es nicht ein Zirkelschluß, die Lehre mit Wundern zu stützen, die Kriterien zur Unterscheidung von göttlichen und dämonischen Wundern aber wieder in der Lehre zu suchen? Die berichteten Wunder sind zudem meist Gottes gar nicht würdig, als da sind Stecken in Schlangen zu verwandeln oder Sonnenuhren rückwärts laufen zu lassen. Mit der Aufklärung allgemein empfindet ROUSSEAU: »*C'est l'ordre inaltérable de la nature qui montre le mieux la sage main qui la régit.*«[32]

Ebenso verwirft er im Grunde jede Buchreligion. Das einzige Buch, das vor aller Augen offen daliegt, ist das der Natur. «*J'ai donc renfermé tous les livres. Ilen est un seul ouvert à tous yeux, c'est celui de la nature.*«[33] Es leitet am sichersten zur Anbetung an. Der natürliche Gottesdienst des Herzens kann auf jede Intoleranz verzichten; er vermag alle Religionen zu respektieren, jeden in seiner Religion im Frieden leben zu lassen und zugleich jeden als Bruder zu lieben. Wenn die natürliche Religion sich aber auch in solcher Klarheit von den geschichtlichen Offenbarungsreligionen abgrenzt, so ist sie doch ihrem Wesen nach *Religion* und keineswegs Philosophie. Sie ist Gottesdienst des Herzens, niemals Skeptizismus. Wenn ROUSSEAU die beiden Fronten, zwischen denen er steht, abschätzt, dann erscheint ihm der atheistische und skeptische Materialismus seiner philosophischen Freunde von der Enzyklopädie so dürftig und abgeschmackt, daß er die Religionen, die doch wenigstens die Völker erziehen, bevorzugt und sogar bereit ist, ihren intoleranten Fanatismus ein Stück weit in Kauf zu nehmen.

Diese Solidarisierung führt ihn in tiefgreifenden Gegensatz zu VOLTAIRE, für den die unversöhnliche Kritik an der Kirche wichtiger war als die Zurückweisung des Atheismus.

ROUSSEAU legt ebenfalls Wert darauf, Jesus von Nazareth nicht in den allgemeinen Strudel der Kritik an der Offenbarungsreligion hineinzuziehen, sondern ihn als den Verkündiger edelster Menschlichkeit im Sinne der natürlichen Religion zu preisen. Er sagt von

32. A. a. O. Bd. II, S. 57 (S. 610): »In der unerschütterlichen Ordnung der Natur zeigt sich am besten die weise Hand, die sie regiert.«
33. A. a. O. Bd. II, S. 70 (S. 625): »Ich habe darum alle Bücher geschlossen. Ein einziges ist allen Augen geöffnet; es ist das der Natur.«

ihm nicht nur: »*Du sein du plus furieux fanatisme la plus haute sagesse se fit entendre*«[34], sondern er stellte ihn auf eine in der Aufklärungszeit seltene Weise höher als Sokrates; er wagte den kühnen Vergleich: »*Si la vie et la mort de Socrate sont d'un sage, la vie et la mort de Jesus sont d'un Dieu.*«[35] Diese emphatische Würdigung Jesu darf man freilich nicht im Sinne eines Bekenntnisses ROUSSEAUS zur dogmatischen Gottheit oder Gottmenschheit Jesu Christi emporstilisieren; das wäre zweifellos eine Überinterpretation. Die Frömmigkeit ROUSSEAUS ist auch im ganzen nicht wesentlich an Jesus orientiert. Er vollzieht einfach die Integration der Gestalt Jesu in sein Denken und bekundet damit, daß er sich zwar als im Gegensatz zur Kirche, aber nicht letztlich zu Jesus Christus stehend versteht. Seine natürliche Religion will nicht eine völlige Gegenposition zum Christlichen darstellen. Soweit geht er den Tendenzen des englischen Deismus und der gemäßigten Aufklärung konform; die kritische Distanz ist aber zweifellos weit größer als etwa bei LEIBNIZ.

ROUSSEAUS Darlegungen bleiben streckenweise emotional-bekenntnishaft und verzichten auf strenge Begründungen. Es genügt ihm, wenn er etwas fühlt. Dennoch hat man den Eindruck einer geschlossenen Konzeption, und es ist gerade das so unmittelbar das Gefühl ansprechende Moment, das die ungemeine Wirkung des ROUSSEAUschen Bekenntnisses zur natürlichen Religion erzeugt hat.

ROUSSEAUS Gott war viel lebendiger, unmittelbarer, gegenwärtiger, erfüllender als VOLTAIRES bleicher Vernunftgott. Zudem riß der Schwung des Naturoptimismus bei aller Einsicht in das zerrissene Wesen des Menschen die Seele höher hinaus als der bittere Pessimismus des Dichters des »Candide«. Die Woge der Begeisterung trug über so manche Untiefe fragwürdiger Argumentation, so manchen Widerspruch hinweg und ließ an eine Harmonie des Ganzen glauben, die beglückte und den Widerhall der Zeit fand.

34. A. a. O. Bd. II, S. 72 (S. 627 f.): »Unter dem wütendsten Fanatismus erklang die Stimme höchster Weisheit.«
35. A. a. O. Bd. II, S. 72 (S. 628): »Wenn das Leben und Sterben des Sokrates das eines Weisen war, so war das Leben und Sterben Jesu das eines Gottes.«

Noch ist der Gott des Gewissens eingebettet in die Harmonie der Natur. Bei KANT wird er isolierter, der Fülle der Welt entfremdeter und damit ärmer.

Einen Augenblick lang rauschte die ekstatische Symphonie des natürlich harmonischen Gefühlsüberschwanges auf, um dann in den grellen Dissonanzen der französischen Revolution unterzugehen.

4. Der Gott des frommen Gefühls

Friedrich Daniel Ernst Schleiermacher (1768–1834)

Die Gefühlsimpulse, die Rousseau wie lodernde Fackeln in das trockene Holz der Aufklärung geschleudert hatte, griffen in der Romantik auf das ganze Geistesleben über. Wohl war schon die Zeit der Aufklärung nicht nur eine Epoche des dürren Verstandes und der pedantischen Tugend gewesen. Als Kompensation breiteten sich Sentimentalität und Empfindsamkeit bereits in der zweiten Hälfte des 18. Jahrunderts aus, die nicht umsonst auch als »Zeitalter der Empfindsamkeit« in die Geschichte eingegangen ist. Auf Anregung Lessings hin hat J. J. Bode 1768 das Wort »empfindsam« eingeführt; 1774 erschien Goethes »Werther«.

Dennoch bringt erst die Romantik den allgemeinen Durchbruch des Gefühls und die Ablösung der Verstandesherrschaft der Aufklärung. Das Unendliche verdrängt das Maß, das dunkle Geheimnis die Durchsichtigkeit des Tages. Die Sehnsucht ersetzt die Tugend, die blaue Blume tritt an die Stelle der Kartoffel. Der Aufschwung des Irrationalen und der neue Blick in die Tiefen der Seele führen zu einer Veränderung auch des religiösen Klimas, so daß das Gefühl die führende Rolle übernimmt. Niemals in der Geschichte des Abendlandes waren die Voraussetzungen für eine Theologie des Gefühls so ideal.

Von einer Einheitlichkeit der religiösen Bewegung kann freilich in dieser so aufgewühlten Zeit keine Rede sein. Die verschiedensten Tendenzen laufen nebeneinander her; nachdem die Individualität freigegeben worden ist. Der neu aufflammende Subjektivismus kann sich emanzipatorisch nicht nur von der kirchlichen Tradition, sondern von jeder religiösen Bindung überhaupt lösen. So sieht sich Schleiermacher veranlaßt, in der Frühzeit der Romantik 1799 seine »Reden über die Religion an die Gebildeten unter ihren Verächtern« ausgehen zu lassen und dabei zu fragen,

ob er für einen »so ganz vernachlässigten Gegenstand«[1] überhaupt Hörer finden könne.
Soweit das romantische Gefühl fromm ist, ist es nicht ohne weiteres christlich. Die Stärke des Sinnlich-Anschaulichen führt das romantische Gemüt in die Natur und läßt es in pantheisierenden Stimmungen das Unendliche erleben, so daß Uralt-Heidnisches mit einfließt. Das wird durch ein ästhetisches Moment verstärkt, das sich auch gegen asketische Strukturen stemmt.
Auf der anderen Seite führt gerade der gleichzeitig aufsteigende Idealismus, durch den nüchtern-aufgeklärten Kant eröffnet, durch den begeisterten Fichte zum ersten Gipfel gebracht, von der Natur weg. Der transzendentale Standpunkt im Bewußtsein verweist alle äußere Realität mitsamt der Natur auf den zweiten Platz; selten stand jemand der Natur fremder gegenüber als Fichte. Ein weiteres Element der Romantik wirkt sich in seiner Folge noch schroffer gegen das emanzipatorische und pantheisierende Empfinden aus. Der Idealismus hatte, wenn auch nicht das Naturgefühl, so doch das Bewußtsein der Autonomie und Freiheit mit der Frühromantik gemeinsam. Nun lag im Romantischen ebenfalls ein tiefer Hang zur Rückkehr ins Urtümliche, Dunkel-Mütterliche und damit ein regressiver Zug zur Vergangenheit. Sofern diese Vergangenheit nicht die Natur, sondern die Geschichte meinte, bot sich das Mittelalter als Ziel der Sehnsucht an. War es von der Aufklärung als finster gebrandmarkt worden, so erschien es nunmehr wieder in neuem, verklärtem Glanz. Damit ersteht auch die Autorität in erneuerter Würde. Die Kirche, und zwar in der katholischen Form, und das Reich als Einheit gewinnen ideale Züge. Religiöse wie nationale Begeisterung greifen auf die Vergangenheit zurück. So entsteht die restaurative, teilweise sogar reaktionäre Tendenz.
Im protestantischen Raum gewinnt diese Wende verstärkt dadurch Raum, daß die vom Pietismus getragene, gefühlsbetont-irrationale und antiaufklärerische Erweckung die romantische Stimmung auffängt und in einem konservativen Bündnis von

1. Schleiermachers »Reden« werden in der Urfassung zitiert nach der Edition von Rudolf Otto, Göttingen 5. Aufl. 1926, und in der 3. Ausgabe von 1821 nach F. Schleiermacher, Sämmtliche Werke, Berlin 1843, Bd. I/1; abgekürzt »Otto« und »I/1«. – Otto, S. 1.

Orthodoxie und Pietismus endet. Die irrational-emotionale Seite des verbündeten Romantisch-Pietistischen vermag sich dabei leicht über alle nüchtern-rationale Kritik hinwegzusetzen, durch die die Aufklärung sich über den Aberglauben erhoben hatte.
Es ist kein Zufall, daß sich zuletzt gerade diese restaurative Tendenz, verbunden mit den autoritären Interessen der herrschenden Monarchien, durchsetzte – eine der unglücklichsten Entwicklungen der neueren Geistesgeschichte. Die Veränderung des geistigen Klimas innerhalb weniger Jahrzehnte ist so radikal, daß SCHLEIERMACHER in der Vorrede zur dritten Ausgabe der »Reden« 1821 schrieb, man möchte jetzt »eher nötig finden, Reden zu schreiben an frömmelnde und an Buchstabenknechte, an unwissend und lieblos verdammende, aber- und übergläubige«[2] als an die Gebildeten unter den Verächtern der Religion.
Die kurzen Jahre waren aber doch eine Zeit der fruchtbarsten Anregungen, obgleich nur die wenigsten romantischen Blütenträume zur Reife gelangten. Sie schufen die Basis, den Gott des Gefühls ebenso rein und umfassend zum Ausdruck zu bringen, wie es die Aufklärung mit dem Gott der Vernunft getan hatte. Da es aber im Wesen des Gefühls liegt, sich lieber unmittelbar auszusprechen, war die Kunst weit mehr als die philosophische Reflexion der Ort, an dem sich das romantische religiöse Leben Gestalt zu verschaffen wußte.
In keinem Teil unserer Überlegungen würde es darum näher liegen, der Poesie und nicht dem Denken das Wort zu lassen. Das Ahnende liebt das Andeutende. Das Gefühl, das sich gegen die Herrschaft des Verstandes erhebt, findet sich nicht in der Analyse von Begriffen zu Hause. So ist nicht das rationale Verstehen, sondern das seelische Mitschwingen entscheidend. Bild und Symbol treffen die gemeinte Mitte besser als der Begriff.
Zu solcher Einstimmung ruft NOVALIS auf, der große Künder frühromantischer Frömmigkeit, der auf den jungen SCHLEIERMACHER einen tiefen Einfluß ausgeübt hat:

Hätten die Nüchternen
Einmal gekostet,
Alles verließen sie,

2. I/1, S. 140.

Und setzten sich zu uns
An den Tisch der Sehnsucht,
Der nie leer wird.[3]

Beschränken wir uns aber auf das Denken, dann ist der Ertrag der romantischen Epoche am reifsten und umfassendsten durch Friedrich Daniel Ernst SCHLEIERMACHER eingebracht worden. Es ist ein einmaliger Glücksfall, daß sich gerade in jener vom Gefühl beherrschten Strömung der geniale Mann fand, der nicht nur über die höchste Sensibilität und ein tiefes frommes Empfinden verfügte, sondern gleichzeitig die durchdringendste dialektische Reflexionskraft besaß. Zudem verpuffte er seine Kraft nicht in genialen Fragmenten, wie so viele seiner romantischen Freunde, sondern hatte die ausdauernde Beharrlichkeit, das Begonnene umfassend und systematisch bis zu Ende durchzuführen. SCHLEIERMACHER verbindet darüber hinaus die verschiedenen Tendenzen seines Zeitalters – außer der von ihm bekämpften restaurativen – in einer universalen Synthese. Er ist von seiner Erziehung her tief christlich geprägt, und zwar in der herrnhutischen Form einer stark gefühlsbetonten Christusfrömmigkeit. Die geistige Enge des Herrnhutertums überwand er aber mit seinem Durchbruch zur kritisch-rationalen Aufklärung, in dem er die orthodoxen Formen der christlichen Dogmatik hinter sich ließ. Für den romantischen Aufbruch war er ebenso offen wie für die neue Denkungsart der idealistischen Philosophie bei KANT und FICHTE. Durch diese gewann er, bei aller kritischen Freiheit in der Auseinandersetzung mit ihnen, den grundsätzlich transzendentalen Standort. Die starken Eindrücke SPINOZAS auf ihn wurden auf diese Weise relativiert. Als Theologe durchdrang er in sorgfältigen Studien nicht allein die Bibel, sondern ebenso die Kirchengeschichte.

Mit SCHLEIERMACHER kommt in unserer Untersuchung ein Theologe ausführlich zu Worte. Das rechtfertigt sich dadurch, daß SCHLEIERMACHER nicht einfach als Vertreter der Kirche zu verstehen ist, sondern in der allgemeinen Geistesgeschichte eine zentrale Bedeutung für das Ringen um Gott im Denken besitzt.

SCHLEIERMACHER ist der klassische Repräsentant des Gottes des Ge-

3. Novalis, Schriften, Bd. I. Das dichterische Werk, ed. P. Kluckhohn und R. Samuel, Stuttgart 1960, S. 168.

fühls. Der frühe SCHLEIERMACHER der »Reden« und der fast gleichzeitigen, nicht die Religion, sondern die Sittlichkeit in den Mittelpunkt rückenden »Monologen« ist noch tief durch die romantische Stimmung der Jahrhundertwende geprägt. In der Reifezeit treten die idealistischen Grundlagen seines philosophischen Denkens und die Verwurzelung in der Substanz christlicher Überlieferung deutlicher zutage. Den entscheidenden Durchbruch, in dem SCHLEIERMACHER sich selbst findet, bilden zweifellos die »Reden über die Religion an die Gebildeten unter ihren Verächtern« (1799). In ihnen blickt er auf seine Jugend zurück, in der Frömmigkeit der »mütterliche Leib«[4] war, in dem sein junges Leben genährt wurde und in der sein Geist atmete. Gleichzeitig aber erinnert er an die kritische Phase, in der »der Gott und die Unsterblichkeit der kindlichen Zeit dem zweifelnden Auge entschwanden«[5], die Frömmigkeit aber erhalten blieb und sich als etwas erwies, was nicht von bestimmten überwundenen Vorstellungen abhängig war.

SCHLEIERMACHER blieb den Grundgedanken der »Reden« treu. Nur die romantische Begeisterung wich der nüchternen Analytik. Es wäre zweifellos ein Fehler, den älteren SCHLEIERMACHER allzuweit von den »Reden« abrücken zu wollen.

Der Neuansatz der »Reden« zeigt sich zunächst darin, daß mehr von der Religion als von Gott direkt die Rede ist. Das Interesse konzentriert sich auf das seelische Phänomen »Religion«. Der bisherige in die Krise geratene Begriff der Religion ist freilich durch einen angemesseneren zu ersetzen.

Die Religion besteht keineswegs aus den Vorstellungen eines höchsten Wesens, einer Vorsehung und einer Unsterblichkeit. Die Bejahung solcher Ideen ist nicht identisch mit Frömmigkeit, ihr Verlust ist nicht gleichzeitig Verlust der Religion. Das eben war SCHLEIERMACHERS tiefes Jugenderlebnis. Vorstellungen als den Kern der Religion anzusehen ist das gröbste Mißverständnis. Vervollkommnung der Glaubenslehren und der theologischen oder metaphysischen Systeme ist keineswegs Vervollkommnung der Religion. Die Glaubenslehren, die vom rohesten Aberglauben bis zum verfeinerten Deismus oder zu den abstraktesten metaphysischen

4. I/1, S. 152. Otto, S. 9, »Religion« statt »Frömmigkeit«.
5. I/1, S. 152, Otto, S. 10, nur: »Gott und Unsterblichkeit«.

Lehren reichen können, sagen nichts über die faktische Religion aus, die in ihrem Umkreis auftritt.
Ebensowenig wie die spekulativen können die moralischen Systeme beanspruchen, das Wesen der Religion auszudrücken. Weder die theoretische noch die praktische Vernunft bilden die Grundlage der echten Religion. Die Verwechslung der Religion mit der Moral ist ebenso bedenklich wie die mit der Spekulation. Es ist eine Herabwürdigung der Religion, sie zu einem Motiv für Moral oder gar nur für gesellschaftliches Wohlverhalten zu machen.
Die radikale Trennung von Religion und Moral beim jungen SCHLEIERMACHER ist nur verständlich, wenn man die KANTschen Voraussetzungen berücksichtigt. KANT hat gezeigt, daß die Ethik nicht auf der Religion basiert, sondern eine autonome Wurzel hat. In diesem Punkt folgt SCHLEIERMACHER KANT. Wenn KANT aber dann umgekehrt die Religion auf die Sittlichkeit gründen will, indem die Religion die Erkenntnis des Sittengesetzes als eines göttlichen Gebotes sei, dann verweigert ihm SCHLEIERMACHER die Gefolgschaft. Seine Polemik richtet sich deshalb ebenso deutlich gegen KANTS moralischen Vernunftglauben wie gegen die durchschnittliche Aufklärung und die kirchliche Orthodoxie.
Will man die Religion auf Theologie oder Philosophie bauen, so fällt man ins Leere. Die Vorstellungen, die man als Angelpunkt der Religion ansieht, wie Furcht vor dem ewigen Wesen, Vorsehung und Unsterblichkeit sind lediglich Äußerungen des menschlichen Wesens oder ein Erzeugnis der Zeit und der Geschichte. Mit dieser Feststellung nimmt SCHLEIERMACHER eine Erkenntnis vorweg, die später FEUERBACH zu seinem zentralen Angriff gegen die Religion überhaupt benutzt. Doch SCHLEIERMACHER hatte schon im voraus gezeigt, daß eine so erzeugte Größe gar nicht die echte, sondern bloß eine scheinbare Religion wäre.
Mit solchen Versuchen, von metaphysischen oder moralischen Vorstellungen auszugehen, ist elementar der *ursprüngliche* Charakter der Religon in ihrer *Unmittelbarkeit* verkannt.
Sie zeigt sich nur, wenn wir »das religiöse Leben selbst« betrachten, in dem »die ganze Seele aufgelöst ist in ein unmittelbares Gefühl des Unendlichen und Ewigen und ihrer Gemeinschaft mit ihm«[6]. Die Religion wird gefunden, wenn wir uns »in das

6. I/1, S. 160.

Innere einer frommen Seele«[7] versetzen und sie in »einem dem Weltall sich hingebenden Gemüt«[8] ergreifen. Sie ist »ein Leben in der unendlichen Natur des Ganzen, im Einen und Allen, in Gott«[9]; sie ist »Sinn und Geschmack fürs Unendliche«[10], »Anschauen des Universums«[11].
Die in diesem Zusammenhang auftauchenden Begriffe Weltall und Universum könnten das Mißverständnis wecken, SCHLEIERMACHER steuere auf einen Gott der Natur zu und bewege sich in die Richtung eines SPINOZA verpflichteten Pantheismus. SCHLEIERMACHER rechnet aber die innere Welt ebenso zum Universum wie die äußere. Auch das Gemüt wirkt als Welt auf uns, und es ist die nächste Welt der Religion; die Menschheit ist zudem für uns weit mehr Universum als etwa die Natur. Nicht nur diese Bestimmungen lassen uns zurückhalten, unter »Weltall« den gestirnten Himmel verstehen zu wollen. Entscheidend ist die Tatsache, daß SCHLEIERMACHER von SPINOZA durch den *transzendentalen Standpunkt* getrennt ist. Das Weltall und das Universum, die in der Religion »angeschaut« werden, sind etwas ganz anderes als die Summe des äußerlich erscheinenden partiellen Seins, das durch Zusammensetzung ein Ganzes würde. Gemeint ist die Einheit des Ganzen, die als unteilbare Einheit des wirkenden Seins hinter dem erscheinenden Sein tätig ist, die zu schauen eben das Fromme am Gefühl ausmacht, die sich nicht dem analytischen Blick durch das Fernrohr erschließt. SCHLEIERMACHER meint ebenso wie SCHELLING, wenn dieser Gott »das All« nennt, die *Einheit* des wirkenden Absoluten, nicht die Summe der Mannigfaltigkeit des erscheinenden Seins als der unendlichen Reihe der Erscheinungen. Von SPINOZA trennt ihn weiter die seit FICHTE festgehaltene Einsicht, daß das, was er das Universum nennt (also nicht die raumzeitliche Erscheinung), reine Tätigkeit und nicht Substanz ist. »Das Universum ist in einer ununterbrochenen Tätigkeit und offenbart sich uns jeden Augenblick.«[12] Nur die Unkenntnis so-

7. I/1, S. 162 f.
8. I/1, S. 163.
9. I/1, S. 185.
10. Otto, S. 34.
11. Otto, S. 35.
12. Otto, S. 36.

wohl SPINOZAS wie Kants und FICHTES konnte aus dem Lobpreis der Frömmigkeit SPINOZAS, die SCHLEIERMACHER in den »Reden« auszusprechen wagte, schließen, SCHLEIERMACHER selbst stehe auf dem Standpunkt SPINOZAS.

Später hat SCHLEIERMACHER den Begriff der Anschauung des Universums gegenüber den Ausdrücken »Gefühl« und »unmittelbares Selbstbewußtsein« zurückgestellt. Je mehr er sich von der »intellektuellen Anschauung« der spekulativen Idealisten, besonders SCHELLINGS, distanzierte, um so mißverständlicher mußte das Wort Anschauung erscheinen, gleichgültig, ob es nun als sinnliche Anschauung des sichtbaren Kosmos oder als intellektuelle Anschauung im transzendentalen Verstande genommen werde.

Der Terminus »Anschauung« ist unwesentlich. Entscheidend und von SCHLEIERMACHER zeitlebens durchgehalten bleibt die Einsicht, daß Gott im unmittelbaren Leben des Gemütes ergriffen wird, während keine Gottesvorstellung Leben schafft. Dieser Augenblick der Geburt der Religion kann nicht fixiert werden, da in ihm Ewigkeit und Zeit in schwebender Weise verknüpft sind. Jede Fixierung würde die Zerstörung bedeuten; ohne einen solchen Augenblick aber existierte nur tote metaphysische Vorstellung. Die Schilderung dieses Augenblicks bildet eine der berühmtesten Stellen der »Reden«: Ehe noch Gefühl und Anschauung sich trennen, vollzieht er sich. »Flüchtig ist er und durchsichtig wie der erste Duft, womit der Tau die erwachten Blumen anhaucht, schamhaft und zart wie ein jungfräulicher Kuß, heilig und fruchtbar wie eine bräutliche Umarmung; ja nicht *wie* dies, sondern er ist alles dieses *selbst*. Schnell und zauberisch entwickelt sich eine Erscheinung, eine Begebenheit zum Bilde des Universums ... Dieser Moment ist die höchste Blüte der Religion ... Er ist die Geburtsstunde alles Lebendigen in der Religion.«[13]

Das liegt so jenseits aller Vorstellungen, daß SCHLEIERMACHER allen Gottesbildern gegenüber, bis hin zum Pantheismus SPINOZAS, tolerant sein kann, wenn nur das fromme Gefühl gegenwärtig ist. Ebensowenig wie die Gottesvorstellung ist die Vorstellung der Unsterblichkeit eine Vorbedingung für das Erfassen des Unendlichen und Ewigen, das freilich in der Tat elementar zum Wesen des Religiösen gehört. Das Unendliche und Ewige tritt in der

13. Otto, S. 47.

wahren Religion gerade nicht als Vorstellung auf, sondern als die alles durchdringende Gegenwart des Göttlichen selbst.
Die Analyse des Verhältnisses von Frömmigkeit und religiöser Vorstellung gipfelt deshalb folgerichtig in der Aussage:
»Gott ist nicht alles in der Religion, sondern eins, und das Universum ist mehr; auch könnt ihr ihm nicht glauben willkürlich, oder weil Ihr ihn brauchen wollt zu Trost und Hilfe, sondern weil Ihr müßt. Die Unsterblichkeit darf kein Wunsch sein, wenn sie nicht erst eine Aufgabe gewesen ist, die ihr gelöst habt. Mitten in der Endlichkeit eins werden mit dem Unendlichen und ewig sein in einem Augenblick, das ist die Unsterblichkeit der Religion.«[14]
Das ist höchst fragwürdig ausgedrückt. Leicht kann man übersehen, daß das Wort »Gott« für »Gottesvorstellung« steht. Schleiermacher hat denn auch an dieser zentralen Aussage aufschlußreiche Korrekturen vorgenommen, die aber mehr den Ausdruck als den Grundgehalt betreffen. So präzisiert er in der 2. Ausgabe: »Gott, wie er gewöhnlich gedacht wird als ein einzelnes Wesen außer der Welt und hinter der Welt.«[15] In der 3. Ausgabe dagegen lautet der ganze, wesentlich erweiterte Abschnitt:
»Die gewöhnliche Vorstellung von Gott als einem einzelnen Wesen außer der Welt und hinter der Welt, ist nicht das Eins und alles für die Religion, sondern nur eine selten ganz reine, immer aber unzureichende Art sie auszusprechen. Wer sich einen solchen Begriff gestaltet, auf eine unreine Weise, weil es nämlich grade ein solches Wesen sein muß, das er soll brauchen können zu Trost und Hülfe, der kann einen solchen Gott glauben ohne fromm zu sein wenigstens in meinem Sinne, ich denke aber auch in dem wahren und richtigen ist er es nicht. Wer sich hingegen diesen Begriff gestaltet, nicht willkürlich sondern irgend wie durch seine Art zu denken genötiget, indem er nur an ihm seine Frömmigkeit festhalten kann, dem werden auch die Unvollkommenheiten, die seinem Begriff immer ankleben bleiben, nicht hinderlich sein noch seine Frömmigkeit verunreinigen. Das wahre Wesen der Religion aber ist weder dieser noch ein anderer Begriff, sondern das unmittelbare Bewußtsein der Gottheit, wie wir sie finden, eben so sehr in uns selbst als in der Welt. Und eben so

14. Otto, S. 83.
15. Otto, ebenda.

ist das Ziel und der Charakter eines religiösen Lebens nicht die Unsterblichkeit, wie viele sie wünschen und an sie glauben, oder auch nur zu glauben vorgeben, denn ihr Verlangen, zu viel davon zu wissen, macht sie sehr des letzten verdächtig, nicht jene Unsterblichkeit außer der Zeit und hinter der Zeit, oder vielmehr nur nach dieser Zeit aber doch in der Zeit, sondern die Unsterblichkeit, die wir schon in diesem zeitlichen Leben unmittelbar haben können, und die eine Aufgabe ist, in deren Lösung wir immerfort begriffen sind. Mitten in der Endlichkeit Eins werden mit dem Unendlichen und ewig sein in jedem Augenblick, das ist die Unsterblichkeit der Religion.«[16]

Entwicklung wie Kontinuität SCHLEIERMACHERS von den Reden bis zur Reifezeit der Glaubenslehre wird in diesem Gegenüber der Fassungen von 1799, 1806 und 1821 deutlich.

So überzeugend auch SCHLEIERMACHERS Gedankengang ist, daß die Religion nicht auf Vorstellungen, sondern auf der Unmittelbarkeit des frommen Gefühls beruht, so wenig befriedigend wirkt die mangelnde Vermittlung zwischen diesem Gefühl und den übrigen Lebensäußerungen. Die Religion ist wohl bei allen Lebenstätigkeiten mit dabei, aber sie spielt keine bestimmende Rolle. SCHLEIERMACHER lehnt sich gerade dagegen auf, daß sie moralische Motive vermitteln soll. Aber sie motiviert auch in anderer Hinsicht nicht, sondern ist lediglich Begleiterin. »Die religiösen Gefühle sollen wie eine heilige Musik alles Tun des Menschen begleiten; er soll alles mit Religion tun, nichts aus Religion.«[17] Die Religion ist mehr ein Quietiv und hat eine Tendenz zur Beschaulichkeit. Ein seltsamer Hiatus tut sich auf. Er ist nur dadurch erklärbar, daß SCHLEIERMACHER, um die Abhängigkeit der Religion von der Moral, in die sie bei KANT geriet, zu beseitigen, jedes Band zu zerschneiden für nötig hielt.

Der Fehler liegt nicht darin, daß er die Religion als Leben mit Gott von pädagogisch-moralischen Zwecksetzungen unabhängig machen will. Er ist vielmehr dort zu suchen, wo er die Gotteserfahrung im Gefühl zu einem Quietiv macht, das zur Beschaulichkeit leitet. Dabei kommt er von der Erkenntnis FICHTES her, daß das »Universum« (in seinem religiösen Sinne genommen) gera-

16. I/1, S. 264.
17. Otto, S. 44.

de nicht ruhende, im besten Falle sich selbst betrachtende und genießende Substanz, sondern *Tätigkeit* ist. So wäre der Mensch gerade im Hinblick auf seine Lebendigkeit und Tätigkeit mit dem tätigen Universum verbunden. Gott ist vernehmbar im *Gefühl*, aber Gott als *Tätigkeit* – diese Polarität ist in den »Reden« nicht vermittelt. Der religiöse Grund der Tätigkeit tritt hinter dem vordringlichen Interesse zurück, die Religion nicht als Dienerin der Moral erscheinen zu lassen. Später hat SCHLEIERMACHER die Brücke zwischen der Gottesbeziehung und dem menschlichen Tun, die er in dieser polemischen Situation so betont abgebrochen hatte, wieder hergestellt. In der »Glaubenslehre« definiert er: »Unter einer frommen Persönlichkeit aber ist eine solche zu verstehen, in welcher jeder überwiegend leidentliche Moment nur durch die Beziehung auf das in der Einwirkung des Erlösers gesetzte Gottesbewußtsein beschlossen wird, und jeder tätige von einem Impuls eben dieses Gottesbewußtseins ausgeht.«[18]

Wenn SCHLEIERMACHER das Gefühl nicht nur als Quellpunkt, sondern als den bleibenden Lebensraum der Religion kennzeichnet und in der Anwesenheit Gottes im Gefühl die Mitte der Frömmigkeit findet, dann geht diese Auffassung keineswegs auf eine besondere philosophische Konstruktion, sei es ontologischer, sei es anthropologischer Art zurück. Gewiß hat SCHLEIERMACHER sekundär auch eine Theorie des Gefühls entwickelt, aber der Ausgangspunkt ist das spontane Erleben selbst, das seiner eigenen Erfahrung entsprach. Damit ist die Unabhängigkeit der Religion nicht nur gegenüber der Spekulation, sondern auch gegenüber einer vorgegebenen formalen Philosophie gewahrt. Das religiöse Moment ist ihm ebenso ursprünglich wie für KANT die Bestimmtheit durch das Sollen im kategorischen Imperativ. Während dieses aber erst sekundär mit der Religion verbindbar ist und, um zu Gott zu führen, verschiedener kunstvoller Überlegungen bedarf, ist SCHLEIERMACHERS frommes Gefühl primär religiös. Gott ist bereits im Unmittelbaren gegeben, nicht erst in der Reflexion des Unmittelbaren, auf seine Bedingungen.

Die religiöse Erfahrung selbst soll aber durchaus nicht unreflektiert bleiben, sondern im Denken geklärt werden. Das geschieht

18. F. Schleiermacher, Der christliche Glaube, neu hrsg. v. M. Redeker, Berlin, 7. Aufl. 1960, Bd. II, S. 148.

auf zweierlei Ebenen. Einmal vollzieht SCHLEIERMACHER den alten Schritt des »*credo ut intelligam*« in der Glaubenslehre, zum zweiten setzt er das religiöse Erleben im Gefühl mit seiner philosophischen Gesamtkonzeption des Erkennens in Beziehung. Das Gefühl selbst ist aber früher als diese philosophische Theorie des Gefühls. Es kann nicht genug betont werde, daß SCHLEIERMACHERS religiöser Ansatzpunkt nicht aus seiner identitätsphilosophischen Konzeption abgeleitet ist und ihrer nicht unbedingt bedürfte. Sie paßt nur gut mit dem zusammen, was sich in SCHLEIERMACHERS Erleben bereits abgezeichnet hatte, lange bevor er durch KANT den transzendentalen Standpunkt überhaupt kennenlernte.
Das Zusammenstimmen der Reihe der religiösen Aussagen mit der Reihe der philosophisch-erkenntnistheoretischen Sätze ist nun freilich für SCHLEIERMACHER durchaus ein echtes Anliegen. Die philosophische Theorie steht mit seiner theologischen in Harmonie, nicht in Gegensatz, und er legt Wert darauf, in der Glaubenslehre nichts zu sagen, was er vor seiner Philosophie nicht auch verantworten könnte. Das bedeutet aber keine Unterordnung der Theologie unter die Philosophie. SCHLEIERMACHER bestreitet sowohl eine Unterordnung der Philosophie unter die Theologie als auch eine der Theologie unter die Philosophie. Beide Aspekte sind selbständig und gleichwertig. Die von ihm dargelegte Übereinstimmung ist ihm mehr eine Bestätigung durch die Gegenprobe als die Ableitung der einen Reihe aus der anderen.
Es ist oft die Auffassung vertreten worden, letztlich stamme SCHLEIERMACHERS Überzeugung von der Anwesenheit Gottes in der Unmittelbarkeit des Gefühls doch aus seiner Metaphysik. Sogar Wilhelm DILTHEY, der wohl hervorragendste Kenner und Deuter SCHLEIERMACHERS, vertritt im Hinblick auf SCHLEIERMACHERS philosophisches Hauptwerk, die »Dialektik«, die These, daß wir in den dort enthaltenen Bestimmungen über das Verständnis der Gottheit zur Welt »auch den Schlüssel für das Verständnis seiner vielumstrittenen Theologie, insbesondere seiner Glaubenslehre« fänden. Er fügt freilich sogleich hinzu: »Schleiermacher bestreitet das.«[19]

19. W. Dilthey, Leben Schleiermachers, 2. Band: Schleiermachers System als Philosophie und Theologie, aus dem Nachlaß herausgegeben von M. Redeker, Diltheys Gesammelte Schriften, Bd. XIV/1, Göttingen 1966, S. 100.

Wir legen an dieser Stelle SCHLEIERMACHERS Selbstverständnis mehr Gewicht bei. Wohl erhellen sich die philosophischen und die theologischen Gedankengänge gegenseitig, aber nicht so, daß in SCHLEIERMACHERS Philosophie der Schlüssel für seine Theologie läge; wir würden diesen Schlüssel eher in SCHLEIERMACHERS eigenem Erleben selbst suchen. Es ist für ihn ungemein charakteristisch, daß er in einem bekenntnishaften Brief an seine Freundin Eleonore GRUNOW betont, sein erstes Gefühl, das sich in ihm als Kind entwickelt habe, sei unmittelbar das religiöse gewesen; er könne sich noch der ersten Regung bei einem Spaziergang mit seinem Vater entsinnen.

Wie auch immer das Verhältnis von Philosophie und Theologie bei SCHLEIERMACHER bestimmt werde, die Gesamtauffassung SCHLEIERMACHERS kann nur überblickt werden, wenn wir beide Gedankenreihen nebeneinander halten.

Die entscheidenden philosophischen Äußerungen finden sich in der »Dialektik«. Dieses Werk liegt nur in einer Reihe von immer neu überarbeiteten Vorlesungsmanuskripten und einer Anzahl von Kollegnachschriften vor. Die Fassungen von 1811, 1814, 1818, 1822, 1828 und 1831 erweisen, wie wichtig SCHLEIERMACHER diese Arbeit war. Gleichzeitig ist es verständlich, daß es unter diesen Umständen unmöglich ist, einen letztlich verbindlichen, einheitlichen Text herzustellen[20].

Für unsere Frage entscheidend ist in dieser Theorie des werdenden Wissens, die HEGELS Theorie des absoluten Wissens entgegengesetzt ist, die Rückfrage nach dem transzendenten Grund und der Möglichkeit, erkennend zu diesem vorzustoßen. SCHLEIERMACHER hat dabei besonders auch KANT im Auge, der dem Wissen (theoretische Vernunft) den Zugang zu Gott abspricht, ihn aber dafür dem Wollen (praktische Vernunft) zuschreibt. In der modifizierten Übernahme der KANTischen Kritik an den Möglichkeiten der theoretischen Vernunft und der gleichzeitigen Kritik der positiven Thesen KANTS über die praktische Vernunft entfaltet er seine eigene identitätsphilosophische Lösung.

Dabei vollzieht er, im Anschluß an KANTS Kritik der Fähigkeiten der theoretischen reinen Vernunft, eine umfassende Kritik der

20. Die Dialektik wird zitiert nach der Ausgabe von R. Odebrecht, Leipzig 1942.

gewöhnlichen metaphysischen Gottesvorstellungen, die philosophisch den religiösen Aussagen in den »Reden« und den theologischen in der »Glaubenslehre« entspricht.

Die Schwierigkeit des Wissens, zum transzendenten Grund zu gelangen, liegt für SCHLEIERMACHER zwar an einem anderen Ort als für KANT. Er teilt ja den Dualismus KANTS nicht und steht einer Identität von Denken und Sein näher. Denken ist für ihn immer auch schon denkendes Sein. Darum liegt für ihn der höchste Gegensatz nicht zwischen dem raumerfüllenden Realen und dem zeiterfüllenden Idealen, da beides noch innerhalb des Denkens liegt. Der höchste Gegensatz ist vielmehr »die Grenze des wirklichen Wissens, die wir immer denken wollen und nicht denken können«[21]. Die Aussagen über Gott, die an den Denkgrenzen entstehen, seien es nun die Begriffsgrenzen oder die Urteilsgrenzen, sind deshalb alle letztlich ungenügend, mögen sie auch teilweise wahr sein.

Damit verfallen alle spekulativen Gottesbegriffe einer letzten Kritik. Zunächst erscheint der Pantheismus als ungenügende Weise des Aufstiegs zum transzendenten Grund. Er entsteht, wenn wir von unten her, aus dem Reiche der Erscheinung, zum höchsten Begriff aufsteigen wollen. Die Wirklichkeit zeigt sich uns nämlich immer doppelt. Sie ist, als der niedrigere Begriff, *Erscheinung*, als der höhere Begriff jedoch *Kraft*. Die Kraft wiederum erscheint der noch höheren Kraft gegenüber wieder als Erscheinung.

Als das Höchste im Gegensatz von Erscheinung und Kraft zeigt sich demnach zuletzt eine in allem wirkende Kraft, die als Welt in ihrer Gesamtheit erscheint. Das eben ist die Vorstellung des Pantheismus. »Das Höchste wäre dann die Einheit der weltbildenden Kraft, zu der sich alle übrigen Kräfte als Erscheinungen verhalten ... Es ist ungefähr dieselbe Vorstellung, die man sonst mit dem Ausdruck *natura naturans* bezeichnet, und der die Gesamtheit der Erscheinung als gebildete Welt oder *natura naturata* gegenübersteht.«[22]

Wenn wir von der Wahrnehmung aus aufsteigen, also von dem Ort des Zusammenfassenden (im Gegensatz zum Denken, in dem die Form der Entgegensetzung herrscht), dann bildet diese pan-

21. Dialektik, S. 186.
22. A. a. O. S. 244 f.

theistische Vorstellung den Endpunkt dessen, was das Wissen erreichen kann.

Damit aber ist das gesuchte *Unbedingte* keineswegs gefunden. Man ist im Gegensatz von Kraft und Erscheinung geblieben; gleichzeitig ist die Kraft durch die Totalität der Erscheinungen bedingt. Mit dem Pantheismus ist also der transzendente Grund nicht erreicht. Man ist lediglich an die Denkgrenze gelangt. Die pantheistische Vorstellung kann keineswegs als Lösung der Frage nach Gott gelten.

Es legt sich deshalb der umgekehrte Weg nahe. Man geht nicht von der Erscheinung, vom Einzelnen aus, sondern vom Denken, vom Allgemeinen. Damit wird der höchste Gegensatz aus dem Letzten das Erste. In diesem Gegensatz wird das Sein geteilt und das Unbedingte als das erfaßt, worin alle Gegensätze enthalten sind. Dem Sein als der oberen Grenze würde an der unteren Grenze die bloße Möglichkeit entsprechen. Diese wäre als die Materie oder auch als das Nichtsein zu bezeichnen. Die Kombination der beiden Denkgrenzen ergibt die Vorstellung vom unbedingten Sein oder von der Gottheit, die aus der Materie die Welt erschaffen hat.

Die Materie erscheint in einer solchen Vorstellung zunächst als gleich ursprünglich und ewig wie die Gottheit selbst. Der Unterschied besteht nur darin, daß die Gottheit handelt, die Materie leidet. Das wirkliche Denken kann indes unabhängiges Handeln oder unabhängiges Leiden nicht denken, sondern nur die Identität beider, da sie sich gegenseitig bedingen. Diese Duplizität ist unbefriedigend und müßte überwunden werden.

Daraus ergibt sich der weitere Schluß, daß Gott die Materie selbst erst erschaffen haben muß. Aber warum zuerst die Materie und dann daraus die Welt, und nicht sogleich die Welt? Mit der Erschaffung der Materie aus dem Nichts ist letztlich wenig gewonnen; die Duplizität bleibt.

Auch diese Vorstellung stößt also nicht bis zu dem transzendenten Grunde vor. »Die Gottheit, welche aus der Materie die Welt schafft, ist nicht das unbedingte Sein; ebenso ist es aber auch nicht die Gottheit, welche die Welt aus nichts schafft, weil auch hierin eine Duplizität liegt.«[23] Sagt man aber: Das Unbedingte

23. A. a. O. S. 248.

ist das, was die Welt hervorbringt, oder Gott hat die Welt geschaffen, dann ist Gott wiederum identisch mit der weltbildenden Kraft, die Welt ist die Totalität der Erscheinung dieser Kraft, und die wechselseitige Bedingtheit taucht neuerdings auf.

Das Ungenügen nicht nur des pantheistischen Begriffs der höchsten Kraft, sondern auch des theistischen Begriffs des Schöpfers kann noch an einer anderen Bestimmung erkannt werden. Im Ausdruck »Schöpfer« liegt immer die Vorstellung einer freien Produktivität des höchsten Wesens verborgen, deren Resultat die Totalität des Seins wäre. Diese freie Handlung wäre als freie eine solche Handlung, die unter Umständen ebensogut nicht sein könnte. Das bedeutet, daß wir uns das höchste Wesen, wenn es als freier Schöpfer vorgestellt wird, auch ohne Geschaffenes, ohne Welt denken könnten. Eben dies aber ist unmöglich und widerspricht allem, was über den transzendenten Grund ausgesagt werden kann. Alles hat nur einen Sinn, wenn wir Gott zusammen mit einer Welt denken. Die alte Kinderfrage, was denn Gott vor der Schöpfung gemacht habe, ist ein Ausdruck dieses Dilemmas.

Gott kann ohne Welt gar nicht gedacht werden. »Keiner von beiden Werten kann ohne den andern gesetzt werden. *Kein Gott ohne Welt, so wie keine Welt ohne Gott.*«[24] Wenn Gott über die Welt hinausragte, wäre etwas in ihm nicht weltbedingend; wenn die Welt hinausragte, wäre etwas in ihr nicht gottbedingt.

Wenn Gott aber auch nicht anders als weltbedingend gedacht werden kann, so bedeutet das durchaus keine pantheisierende Identifikation von Gott und Welt. Wohl ist die Idee der Welt »ebenso transzendent«[25] wie die Idee Gottes. Schon Kant hat die Idee der Welt wie die Idee Gottes eine transzendentale Idee genannt; Schleiermacher meint dasselbe, da er die Bezeichnungen transzendent und transzendental nicht ebenso streng scheidet wie Kant. Welt als transzendente Idee und Gott als transzendente Idee fallen aber keineswegs zusammen. Das Verhältnis Gott/Welt ist aber nur negativ ausdrückbar, indem gesagt werden kann, beide Ideen müßten verbunden bleiben. Positiv aber kann das Verhältnis nicht formuliert werden, weil der transzendente Grund

24. A. a. O. S. 303.
25. A. a. O. S. 305.

immer außerhalb des Denkens bleibt und nur die transzendente Begleitung und der Grund sowohl des Denkens wie des wirklichen Seins ist. Wesentlich ist nur die Bestimmung, daß die Abspaltung Gottes an sich, abgesehen von der Welt, für das Denken schlechthin unvollziehbar ist. Darum ist die Vorstellung des Schöpfers ungenügend.

Von dem Denken der Begriffe aus ist es also unmöglich, zu dem transzendenten Grund zu gelangen.

Gehen wir statt vom Begriff vom Urteil aus, dann stoßen wir an eine andere Grenze. Das Wissen unter der Form des Urteils ist das System der gegenseitigen Einwirkungen; dem Subjekt wird ein Prädikat zugeordnet, das nicht schon im Begriff enthalten war. Wird dieses System der Zuordnungen auf seinen höchsten Gegensatz gebracht, dann erscheint es als die Polarität von Freiheit und Notwendigkeit. Die Notwendigkeit geht dabei auf das Verhältnis der Kausalität, die Freiheit aber auf die Kraft, zu wirken und sich zu äußern, zurück. Freiheit ist Bestimmen und Handeln, Notwendigkeit ist Bestimmtwerden und Leiden.

Auf den höchsten Ausdruck gebracht ist die leidende Notwendigkeit als *Schicksal* zu bezeichnen. Die polare Entgegensetzung, die frei wirkende Kraft, wäre demgegenüber die *Vorsehung*. Eine Vorsehung freilich, die selbst Freiheit und Subjektivität darstellt, macht gleichzeitig alle erscheinende Freiheit zum Schein, die Notwendigkeit aber zum Wirklichen. Im Grunde stellt sie das Analogon zur Idee der *natura naturans* dar. Wenn SCHLEIERMACHER die Vorsehung so nahe bei der erscheinenden Notwendigkeit, in der sie kaum vom Schicksal unterscheidbar ist, und der *natura naturans* sieht, dann hat er offenbar die Stoa vor Augen.

Aus dieser kritischen Analyse allen möglichen spekulativen Wissens, nehme es nun seinen Ausgangspunkt beim Begriff oder beim Urteil, bei der Erscheinung des Einzelnen oder bei dem Denken des Allgemeinen, geht das Ungenügen all dieser Denkkonstruktionen hervor. Die vier Ideen *natura naturans*, Gottheit als Schöpfer im Gegensatz zur Materie, Schicksal als Notwendigkeit und Vorsehung als Freiheit sind höchst »unzureichende Formeln des Transzendenten«[26].

Sie geben höchstens Andeutungen vom transzendenten Grunde.

26. A. a. O. S. 265.

Damit sind, nicht weniger radikal als bei KANT, alle natürlichen Theologien und spekulativen Dogmatiken ausgeschaltet.
Nicht weiter aber führt der Weg KANTS, der nicht vom Wissen, sondern von der praktischen Vernunft aus den transzendenten Grund zu erreichen sucht.
SCHLEIERMACHER macht zunächst den Vorsprung der praktischen Vernunft zunichte, indem er fragt: »Gibt es denn aber keine Postulate der theoretischen Vernunft?«[27] Man kann auf dem Gebiet der theoretischen Vernunft ebensowenig ohne transzendenten Grund auskommen wie auf dem der praktischen. Es gibt demnach keinen Vorrang der praktischen Vernunft. Der Grund aber des Denkens muß dem des Wollens identisch sein. Weder von der Seite des Denkens allein noch der des Wollens allein ist der Grund zu erreichen. Die Einseitigkeit KANTS ist nicht haltbar.
Der transzendente Grund erscheint von der Seite des Wollens her als Idee des Sittengesetzes. Wenn das Sittengesetz als mit dem Naturgesetz in Übereinstimmung liegend gedacht wird, entsteht die Formel von der sittlichen »Weltordnung«; FICHTE hatte diesen Begriff in den Mittelpunkt der Diskussion gerückt. Man kann aber, so führt SCHLEIERMACHER aus, weder das Naturgesetz auf das Sittengesetz noch das Sittengesetz auf das Naturgesetz reduzieren. So gelangen wir auch durch die Isolierung der Funktion des Wollens ebensowenig ans Ziel wie durch die Isolierung der Funktion des Denkens.
Denken und Wollen können ohnehin nicht ganz voneinander getrennt werden, da jedes Denken als Akt auf ein Wollen zurückgeht, jedem Wollen aber ein Denken zugrunde liegt.
Der einzig mögliche Weg liegt also weder im Denken noch im Wollen, sondern er müßte in dem *Identitätspunkt* von Denken und Wollen gefunden werden. »Der transzendente Grund des Seins wird somit nur in der Identität des Denkens und Wollens erkannt werden können.«[28]
Dieser Identitätspunkt ist *das reine unmittelbare Selbstbewußtsein.* Wird es als wirklich erfüllte Zeit gesetzt, dann ist es als *Gefühl* zu bezeichnen. Es ist damit keine subjektive Passivität gemeint; diese wäre vielmehr als Empfindung zu definieren.

27. A. a. O. S. 282.
28. Ebenda.

Das Gefühl des Selbstbewußtseins ist nicht das Sich-Selbst-Bewußte als das Ich; das wäre das reflektierte Selbstbewußtsein. Es ist auch nichts Subjektives, sondern ebenso allgemein wie individuell. Es ist »die allgemeine Form des Sich-selbst-habens«[29]. In diesem unmittelbaren Selbstbewußtsein ist der transzendente Grund gegeben. Er tritt zwar in keiner bestimmten Zeit in Erscheinung, begleitet jedoch »das wirkliche Denken auf zeitlose Weise«[30], ebenso auch »das wirkliche Sein auf eine zeitlose Weise als unmittelbares Selbstbewußtsein (Gefühl), wie es in jedem nicht das unbeschränkte Persönliche des Einzelwesens, sondern das allgemein Menschliche ausdrückt«[31]. So ist dieser transzendente Grund »die Identität in der Verknüpfung, ist das wirkliche Sein«[32].

Das Zeitlose ist nie rein wahrzunehmen. Immer ist etwas Konkretes mitgesetzt, wodurch es in der Zeit bestimmt wird. Das religiöse Bewußtsein ist darum immer konkret oder positiv, aber es ist allgemein menschlich, nicht auf einzelne Subjekte mit besonderer religiöser Begabung beschränkt.

Die zeitlose Begleitung, die im »religiösen Bewußtsein«[33] geschieht, füllt nie einen Moment ganz rein aus, sondern fällt stets mit etwas anderem zusammen; es sind jederzeit eine äußere Mannigfaltigkeit und der transzendente Grund, der alle Mannigfaltigkeit aufhebt, zugleich in ihm. »Wir mögen uns diese Modifikationen des unmittelbaren Selbstbewußtseins erklären, wie wir wollen, sei es als Fiktion oder Täuschung, so ist doch das Bestreben des Menschen darin ausgedrückt, das Transzendente zu ergreifen. Es ist etwas darin, was weder das Denken noch seine Beziehung auf das Sein ausdrückt; alles das bleibt hinter jenem zurück. Dies kann nur als ein Faktum hingestellt werden.«[34] Was die »Reden« in der Beschreibung des nicht greifbaren Augenblicks poetisch dargestellt hatten, erfährt an dieser Stelle in der Dialektik seine etwas schwerfällige wissenschaftliche Behandlung.

29. A. a. O. S. 288.
30. A. a. O. S. 291.
31. Ebenda.
32. Ebenda.
33. A. a. O. S. 292.
34. Ebenda.

Das religiöse Bewußtsein hebt das Unbefriedigende an den beiden Wegen des Denkens und Wollens auf und führt »die eigentliche Befriedigung«[35] herbei.
Während diese philosophische Erörterung die theoretischen Voraussetzungen des religiösen Gefühls analysiert, führt die Glaubenslehre die konkrete Reflexion über das religiöse Selbstbewußtsein durch. Diese Reflexion ist nicht von der Analyse der Denkfunktionen abgeleitet, aber sie entspricht ihr; die beiden Seiten passen zusammen. Die idealistische Identitätsphilosophie ermöglicht SCHLEIERMACHER eine solche Hamonie; vom cartesianischen Denkmodell aus wäre das weit schwieriger gewesen.
In der »Glaubenslehre« setzt nunmehr SCHLEIERMACHER die Akzente theologisch. Grundsätzlich ist seine Konzeption hier nicht wesentlich anders als in den »Reden«. Er begründet aber nun in sorgfältiger Reflexion, was in den »Reden« in rhetorischer Begeisterung gepriesen wurde. Zudem reflektiert die »Glaubenslehre« zentral die spezifisch christliche Ausprägung des Gottesbewußtseins. Für SCHLEIERMACHER gibt es ja kein allgemein-abstraktes Gottesbewußtsein, sondern das unmittelbare Selbstbewußtsein ist in seiner zeitlichen Erscheinung mit dem Konkret-Mannigfaltigen verknüpft.
Immerhin ist die christliche Frömmigkeit als besondere Ausprägung des frommen Selbstbewußtseins überhaupt in die Gesamtheit der Frömmigkeitsäußerungen einzubeziehen und ihnen nicht als ganz andersartig entgegenzustellen.
Von besonderer Bedeutung ist die in der »Glaubenslehre« vollzogene genauere Analyse des frommen Gefühls. Der Mensch findet sich in einer Doppelheit der inneren Erfahrung vor. Die Duplizität des Selbstbewußtseins beruht darauf, daß in jedem Selbstbewußtsein zwei Elemente sind, ein »Sichselbstsetzen und ein Sichselbstnichtsogesetzthaben, oder ein Sein und ein Irgendwiegewordensein«[36]. Dem entsprechen die Selbsttätigkeit und die Empfänglichkeit oder die Freiheit und die Abhängigkeit. Aus dem Abhängigkeitsgefühl und dem Freiheitsgefühl zusammen ergibt sich das Gesamtselbstbewußtsein der Wechselwirkung eines Subjekts mit dem andern. Dieses Gesamte setzen wir als Welt.

35. A. a. O. S. 294.
36. Der christliche Glaube, Bd. I, S. 24.

Ein schlechthiniges Freiheitsgefühl existiert nirgends, wohl aber ein schlechthiniges Abhängigkeitsgefühl, das auf keine Einwirkung eines gegebenen Gegenstandes zurückgeführt werden kann, da ein Abhängigkeitsgefühl einem solchen gegenüber immer nur partiell ist.

Das schlechthinige Abhängigkeitsgefühl ist deshalb kein weltliches Gefühl, sondern vielmehr die nähere Bestimmung des frommen Gefühls selbst. Sich schlechthin abhängig fühlen ist dasselbe wie sich der Beziehung zu *Gott* bewußt sein. In dieser schlechthinigen Abhängigkeit ist keine Wechselwirkung enthalten. Wir erfahren uns in ihm als gesetzt samt dem partiellen Freiheitsgefühl. Das schlechthinige Abhängigkeitsgefühl setzt also nicht unsere Selbsttätigkeit außer Kraft, wie man gelegentlich mißverstehend angenommen hat, sondern begründet sie als gesetzt. Das schlechthinige Abhängigkeitsgefühl hat nichts mit einer mechanistischen Weltsicht zu tun, die das menschliche Handeln deterministisch aufheben würde.

Hingegen vollzieht SCHLEIERMACHER mit seiner Analyse eine tiefgreifende Kritik an der Konzeption FICHTES aus der Zeit der ersten Fassung der Wissenschaftslehre. Für FICHTE vollzieht sich die Konstituierung des Ich so, daß sich das Ich selbst setzt und mit dieser Selbstsetzung zugleich auch ein Nicht-Ich setzt. Das Ich ist nur durch das von ihm gesetzte Nicht-Ich beschränkt und insofern sekundär, aber nicht schlechthin abhängig. SCHLEIERMACHER, der von FICHTE gelernt hat, den letzten Grund aller Erscheinungen als Tätigkeit und nicht als Substanz zu erfassen, nimmt jedoch das Ich nicht als eine solche schlechthin ursprüngliche Tätigkeit an. Er korrigiert FICHTE in dem Punkt, daß er gerade im Ich selbst neben dem Element des Sichselbstsetzens das Moment des Irgendwohergewordenseins wahrnimmt. Indem gerade das Ich als Ich *gesetzt* ist, mitsamt seiner partiellen Freiheit, ist das fromme Gefühl als die Abhängigkeit gegenüber dem, was das Ich setzt, oder gegenüber dem Woher des Ich gegeben.

Schlechthinige Abhängigkeit bedeutet also nicht unfreie Unterwerfung unter Natur und Welt. Sie macht nicht aus dem Ich ein bloß substanzielles Es, sondern besteht darin, daß sich das Ich gerade als Ich in seinem Gesetztsein erfährt. Es ist Ich, aber gesetzt, nicht sich schlechthin selbst setzend; es ist gesetzt, aber gerade als Ich. »Wenn aber schlechthinige Abhängigkeit und

Beziehung mit Gott in unserm Satze gleichgestellt wird: so ist dies so zu verstehen, daß eben das in diesem Selbstbewußtsein mit gesetzte *Woher* unsers empfänglichen und selbsttätigen Daseins durch den Ausdruck Gott bezeichnet werden soll.«[37]

Gott ist also nicht bloß, wie man gelegentlich SCHLEIERMACHER mißverstehend interpretierte, das Woher des Abhängigkeitsgefühls, sondern das Woher des Daseins.

Dieses fromme Grundgefühl darf nicht psychologistisch oder individualistisch aufgefaßt werden. Es ist für SCHLEIERMACHER ein der menschlichen Natur überhaupt wesentliches Element. Es kann nur bei krankhaftem Zustand des Geistes ganz fehlen, etwa bei paranoiden Wahnvorstellungen. Freilich kann es unentwickelt sein; gerade im Zurückbleiben dieses Gefühls liegt das Problem der Abwendung von Gott.

Indem das Gefühl der schlechthinigen Abhängigkeit ein integrierender Bestandteil des unmittelbaren Selbstbewußtseins überhaupt ist, besitzt es jene die geschichtlichen Wandlungen überdauernde Kraft, die die Aufklärung der Vernunft und KANT dem kategorischen Imperativ zugebilligt haben. Gleichzeitig verfügt es über die universale Allgemeinheit. Gegenüber der aufklärerischen Vernunft aber, die Gottesvorstellungen produziert, und dem kategorischen Imperativ, der sekundär auf Gott schließen läßt, ist das fromme Gefühl in sich religiös und auf Gott bezogen.

Es bedarf deshalb keiner Gottesbeweise. Alle Gottesbeweise, ob sie nun aus der spekulativen oder der praktischen Vernunft stammen, führen nur zu Gottesvorstellungen, aber nicht zur Religion selbst. Sie sind vollkommen überflüssig. Darüber hinaus kann gefragt werden, ob sie überhaupt sinnvoll sind. Denn, wenn Gott *nicht* unmittelbar gewiß ist, dann helfen sie nicht. Wie sollte auch Gott dann noch bewiesen werden können, da ja das letzte unmittelbare Gewisse, aus dem Gott bewiesen werden sollte, selbst wieder Gott sein müßte?

Die Unmittelbarkeit Gottes im frommen Selbstbewußtsein ersetzt für eine Glaubenslehre vollständig alle sogenannten Gottesbeweise.

Das fromme Gefühl tritt jedoch niemals an sich auf, sondern

37. A. a. O. S. 28 f.

immer in einer konkreten Ausformung. Darauf hatte schon die Dialektik hingewiesen. Die spezifisch christliche Ausprägung, die der Gegenstand der christlichen Glaubenslehre ist, beruht auf dem Bewußtsein des Gegensatzes von Sünde und Gnade und der steten Beziehung auf den Erlöser Jesus von Nazareth, in dem dieser Gegensatz aufgehoben wird.

Mit der Einführung des Gegensatzes von Sünde und Gnade erscheint in dem bisher so harmonischen Denken ein gewaltiges Element der Spannung. SCHLEIERMACHER sieht in dem Bewußtsein des Gegensatzes ein spezifisch christliches Moment, versteht aber dieses Bewußtsein als Erkenntnis tieferer Wahrheit. Der Gegensatz von Sünde und Gnade besteht in der Wirklichkeit; er ist keine christliche Illusion. Die Bedeutung des Gegensatzes greift deshalb über eine bloß positive Interpretation der christlichen Wahrheit hinaus. Man kann nicht sagen, daß für SCHLEIERMACHER die harmonische Entfaltung das eigentliche System sei, der christliche Gegensatz aber die Störung seines Systems, die ihm eigentlich Verlegenheit bereite. Wohl ist es eine Störung, aber eben eine reale Störung der Weltentwicklung selbst. Ebenso ist das Kommen des Erlösers nicht bloß eine christliche Behauptung, sondern ein geschichtliches Faktum, ja mehr als das, es ist ein schöpfungsgeschichtliches Faktum, indem er die Schöpfung des Menschengeschlechts erst vollendet. Eine religiöse Gesamtkonzeption, die von diesem Gegensatz absehen würde, wäre blanker Illusionismus. Der christliche Glaube deutet eben für SCHLEIERMACHER mit der Bewußtmachung dieses Gegensatzes die Wirklichkeit realistisch.

Bei der Wahrnehmung dieses Gegensatzes besteht nun freilich bei SCHLEIERMACHER die Tendenz, zu einem möglichst harmonischen Ausgleich zu kommen. Er spannt den Gegensatz nicht bis zum Zerreißen. Das äußert sich zunächst darin, daß er die Sünde auf eine Entwicklungsstörung zurückführt; in der Entwicklung entsteht eine Dissonanz zwischen Verstand und Wollen, die zu einer Schwächung des Gottesbewußtseins führt. Darüber hinaus aber sieht SCHLEIERMACHER im Kommen des Erlösers eine so wesentliche und wirksame Überwindung des Zwiespaltes, daß dieser für den Christen letztlich gar nicht mehr in Betracht kommt. Die eschatologische Tendenzwende, die Jesus herbeiführt und die gleichzeitig die im ursprünglichen Ratschluß Gottes schon

gesetzte Vollendung der Schöpfung durch den zweiten Adam darstellt, ist nicht bloße Zukunftshoffnung; mit dem Kommen des Erlösers hat die Erfüllung bereits eingesetzt.
Schleiermacher versteht ja die Erlösungstat Christi nicht im Sinne der stellvertretenden Genugtuungslehre des Anselm von Canterbury und des orthodoxen Protestantismus, sondern eschatologisch wie das Neue Testament. Und, wenn das durch den Erlöser gestiftete neue Leben auch durch das Leben der Kirche repräsentiert wird, so hat es doch als eschatologisches die universale Dimension der Vollendung der Schöpfung.
Diese Vollendung ist freilich aus allen apokalyptischen Vorstellungen herausgelöst und vollzieht sich deshalb nicht durch einen Weltuntergang hindurch, sondern so, daß der Erlöser in diese Schöpfung und ihren Naturzusammenhang eingeht. Dementsprechend verliert die Auferstehung Christi, die bei Paulus die exemplarische Bedeutung der Überwindung der Struktur dieser Schöpfung hat, ihren Stellenwert und wird für Schleiermacher zu einem bloß historischen Problem bibelkritischer Untersuchung.
Dies alles wird nun aber nicht religionsphilosophisch deduziert, sondern erscheint als Interpretation des christlichen Glaubens. Dessen Zentrum, das Kommen Jesu von Nazareth als des Erlösers, ist ja eindeutig ein geschichtlich-kontingentes Geschehen und nichts aus Vernunftprinzipien notwendig Ableitbares. Es ist unmöglich, ein »*cur deus homo*« als beweisbare Notwendigkeit aus dem Allgemeinen zu deduzieren, wie es noch im Mittelalter Anselm von Canterbury verursachte.
Wir können an dieser Stelle nicht die Gesamtdeutung des christlichen Glaubens, wie sie Schleiermacher in der Glaubenslehre vorgelegt hat, analysieren; das gehört eindeutig in die Geschichte der kirchlichen Lehre. Es ist in unserem Zusammenhang aber noch auf ein bedeutsames Element aufmerksam zu machen, das zur Auseinandersetzung Schleiermachers mit der Religionsphilosophie der Aufklärung und des Idealismus gehört.
Auch Kant hatte mit der Erkenntnis des radikalen Bösen den tiefen Gegensatz in der Welt eindeutig markiert. Er sieht aber die Möglichkeit der heilenden Umkehr in einem allgemeinen Geschehen. Der Appell des kategorischen Imperativs muß die Kraft besitzen, die eschatologische Tendenzwende einzuleiten, die die

Stiftung eines Reiches Gottes auf Erden ermöglicht. Der Sohn Gottes wird für ihn zum Ausdruck für jene gottwohlgefällige Menschheit, in der die heilbringende Revolution der Denkungsart sich ereignet hat. Auch HEGEL sieht die Tiefe des Gegensatzes; er spannt ihn in seiner Interpretation des Karfreitags bis zum Zerreißen mit den Sätzen: »Gott ist tot – dieses ist der fürchterlichste Gedanke, daß alles Ewige, alles Wahre nicht ist, die *Negation selbst in Gott* ist; der höchste Schmerz, das Gefühl der vollkommenen Rettungslosigkeit, das Aufgeben alles Höheren ist damit verbunden.«[38] Aber letztlich geht es ihm doch um den spekulativen Karfreitag und seine spekulative Aufhebung in der Auferstehung. Das Kommen Christi ist im Grunde, spekulativ betrachtet, nur das Zusichkommen des Bewußtseins, daß nicht die Spaltung und Entfremdung, sondern die Versöhnung die tiefste Wahrheit zwischen Gott und Mensch ist. Es gilt zu *erkennen*, daß der göttliche und der menschliche Geist versöhnt sind. Wir finden also überall in diesen Denkweisen eine Auflösung des kontingenten Heilsgeschehens in ein allgemeines Prinzip, für das Jesus Christus letztlich nur paradigmatische Bedeutung hat.

Bei SCHLEIERMACHER aber ist das nicht der Fall. Das Kommen des Erlösers, und damit der Vollzug der Erlösung, können nicht ins Allgemeine, Spekulative übersetzt werden. Es handelt sich vielmehr um ein echtes *Geschehen*. Es ist ein faktischer Neuansatz der göttlichen Tätigkeit an der Welt, wenn auch das Kommen Christi als des zweiten Adam, als Vollendung der Schöpfung, im »ungeteilten ewigen göttlichen Ratschluß«[39] mit dem ursprünglichen schöpferischen Werk eins ist.

Deshalb verläßt SCHLEIERMACHER das Gebiet der allgemeinen Religionsphilosophie und legt den Gehalt des christlichen Glaubens betont als christlicher Theologe aus.

Der Wahrheitsgehalt dieses Glaubens steht ihm aber nicht als erratischer Block quer zum Denken. In der Übereinstimmung zwischen dem christlich aufgefaßten Gefühl und der philosophi-

38. G. W. F. Hegel Vorlesungen über die Philosophie der Religion, II, Bd. 16, S. 300.
39. F. Schleiermacher, a. a. O. Bd. II, S. 48.

schen Analyse bewährt sich vielmehr die universale Gültigkeit der christlichen Form des frommen Selbstbewußtseins.

Schleiermachers Bedeutung für die Geschichte des Ringens um Gott im neuzeitlichen Denken kann kaum überschätzt werden. Er hat es vermocht, das fromme Gefühl zu reflektieren, ohne seine unmittelbare Lebendigkeit aufzuheben. Er hat einleuchtend dargetan, daß die Religion nicht auf Spekulation, nicht auf Gottesvorstellungen oder Gottesbeweisen, auch nicht auf Moral gegründet werden kann, sondern in ihrer Unmittelbarkeit eine eigene unversiegbare Quelle besitzt. Er hat gezeigt, daß eine Grunderfahrung des Menschen nur dann für seine Gottesbeziehung von entscheidender Bedeutung ist, wenn sie bereits *in sich selbst* religiösen Charakter hat und diesen nicht erst sekundär durch künstliche Gedankenverbindungen bekommt. Er hat erkannt, daß nicht bestimmte Gottesvorstellungen das Wesen der Frömmigkeit ausmachen.

Hinter die Marksteine, die er damit gesetzt hat, kann nicht mehr zurückgegangen werden.

Gewiß sind auch die Grenzen seiner Leistung offenkundig. Wieweit seine philosophische Konstruktion vom unmittelbaren Selbstbewußtsein oder Gefühl als Identitätspunkt von Wissen und Wollen haltbar ist, bleibt strittig. Noch ernsthafter ist zu fragen, ob ihm der erstrebte harmonische Ausgleich in der Weltdeutung wirklich gelungen ist, oder ob die abgründige Kluft der Wirklichkeit nicht doch noch tiefer reicht. Sein harmonisches Jesusbild blendet die Anfechtung Jesu aus; der Schrei des sterbenden Jesus »Mein Gott, mein Gott, warum hast du mich verlassen?«[40] wird dialektisch eingeebnet[41]. An dieser Stelle liegt die Grenze der sonst so großartigen Deutungskraft Schleiermachers sowohl für sein Christusverständnis wie für seine Weltinterpretation. Hier ist wohl Emanuel Hirschs Einwand recht zu geben: »Diesen angefochtenen Christus auf seinem Kreuzeswege haben Luther und Kierkegaard mit tiefer Erschütterung wahrgenommen. Schleiermacher aber hat eine Gestalt des Christusglaubens in sich ge-

40. Mk. 15,34; Matth. 27.46.

41. Vgl. dazu die Predigt Schleiermachers über das letzte Wort Jesu nach Matth. 27,46 in: Christliche Festpredigten, 2. Band 1833, Werke II,2, S. 399 ff.

tragen, die ihn für dies Letzte, Dunkelste und Heiligste in Person, Wort und Geschichte Jesu von Nazareth blind gemacht hat. Die gekünstelten Auslegungen, mit denen er alle Zeugnisse von dem Anfechtungsweg des Erlösers als dem wahren Wege durch das Leiden in die Herrlichkeit entweder umdeutete oder beseitigte, bezeichnen die Grenze seiner Vollmacht in der interpretierenden Vergegenwärtigung des Evangeliums.«[42]

Endlich ist zu fragen, ob die entscheidende Unmittelbarkeit mit dem Begriff »Gefühl« wirklich ganz glücklich umschrieben sei. Es entsteht die Gefahr, das Gefühl dem allgemeinen Sprachgebrauch gemäß einschränkend zu verstehen, und mit der Empfindung zu vermischen. So wird die Gottesbeziehung des Menschen einer besonderen Provinz im Gemüte zugeteilt, statt daß sie sämtliche Dimensionen des Menschseins durchdringt.

Was aber auch gegen SCHLEIERMACHER vorgebracht werden kann, es bleibt gegen seine tiefen Einsichten gering. Wo immer um Gott gerungen wird, ist er stets als ein bis heute nicht überholter, ja in vieler Hinsicht noch nicht einmal eingeholter Gesprächspartner gegenwärtig.

42. E. Hirsch, Schleiermachers Christusglaube, Gütersloh 1968, S. 109.

Anhang

Lebensdaten

Nikolaus Cusanus. Geboren 1401 in Kues, erzogen im mystischen Geist. Als Jurist, Theologe, Kirchenpolitiker am Basler Konzil maßgeblich beteiligt, erst auf konziliarer, dann auf päpstlicher Seite; auch als Unterhändler nach Konstantinopel gesandt. 1448 Kardinal, 1450 Bischof von Brixen. In seinem Kampf für die kirchliche gegen die weltliche Macht angefochten, bleibt umgekehrt sein Denken fast unangetastet, obgleich es kühn die Kirchenlehre übersteigt. Zuletzt Generalvikar in Rom und maßgeblicher Berater Pius II. 1464 Tod in Todi (Umbrien).

Giordano Bruno. Geboren 1548 in Nola bei Neapel. Mit 15 Jahren Eintritt in den Dominikanerorden; dort umfassende klassische Bildung. Bald der Ketzerei angeklagt, 1576 Austritt aus dem Orden. Hierauf unstetes Wanderleben, das ihn nach Genf, Frankreich, England, Deutschland, Prag führte. 1592, bei einem unvorsichtigen Besuch in Italien, von seinem Gastgeber denunziert und von der Inquisition verhaftet. Nach achtjähriger harter Kerkerhaft und einem erbarmungslosen Prozeß wird Bruno, der bis ans Ende standhaft bleibt, am 17. Februar 1600 in Rom verbrannt.

Jakob Böhme. Geboren 1575 als Sohn begüterter Bauern; wegen Schwächlichkeit zum Handwerker bestimmt. 1599 in Görlitz Schuhmachermeister. Autodidakt. Nach der Niederschrift der »Aurora« Unterstützung durch den Adel, aber Angriffe durch die Stadtgeistlichen. 1613 Verwarnung und Schreibverbot. Nach fünf Jahren Wiederaufnahme der schriftstellerischen Tätigkeit, 1624 nochmalige Vorladung vor den Rat und auch vor den Kurfürstlichen Hof in Dresden, der ihn aber schützt. Böhme stirbt noch im selben Jahr.

Baruch Spinoza. Geboren 1632 in Amsterdam als Sohn eines Kaufmanns, Nachfahre ausgewanderter portugiesischer Juden. Sorgfältige Ausbildung. 1656 wegen »schrecklicher Irrlehren« mit dem großen Bannfluch belegt und aus der jüdischen Gemeinde ausgestoßen. Lebt in Holland an verschiedenen Orten, meist in Amsterdam und Den Haag, von den Renten mehrerer Gönner; daneben Arbeit als Glasschleifer. Einen Ruf auf eine Professur nach Heidelberg lehnt er ab. Bedürfnisloses, zurückgezogenes Leben in heiterer Gemütsverfassung. 1677 Tod an Tuberkulose in Den Haag.

Friedrich Wilhelm Schelling. Geboren 1775 in Leonberg (Württemberg) als Sohn eines Pfarrers. Seit 1790 im Tübinger Stift zusammen mit den um 5 Jahre älteren Hölderlin und Hegel, mit denen ihn eine enge Freundschaft verbindet. 1798 durch Goethes Einfluß Professor in Jena; früher großer Ruhm; einige Jahre schöpferische Zeit. 1803 nach Würzburg, 1806 als Mitglied der Akademie nach München berufen. Dort Wende unter dem Einfluß spätromantischer Kreise. Entfremdung von Hegel, dessen unaufhaltsamer Aufstieg zu dem immer ausgeprägteren Verstummen Schellings kontrastiert. 1820 in Erlangen, 1827 in München Professor. 1841 nach Berlin berufen, um die Nachwirkungen der Philosophie Hegels zu bekämpfen; aber er ist durch die Zeitenwicklung bereits überholt. Enttäuscht und verbittert zieht er sich zurück und stirbt 1854 in Ragaz während einer Kur.

René Descartes. Geboren 1596 in der Touraine, aus einer vornehmen altfranzösischen Familie stammend. Jesuitisch erzogen. Von kühler Natur, nur für Wissenschaft und Erkenntnis begeistert, wendet er sich nach kurzem Dienst als Offizier im Dreißigjährigen Krieg ganz den Studien zu. Genialer Mathematiker; Erfinder der analytischen Geometrie. Von der Kirche mit Mißtrauen betrachtet, zieht er nach Holland, wo er sich mit ständig wechselndem Wohnsitz zwanzig Jahre lang aufhält. 1649 Berufung nach Stockholm durch Königin Christine von Schweden; 1650 Tod in Stockholm.

Pierre Bayle. Geboren 1647 als Sohn eines hugenottischen Pfarrers, in der Grafschaft Foix. Unter jesuitischem Einfluß als junger Mann zunächst zum Katholizismus konvertiert, nach anderthalb Jahren aber zur reformierten Kirche zurückgekehrt. Wird 1675 Lehrer der Philosophie in Sedan, verläßt dann Frankreich der Hugenottenverfolgungen wegen und begibt sich nach Holland. 1681 in Rotterdam; 1693 wegen seiner selbst für Holland kühnen Auffassungen seines Lehramtes entsetzt; von da an Privatgelehrter. Mit seinem Dictionnaire historique et critique 1695 schafft er den Prototyp der Enzyklopädien. Als großer Vorkämpfer für Toleranz und gegen Aberglauben prägt er die frühe Aufklärung. Er stirbt 1706.

Gottfried Wilhelm Leibniz. Geboren 1646 in Leipzig als Sohn des Notars und späteren Professors der Moralphilosophie Friedrich Leibnüz. Schon früh universal interessiert, ist er bereits mit 20 Jahren in Theologie, Philosophie, Mathematik und Jurisprudenz ausgebildet. Er tritt in den Hofdienst, seit 1676 in Hannover. Von Herzog Johann Friedrich gefördert, von dessen beiden Nachfolgern aber kühl behandelt, ist seine Stellung nur mäßig befriedigend. Neben der Erfindung der Infinitesimalrechnung Arbeit an ungezählten Projekten technischer und wissenschaftsorganisatorischer Art, die außer der geglückten Gründung der preußischen Akademie der Wissenschaften viele Enttäuschungen bringen. Daneben reger Briefwechsel mit fast allen führenden Gelehrten und Staatsmännern sowie Verfasser einer unübersehbaren Fülle meist kleinerer Schriften. Leibniz, der universalste Gelehrte Europas, stirbt 1716 in Hannover.

Voltaire. Geboren 1694 in Paris mit dem bürgerlichen Namen François Arouet. Jesuitisch gebildet, früh mit kritischer Haltung. 1726–29 Aufenthalt in England und Beeinflussung durch die englische Aufklärung und Politik. Steigender Ruhm durch sein literarisches und philosophisches Werk trotz Behinderung durch die Zensur. 1750–53 Aufenthalt bei Friedrich dem Großen, dann Bruch zwischen dem König und dem Philosophen. 1760 Erwerbung von Schloß Ferney bei Genf. Der Justizmord an dem Hugenotten Calas macht Voltaire zum großen Vorkämpfer für Toleranz und zum unerbittlichen Kritiker der Kirche und des Aberglaubens. 84jährig erliegt er auf einer triumphalen Reise nach Paris den Anstrengungen und stirbt dort 1778.

David Hume. Geboren 1711 in Edinburg. Studiert Sprachen, Literatur, Philosophie und Jurisprudenz. 1734–37 Aufenthalt in Frankreich. Dann verschiedene Stellungen in England, so als Gesellschafter eines geisteskranken Marquis und als Sekretär eines Generals. Literarisch erst nur mit geringem Erfolg; Scheitern aller Bemühungen um eine Professur. Später wieder Studien und Privatleben im Wohlstand. 1752–57 Bibliothekar in Edinburg, dann Sekretär des Grafen von Hertford. 1763 nach Frankreich, Freundschaft mit Rousseau, den er nach England bringt. 1767–68 Unterstaatssekretär im Auswärtigen Amt, dann wieder Privatgelehrter. Hume stirbt 1776 in Edinburg.

Immanuel Kant. Geboren 1724 in Königsberg als Sohn eines Sattlers. Schulung im pietistischen Milieu. Studium der Philosophie, Theologie und Mathematik in Königsberg. Kant verläßt Königsberg selten, Ostpreußen nie. Hauslehrer, dann 1755–70 Privatdozent in Königsberg. Obgleich längst durch seine Schriften weltberühmt und ein glänzender Dozent, erhält er erst 1770 eine Professur, die er bis 1797 versieht. 1781 »Kritik der reinen Vernunft«, Grundlegung der Transzendentalphilosophie. 1794 königliche Kabinettsorder Friedrich Wilhelms II. aufgrund des reaktionären Religionsedikts von Wöllner; Kant wird wegen seiner religionsphilosophischen Schriften der Entstellung und Herabwürdigung der Heiligen Schrift und des Christentums bezichtigt. Kant, in seiner Jugend als geistreicher Gesellschafter bekannt, wird später zum Muster eines nüchternen, disziplinierten und pünktlichen Lebensstils. Der Tod infolge Altersschwäche erreicht Kant 1804 in Königsberg.

Georg Wilhelm Friedrich Hegel. Geboren 1770 in Stuttgart als Sohn eines Beamten. Ab 1780 Schulung im Tübinger Stift zusammen mit Hölderlin und dem um fünf Jahre jüngeren Schelling. Hauslehrer in Bern und Frankfurt, dann Dozent in Jena, wo 1807 die »Phänomenologie des Geistes« erscheint. 1807–08 Redaktor der »Bamberger Zeitung«, 1808–16 Rektor des Aegidiengymnasiums in Nürnberg. 1816–18 Professor in Heidelberg, dann als Nachfolger Fichtes nach Berlin berufen, wo er bis zu seinem Tode mit wachsendem Weltruhm lehrt. Dort Haupt einer großen Philosophenschule, die zeitweilig die Philosophie in Deutschland und darüber hinaus dominiert. Mitten in der höchsten Wirksamkeit wird Hegel 1831 durch die Cholera dahingerafft.

Blaise Pascal. Geboren 1623 in Clermont; in Paris im Kontakt mit der vornehmen Gesellschaft aufgezogen. Früh genialer Mathematiker und Physiker; mit 17 Jahren wichtige Arbeit über die Kegelschnitte. Mit 24 Jahren wegen Überanstrengung gesundheitlicher Zusammenbruch; von da an ist Pascal leidend. Zunächst noch im gesellschaftlichen Raum als vollendeter Weltmann lebend, kommt er mit den Jansenisten in Berührung. 1654 religiöser Durchbruch (Mémorial). Er zieht nach dem Zentrum der Jansenisten, Port-Royal, wo schon seine Schwester Jacqueline weilt. Asketisches und kontemplatives Leben, gleichzeitig Auseinandersetzung mit der Kirche, vor allem dem Jesuitenorden. Er erliegt seinem sich immer steigernden Leiden 1662.

Jean-Jacques Rousseau. Geboren 1712 als Sohn eines Uhrmachers in Genf. 1728 Flucht aus der Lehre; er verbringt längere Zeit bei Mme.

Warren, die ihn zur Konversion zum Katholizismus bewegt. 1741 Aufenthalt in Paris, wo er als Komponist Erfolge aufweist, aber vor allem durch eine kulturkritische Preisschrift Berühmtheit erlangt. 1754 wieder in Genf, Rückkehr zur reformierten Kirche. Es folgt die schöpferische Zeit der großen politischen, pädagogischen und Romanwerke während des Aufenthaltes in der »Erémitage«, einem in Frankreich durch einen befreundeten Adligen angebotenen Sitz. 1762 Verfolgung wegen seiner Ideen; Flucht und daraufhin unstetes Leben, in dem sich echte Verfolgungen mit Verfolgungswahn mischen. Nach 16 Jahren ruhelosen Umherirrens stirbt er 1778 einsam in Ermenonville.

Friedrich Daniel Ernst Schleiermacher. Geboren 1768 in Breslau als Sohn eines reformierten Militärgeistlichen. In der Herrnhuter Brüdergemeine erzogen. Während des Theologiestudiums Bruch mit den Herrnhutern, Studium in Halle. Hauslehrer in Schlobitten, dann Prediger an der Charité in Berlin 1796–1802. Dort Kontakt mit den romantischen Kreisen (Schlegel). 1799 die »Reden über die Religion«. 1802–04 Pfarrer in Stolp; Beginn der Plato-Übersetzung. 1804–06 Professor in Halle. Nach der Schließung der Universität durch Napoleon zurück nach Berlin. 1809 Prediger an der Dreifaltigkeitskirche, 1810 Professor an der neugegründeten Universität Berlin. Er wirkt in diesem Doppelamt, besonders auch als Prediger berühmt, bis zu seinem Tode 1834.